浙江文化研究工程成果文库

杭州市社会科学院 编

南宋及南宋都城临安研究系列丛书

博士文库

魏峰 著

宋代迁徙官僚家族研究

浙江文化研究工程项目（23WH18-2Z）
浙江省哲学社会科学规划课题成果

浙江文化研究工程成果文库总序

　　有人将文化比作一条来自老祖宗而又流向未来的河,这是说文化的传统,通过纵向传承和横向传递,生生不息地影响和引领着人们的生存与发展;有人说文化是人类的思想、智慧、信仰、情感和生活的载体、方式和方法,这是将文化作为人们代代相传的生活方式的整体。我们说,文化为群体生活提供规范、方式与环境,文化通过传承为社会进步发挥基础作用,文化会促进或制约经济乃至整个社会的发展。文化的力量,已经深深熔铸在民族的生命力、创造力和凝聚力之中。

　　在人类文化演化的进程中,各种文化都在其内部生成众多的元素、层次与类型,由此决定了文化的多样性与复杂性。

　　中国文化的博大精深,来源于其内部生成的多姿多彩;中国文化的历久弥新,取决于其变迁过程中各种元素、层次、类型在内容和结构上通过碰撞、解构、融合而产生的革故鼎新的强大动力。

　　中国土地广袤、疆域辽阔,不同区域间因自然环境、经济环境、社会环境等诸多方面的差异,建构了不同的区域文化。区域文化如同百川归海,共同汇聚成中国文化的大传统,这种大传统如同春风化雨,渗透于各种区域文化之中。在这个过程中,区域文化如同清溪山泉潺潺不息,在中国文化的共同价值取向下,以自己的独特个性支撑着、引领着本地经济社会的发展。

　　从区域文化入手,对一地文化的历史与现状展开全面、系统、扎实、有序的研究,一方面可以藉此梳理和弘扬当地的历史传统和文化资源,繁荣和丰富当代的先进文化建设活动,规划和指导未来的文化发展蓝图,增强文化软实力,为全面建设小康社会、加快推进社会主义现代化提供思想保证、精神动力、智力支持和舆论力量;另一方面,这也是深入了解中国文化、研究中国文化、发展中国文化、创新中国文化的重要途径之一。如今,区域文化研究日益受到各地重视,成为我国文化研究走向深入的一个重要标志。我们今天实施浙江文化研究工程,其目的和意义也在于此。

千百年来,浙江人民积淀和传承了一个底蕴深厚的文化传统。这种文化传统的独特性,正在于它令人惊叹的富于创造力的智慧和力量。

浙江文化中富于创造力的基因,早早地出现在其历史的源头。在浙江新石器时代最为著名的跨湖桥、河姆渡、马家浜和良渚的考古文化中,浙江先民们都以不同凡响的作为,在中华民族的文明之源留下了创造和进步的印记。

浙江人民在与时俱进的历史轨迹上一路走来,秉承富于创造力的文化传统,这深深地融汇在一代代浙江人民的血液中,体现在浙江人民的行为上,也在浙江历史上众多杰出人物身上得到充分展示。从大禹的因势利导、敬业治水,到勾践的卧薪尝胆、励精图治;从钱氏的保境安民、纳土归宋,到胡则的为官一任、造福一方;从岳飞、于谦的精忠报国、清白一生,到方孝孺、张苍水的刚正不阿、以身殉国;从沈括的博学多识、精研深究,到竺可桢的科学救国、求是一生;无论是陈亮、叶适的经世致用,还是黄宗羲的工商皆本;无论是王充、王阳明的批判、自觉,还是龚自珍、蔡元培的开明、开放,等等,都展示了浙江深厚的文化底蕴,凝聚了浙江人民求真务实的创造精神。

代代相传的文化创造的作为和精神,从观念、态度、行为方式和价值取向上,孕育、形成和发展了渊源有自的浙江地域文化传统和与时俱进的浙江文化精神,她滋育着浙江的生命力、催生着浙江的凝聚力、激发着浙江的创造力、培植着浙江的竞争力,激励着浙江人民永不自满、永不停息,在各个不同的历史时期不断地超越自我、创业奋进。

悠久深厚、意韵丰富的浙江文化传统,是历史赐予我们的宝贵财富,也是我们开拓未来的丰富资源和不竭动力。党的十六大以来推进浙江新发展的实践,使我们越来越深刻地认识到,与国家实施改革开放大政方针相伴随的浙江经济社会持续快速健康发展的深层原因,就在于浙江深厚的文化底蕴和文化传统与当今时代精神的有机结合,就在于发展先进生产力与发展先进文化的有机结合。今后一个时期浙江能否在全面建设小康社会、加快社会主义现代化建设进程中继续走在前列,很大程度上取决于我们对文化力量的深刻认识、对发展先进文化的高度自觉和对加快建设文化大省的工作力度。我们应该看到,文化的力量最终可以转化为物质的力量,文化的软实力最终可以转化为经济的硬实力。文化要素是综合竞争力的核心要素,文化资源是经济社会发展的重要资源,文化素质是领导者和劳动者的首要素质。因此,研究浙江文化的历史与现状,增强文化软实力,为浙江的现代化建设服务,是浙江人民的共同事业,也是浙江各级党委、政府的重要使命和责任。

2005 年 7 月召开的中共浙江省委十一届八次全会,作出《关于加快建设文化大省的决定》,提出要从增强先进文化凝聚力、解放和发展生产力、增强社会公共服务能力入手,大力实施文明素质工程、文化精品工程、文化研究工程、文化保护工程、文化产业促进工程、文化阵地工程、文化传播工程、文化人才工程等“八项工程”,实施科教兴国和人才强国战略,加快建设教育、科技、卫生、体育等“四个强省”。作为文化建设“八项工程”之一的文化研究工程,其任务就是系统研究浙江文化的历史成就和当代发展,深入挖掘浙江文化底蕴、研究浙江现象、总结浙江经验、指导浙江未来的发展。

浙江文化研究工程将重点研究“今、古、人、文”四个方面,即围绕浙江当代发展问题研究、浙江历史文化专题研究、浙江名人研究、浙江历史文献整理四大板块,开展系统研究,出版系列丛书。在研究内容上,深入挖掘浙江文化底蕴,系统梳理和分析浙江历史文化的内部结构、变化规律和地域特色,坚持和发展浙江精神;研究浙江文化与其他地域文化的异同,厘清浙江文化在中国文化中的地位和相互影响的关系;围绕浙江生动的当代实践,深入解读浙江现象,总结浙江经验,指导浙江发展。在研究力量上,通过课题组织、出版资助、重点研究基地建设、加强省内外大院名校合作、整合各地各部门力量等途径,形成上下联动、学界互动的整体合力。在成果运用上,注重研究成果的学术价值和应用价值,充分发挥其认识世界、传承文明、创新理论、咨政育人、服务社会的重要作用。

我们希望通过实施浙江文化研究工程,努力用浙江历史教育浙江人民、用浙江文化熏陶浙江人民、用浙江精神鼓舞浙江人民、用浙江经验引领浙江人民,进一步激发浙江人民的无穷智慧和伟大创造能力,推动浙江实现又快又好发展。

今天,我们踏着来自历史的河流,受着一方百姓的期许,理应负起使命,至诚奉献,让我们的文化绵延不绝,让我们的创造生生不息。

2006 年 5 月 30 日于杭州

序　言

徐　规

　　靖康之变,北宋灭亡。建炎元年(1127)五月初一日,宋徽宗第九子、钦宗之弟赵构在应天府(河南商丘)即帝位,重建宋政权。不久,宋高宗在金兵的追击下一路南逃,最终在杭州站稳了脚跟,并将此地称为行在所,成为实际上的南宋都城。

　　南宋自立国起,到最终为元朝灭亡(1279),国祚长达一百五十三年之久。对于南宋社会,历来评价甚低,以为它国力至弱,君臣腐败,偏安一隅,一无作为。但是近代以来,一些具有远见卓识的史学家却有不同看法,如著名史学大师陈寅恪先生在二十世纪四十年代初指出:

　　　　华夏民族之文化,历数千载之演进,造极于赵宋之世。①

著名宋史专家邓广铭先生更认为:

　　　　宋代是我国封建社会发展的最高阶段,两宋期内的物质文明和精神文明所达到的高度,在中国整个封建社会历史时期之内,可以说是空

---

① 陈寅恪:《金明馆丛稿二编》,生活·读书·新知三联书店 2001 年出版。

前绝后的。①

很显然,对宋代的这种高度评价,无论是陈寅恪还是邓广铭先生,都没有将南宋社会排斥在外。我以为,一些人所以对南宋贬抑至深,在很大程度上是出于对患有"恐金病"的宋高宗和权相秦桧一伙倒行逆施的义愤,同时从南宋对金人和蒙元步步妥协,国土日朘月削,直至灭亡的历史中,似乎也看到了它的懦弱和不振。当然,缺乏对南宋史的深入研究,恐怕也是其中的一个原因。

众所周知,南宋历史悠久,国土虽只及北宋的五分之三,但人口少说也有五千万左右,经济之繁荣,文化之辉煌,人才之众多,政权之稳定,是历史上任何一个偏安政权所不能比拟的。因此,对南宋社会的认识,不仅要看到它的统治集团,更要看到它的广大人民群众;不仅要看到它的军事力量,更要看到它的经济、文化和科学技术等各个方面,看到它的人心之所向。特别是由于南宋的建立,才使汉唐以来的中华文明在这里得到较好的传承和发展,不至于产生大的倒退。对于这一点,人们更加不应该忽视。

北宋灭亡以后,由于在淮河、秦岭以南存在着南宋政权,才出现了北方人口的大量南移,再一次给中国南方带来了充足的劳动力、先进的技术和丰富的生产经验,从而推动了南宋农业、手工业、商业和海外贸易的显著的进步。

与此同时,南宋又是中国古代文化最为光辉灿烂的时期。它具体表现为:

一是理学的形成和儒学各派的互争雄长。

南宋时候,程朱理学最终形成,出现了以朱熹为代表的主流派道学,以胡安国、胡宏、张栻为代表的湖湘学,以谯定、李焘、李石为代表的蜀学,以陆九渊为代表的心学。此外,浙东事功学派也在尖锐复杂的民族矛盾和阶级矛盾的形势下崛起,他们中有以陈傅良、叶适为代表的永嘉学派,以陈亮、唐

---

① 邓广铭:《关于宋史研究的几个问题》,载《社会科学战线》1986 年第 2 期。

仲友为代表的永康学派,以吕祖谦为代表的金华学派。理宗朝以前,各学派之间互争雄长,呈现出一派欣欣向荣的景象。

二是学校教育的大发展,推动了文化的普及。

南宋学校教育分中央官学、地方官学、书院和私塾村校,它们在南宋都获得了较大发展。如南宋嘉泰二年(1202),仅参加中央太学补试的士人就达三万七千余人,约为北宋熙宁初的二百五十倍。① 州县学在北宋虽多次获得倡导,但只有到南宋才真正得以普及。两宋共有书院三百九十七所,其中南宋占三百十所,②比北宋的三倍还多,著名的白鹿洞、象山、丽泽等书院,都是各派学者讲学的重要场所。为了适应科举的需要,私塾村校更是遍及城乡。学校教育的大发展,有力地推动了南宋文化的普及,不仅应举的读书人较北宋为多,就是一般识字的人,其比例之大也达到了有史以来的高峰。

三是史学的空前繁荣。

通观整个南宋,除了权相秦桧执政时期,总的说来,文禁不密,士大夫熟识政治和本朝故事,对国家和民族有很强的责任感,不少人希望借助于史学研究,总结历史上的经验和教训,以供统治集团作为参考。另一方面,南宋重视文治,读书应举的人比以前任何时候都多,对史书的需要量极大,许多人通过著书立说来宣扬自己的政治主张,许多人将刻书卖书作为谋生的手段。这样就推动了南宋史学的空前繁荣,流传下来的史学著作,尤其是本朝史,大大超过了北宋一代,南宋史家辈出,他们治史态度之严肃,考辨之详赡,一直为后人所称道。四川、两浙东路、江南西路和福建路都是重要的史学中心。四川以李焘、李心传、王称等人为代表。浙东以陈傅良、王应麟、黄震、胡三省等人为代表。江南西路以徐梦莘、洪皓、洪迈、吴曾等人为代表,福建路以郑樵、陈均、熊克、袁枢等人为代表。他们既为后世留下了宝贵的史料,也创立了新的史学体例,史书中反映的爱国思想也对后世史家产生了

---

① 徐松辑:《宋会要辑稿》崇儒一之三九,中华书局 1987 年影印本。
② 参见曹松叶《宋元明清书院概况》,载《中山大学语言历史研究所周刊》第十集,第 111-115 期,1929 年 12 月至 1930 年出版。

重大影响。

四是公私藏书十分丰富。

南宋官方十分重视书籍的搜访整理,重建具有国家图书馆性质的秘书省,规模之宏大,藏书之丰富,远远超过以前各个朝代。私家藏书更是随着雕板印刷业的进步和重文精神的倡导而获得了空前发展。两宋时期,藏书数千卷且事迹可考的藏书家达到五百余人,生活于南宋的藏书家有近三百人,①又以浙江为最盛,其中最大的藏书家有郑樵、陆宰、叶梦得、晁公武、陈振孙、尤袤、周密等人,他们藏书的数量多达数万卷至十数万卷,有的甚至可与秘府、三馆等相匹敌。

五是文学、艺术的繁荣。

南宋是中国古代文学、艺术繁荣昌盛的时代。词是两宋最具代表性的文学形式,据唐圭璋先生所辑《全宋词》统计,在所收作家籍贯和时代可考的八百七十三人中,北宋二百二十七人,占百分之二十六;南宋六百四十六人,占百分之七十四,李清照、辛弃疾、陆游、姜夔、刘克庄等都是南宋杰出词家。宋诗的地位虽不及唐代,但南宋诗就其数量和作者来说,却大大超过了北宋。由北方南移的诗人曾几、陈与义;有"中兴四大诗人"之称的陆游、杨万里、范成大、尤袤;有同为永嘉(浙江温州)人的徐照、徐玑、翁卷、赵师秀;有作为江湖派代表的戴复古、刘克庄;有南宋灭亡后作"遗民诗"的代表文天祥、谢翱、方凤、林景熙、汪元量、谢枋得等人。此外,南宋的绘画、书法、雕塑、音乐舞蹈以及戏曲等,都在中国文化史上占有一定的地位。

在日常生活中,南宋的民俗风情,宗教思想,乃至衣、食、住、行等方面,对今天的中国也有着深刻影响。

南宋亦是我国古代科学技术发展史上最为辉煌的时期,正如英国学者李约瑟所说:"对于科技史家来说,唐代不如宋代那样有意义,这两个朝代的气氛是不同的。唐代是人文主义的,而宋代较着重科学技术方面……每当

---

① 参见《中国藏书通史》第五编第三章《宋代士大夫的私家藏书》,宁波出版社 2001 年出版。

人们在中国的文献中查找一种具体的科技史料时，往往会发现它的焦点在宋代，不管在应用科学方面或纯粹科学方面都是如此。"①此话当然一点不假，不过如果将南宋与北宋相比较，李约瑟上面所说的话，恐怕用在南宋会更加恰当一些。

首先，中国四大发明中的三大发明，即指南针、火药和印刷术而言，在南宋都获得了比北宋更大的进步和更广泛的应用。别的暂且不说，仅就将指南针应用于航海上，并制成为罗盘针使用这一点来看，它就为中国由陆上国家向海洋国家的转变创造了技术上的条件，意义十分巨大。再如，对人类文明有重大贡献的活字印刷术虽然发明于北宋，但这项技术的成熟与正式运用却是在南宋。其次，在农业、数学、医药、纺织、制瓷、造船、冶金、造纸、酿酒、地学、水利、天文历法、军器制造等方面的技术水平都比过去有很大进步。可以这样说：在西方自然科学东传之前，南宋的科学技术在很大程度上代表了中国封建社会科学技术的最高水平。

南宋军事力量虽然弱小，但军民的斗争意志却异常强大。公元 1234 年，金朝为宋蒙联军灭亡以后，宋蒙战争随即展开。蒙古铁骑是当时世界上最为强大的军队，它通过短短的二十余年时间，就灭亡了西夏和金，在此前后又发动三次大规模的西征，横扫了中亚、西亚和俄罗斯等大片土地，前锋一直打到中欧的多瑙河流域。但面对如此劲敌，南宋竟顽强地抵抗了四十五年之久，这不能不说是世界战争史上的一个奇迹。从中涌现出了大量可歌可泣的英雄人物，反映了南宋军民不畏强暴的大无畏战斗精神，他们与前期的岳飞精神一样，成为中华民族宝贵的精神财富。

古人有言："以古为镜，可以知兴替。"近人有言："古为今用，推陈出新。"前者是说，认真研究历史，可为后人提供历史上的经验和教训，以少犯错误；后者是说，应该吸取历史上一切有益的东西，通过去粗取精，改造、发展，以造福人民，总之，认真研究历史，有利于加强精神文明的建设，也有利于将我国建设成为一个和谐的、幸福的社会。我觉得南宋可供我们借鉴反

---

① 《中国科学技术史·导论》中译本，科学出版社、上海古籍出版社 1990 年出版。

思和保护利用的东西实为不少。

以前,南宋史研究与北宋史研究相比,显得比较薄弱,但随着杭州市社会科学院主持的 50 卷《南宋史研究丛书》编撰出版工作的基本完成,这一情况发生了一些令人欣喜的改变。但历史研究没有穷尽,关于南宋和南宋都城临安的研究,尚有许多问题值得进一步探讨,也还有一些空白需要填补。近日,欣闻杭州市社会科学院南宋史研究中心拟进一步深化和扩大南宋史研究,同时出版"博士文库",加强对南宋史研究后备人才的培养,对杭州凤凰山皇城遗址综保工程,也正从学术上予以充分配合和参与,此外还正在点校和整理部分南宋史的重要典籍。组织编撰《南宋及南宋都城临安研究系列丛书》,对于开展以上一系列的研究,我认为很有意义。我相信,在汲取编撰《南宋史研究丛书》成功经验的基础上,新的系列丛书一定会进一步推动我国南宋史研究的深入开展,对杭州乃至全国的精神文明建设都有莫大的贡献,故乐为之序。

2010 年 11 月于杭州市道古桥寓所

目　　录

序　论

一、问题的提出

自中国成为一个定居的农业社会,安土重迁观念就深深植根于士民心中,一个家族如非面临生存危机,否则不会抛弃故国田园,选择离乡背井。东汉崔寔以为:"小人之情,安土重迁,宁就饥饿,无适乐土之虑。"①乡里不但是安身立命之地,更是祖先魂魄归息之处。离弃祖先坟茔,即是有亏孝行。秦汉刑罚迁徙刑重过肉刑,就是因为对于士民而言,为乡里所弃远胜肢体损伤之痛,前者的惩戒效果大于后者,②所谓:"安土重迁,恋慕坟墓,贤不肖之所同也。民之于徙,甚于伏法。伏法不过家一人死尔。诸亡失财货,夺土远移,不便水土,类多灭门,少能还者。"③虽然战乱期间,士民求生于锋镝之下,被迫迁居他处,但只要可能,都希望重返故土。因此,家族不但是一个血缘集团,在秦汉时期,也是一个与地缘密不可分的组织。

秦汉以降,除了戍边耕战的士卒、因罪流放的刑徒,以及政府强迫迁徙的豪强之外,经常改变居住地的另一个群体是官僚及其家族。官僚因其任官而四处游宦,致仕之时仍希望回到故土,以全首丘之意。两汉时期,即使

① 杜佑:《通典》卷一《食货典一·田制上》(引文版本请见参考文献,下同)。
② 邢义田:《从安土重迁论秦汉时代的徙民与迁徙刑》,文载《"中研院"史语所集刊》57本2分。
③ 汪继培:《潜夫论笺校正》卷五《实边》,第282页。

得到皇帝赏赐葬地的恩遇,官僚们仍以不得归葬乡土为恨。① 这是因为西汉乡土势力虽然经过秦代以来国家力量的整顿,但是力量仍很强大。更为重要的是,国家取士、选官的基础还是在地方社会。许多地方豪族垄断地方吏职,为官为吏,世代相传。② 虽然做国家的官,依凭的还是地方的势。延至魏晋,豪门子弟于家中完成学业,在本籍州郡担任官吏,然后凭借荐引任官京畿,历职清要,最后致仕回乡,为家族累积新的资本,这是多数魏晋世家大族积累家族声望的过程。③

魏晋地方社会势力的积累方式是与国家选官方式紧密关联的。地方豪族凭借官位强化其家族在地方的经济、文化优势,又依凭乡举里选,为家族子弟开辟通向高官的道路。如是反复,世代积累,形成魏晋世代公卿的豪门大族。

唐代以科举代替荐举、察举,逐步改变以乡里品评为根据的选官方式,使得一个官员可以求学于外地,仕宦生涯开始于远离家乡的地区,甚至致仕之后也葬于外邑。由此,家族势力积累方式是否也发生转变? 地方社会,特别是官僚家族与其乡里的关系是否也有所不同? 比之唐代,宋代科举更是官僚选拔的主要途径,是士人致身显位的关键。宋代官僚因各种原因迁徙他处,成为普遍现象,"中世士大夫去乡里,辞丘墓,携其孥,累以从仕于四方,相与目之曰游宦,游宦之士,逮少而已出,投老而未归,顾视其家反若传舍",④在这种情况下家族又是以何种方式凝聚起来? 维持方式有何不同? 地方社会因之产生何种变化? 考察宋代迁徙官僚家族,或能回答这些问题。

古代社会的家族是与乡土紧密结合起来的,因此家族不但是一个血缘组织,同时也是一个地缘组织。地缘与血缘的结合,使宗族强固的地方有很强的排外倾向。地方家族势力强大的东晋,南迁的侨姓大族大都只能聚居

---

① 《汉书》卷七三《韦贤传》载:韦贤之子韦玄成被赐葬杜陵,他去世前请求葬于父墓之旁;《后汉书》卷二七《承宫传》载:承宫卒,明帝赐葬地,其妻子上书请求归葬乡里。

② 邢义田:《从战国至西汉的族居、族葬、世业论中国古代宗族社会的延续》,文载《新史学》6卷2期,1995年。

③ 陈爽:《世家大族与北朝政治》,中国社会科学出版社1998年,第51页。

④ 赵鼎臣:《竹隐畸士集》卷一三《尉迟氏园亭记》。

于朝廷所在的建康附近,其他地区鲜有侨姓大族聚居,反映出地方势力对于迁徙家族的排拒。① 其原因无疑是出于地方势力对于迁居家族分割地方耕地、人口等基本资源的担忧,以及防范侨姓大族对土著士族主导的地方秩序的破坏。宋代地方家族势力当然无法与东晋相比,但是一地一区垦田毕竟有限,人地矛盾恐怕更甚于东晋。宋代官僚家族的迁徙方向是否遵循向耕地较多的"宽乡"迁徙的方向这一平民迁徙的基本特点,能够反映出地方势力应对迁徙官僚家族时的态度与魏晋时的异同之处。

中古以来的官僚家族,不但于经济、文化方面较普通士民有优势,更广泛参与到涉及家族利益、声望的地方事务中,修桥、建塘、兴学、筑路,乃至捐建庙宇,缮写佛经。家族势力于公共事务往往抱有很大热情。其原因除了士大夫本身的责任感外,更在于要以此积累家族声望。一个家族势力是否为地方社会所接纳,家族迁徙后能否融入地方社会甚至成为地方社会秩序的维护者和领袖,能够反映出地方社会对待迁徙家族的态度。永嘉南渡时,由于不能将世代积累的各种地方社会经济关系带到新的区域,侨姓士族只能依靠本身的官位借助朝廷的力量与根基深厚的南方土著家族相抗衡,②一旦时运不济,政治地位下降,家族便会随之销声匿迹。而到了宋代,迁徙官僚及其家族能否参与地方事务,多大程度被当地社会所接纳,能反映出地方社会势力的成熟程度,同时也能在某种程度上反映出国家力量与地方势力,哪一种在宋代是主导性的力量。

从国家——社会关系角度考察,迁徙官僚家族无疑可以看作是这对关系交结的焦点之一。从社会的角度观察,官僚家族具有官方身份,代表国家权力;从国家的角度观察,迁徙家族脱离原有乡里社会,四处迁徙,对国家的严密户籍控制制度带来了一定的冲击。考察家族迁徙后的变动,也许更能反映出拥有一定政治和文化地位的士大夫们在国家和社会二元中的角色转换。

---

① 毛汉光:《中国中古社会史论》,上海书店出版社 2002 年,第 11 页。
② 刘淑芬:《六朝会稽士族》,《"中研院"史语所集刊》56 本 2 分。

因此本文从宋代迁徙官僚家族入手,考察官僚家族迁徙的背景、原因,家族迁徙后地位的维持,婚姻关系,家族在迁徙后与地方社会的关系,进而探寻唐末以来官僚迁徙背后的社会动因。

二、研究现状

家族和宗族都是以男性血缘关系为基础的有形和无形的社会组织。家族和宗族出现于古代,延续到现代,始终是中国社会组织的重要形态。对这个问题的研究,本应是历史研究的重要议题,但是自"五四"以来的反"封建"思潮和革命运动,使家族、宗族的组织和文化成为批判的重点对象。共和国建立以来施行的严厉的消灭家族和宗族组织的政策,使家族组织在改革开放之前几乎销声匿迹。改革开放后,家族组织开始复苏。伴随家族组织在中国社会中地位的变化,学术界的家族研究也从批判走向了理性的分析。历史学家对于家族的研究也是在这一大背景下逐步展开的。对于宋代官僚家族研究,虽然目前尚无专论,但是前人家族研究的成果,乃是本文得以进行的基础。

从通史角度对家族制度进行总体性研究,力图勾画中国家族发展的线索,是家族史研究的重点之一,各相关论著论述过程中都对宋代家族的转型特征予以关注。主要的著作有:吕思勉《中国宗族制度小史》(收入氏著《中国制度史》,上海教育出版社 2005 年,原文刊于 1929 年)论述家族制度相关的大小宗、姓氏等问题,指出宋代同居共财的大家族并非社会主流,是宋代家族研究的开创性论述。高达观《中国家族社会之演变》(正中书局 1944 年),总论中国家族制度的特点,将古今家族制度进行比较,认为宋代以降宗族制度趋于平民化,是近代家族制度的起始,分析了宋代家族社会建立的经济、政治、法律的基础。童书业《论宗法制与封建制的关系》(《历史研究》1957 年第 8 期)认为,秦汉以后的宗族,是新兴地主阶级依照贵族的宗法制度组织起来的,这种宗族形态至魏晋门阀达于顶点,以后渐趋平民化。杜正胜《传统家族试论》(《大陆杂志》卷 65 第 2、3 期,1982 年,后收入氏著《古代社会与国家》,允晨文化 1992 年)从"家"、"族"、"户"、"口"的出现分析,指明家族形态与不同政治制度的关联,并进一步论述历代家庭结构的差异,提出"汉型"、"唐型"、"汉型唐型的折衷"三种形态,指出宋代家庭是以父母与未婚子女同居的核心家庭(汉型)为主,辅之以与已婚子女同居形态(唐型),是"汉型唐型的折衷"。宋代的家庭形态,开启了明清以下以宗谱、义田、祠堂来收合宗族的新宗族形态。李文治《中国封建土地关系与宗法宗族制》(《历史研究》1989 年第 5 期)从土地关系入手分析宗族,将中国古代的宗族制度分为三个阶段,即上古西周爵位与地权合一的宗子宗法制,中古时期(自东汉至中唐),门阀世族的等级宗法宗族制,封建社会后期的明清两代宗族组织成为地方基层组织的宗法制。宋代是中古到封建晚期的过渡时期,宗族的特征混合了两个时期的特性。徐杰扬的《中国家族制度史》(人民出版社 1992 年)全面分析了家族形态的历史,以经典的马克思主义五阶段说,将宋明以来的家族定义为"近代家族",对于各个时期家族的形态、特点作了精到阐述,但是作者的基本立场是批判家族组织,特别是批判家族的阶级压迫功能。徐杰扬在《宋明家族史论》(中华书局 1995 年)中,对家族的批判立场有所转变,指出了家族在弘扬中华民族美德、传承传统文化等方面的作用,但是这种评价仍然是以批判为基调。冯尔康等合著的《中国宗族社会》(浙江人民出版社 1994 年),提出宗族发展史的三个标准,即宗族领导权掌握在何种身份集团手中,宗族的内部结构及其成员的民众性,宗族生活中宗法原则的变化。据此标准,作者将宋代的宗族定义为大官僚宗族制,强调宋代宗族的政治功能强于明代宗族。在《中国古代的宗族与祠堂》(商务印书馆 1996 年)一书中,冯尔康进一步对家族的分期进行了说明。冯尔康认为,宋代宗族的凝聚依靠的仍然是家族成员的仕宦。重视家族功能和家族内结构的分析是冯著的特点。常建华的《宗族志》(收入刘泽华主编《中华文化通志》,上海人民出版社 1998 年)对宗族制度的内容进行了分析,特别是对家族内部族规与国家法令的关系,国家与宗族的关系进行了研究,在国家与社会的二元结构中对宗族进行观察。常氏特别注意了家族祭祀形态的演变过程。滋贺秀三《中国家族法原理》(张建国译,法律出版社 2003 年)对中国古代家族内部结构、宗族内部的财产分配和继承原则进行了总体分析。一般而言,通论性著作皆重视宋代家族形态对明清新宗族形态的开端意义。①

就宗族进行断代研究的有:潘光旦在《明清两代嘉兴的望族》(原书刊于 1947 年,上海书店 1991 年重版)一书中,分析了嘉兴望族的兴起。他认为之所以安土重迁的本土家族没有能够兴起,原因在于其固步自封,缺乏进取精神。而迁居家族能够兴起,依靠的是其对环境更强的适应能力,往往更具有活力。这是对于迁徙和家族兴起关系较早的论述。朱瑞熙的《宋代社会研究》(中州书画社 1983 年)有专章讨论宋代的宗族,指出宋代宗族组织是明清宗族的初期形态,族权形成于宋代。美国学者韩明士的《政治家与绅士》(*Statesmen and Gentlemen*:*The Elite of Fu-chou*,*Chiang-His*,*in Northern and Southern Sung*,New York:Cambridge University Press,1986),以宋代抚州地区为个案,分析抚州地区家族在两宋时期的不同策略,认为北宋的抚州精英倾向于向开封迁移,而南宋时其迁徙较少,转而关注本地事务,表现出从"全国化"向"地方化"转变,进一步说明"唐宋变革"的关键时期在两宋之交。虽然韩氏的著作具有一定方法论意义,但是该书在材料解读、论证等方面都有很大缺憾,而造成这种缺憾的主要原因是作者"近代化"观念先行。② 张邦炜《婚姻与社会·宋代》(四川人民出版社 1989 年)一书论述了宋代的婚姻制度,其研究涉及家族婚姻关系,提出了宋代的家族婚姻发生重大转变,从重视世家间的婚姻,发展到普遍的士庶通婚的观点。但是正如黄宽重批评的,该书将婚姻的现象过分简单化,以一种简化的公式来解释宋代的婚姻现象,忽视了宋代婚姻的复杂性。黄氏并以自己的研究说明,宋代重视门第的婚姻观念仍然广泛存在。③ 朱瑞熙等合著的《辽宋金西夏社会生活史》(中国社会科学出版社 1998 年)对宋代家族也作了分析,指出士大夫敬宗收族思想对于宗族形成有重要意义,士大夫对于恢复宗族的热情,是宋代宗族

---

① 黄宽重、刘增贵:《家族与社会·导言》,中国大百科全书出版社 2006 年。

② 包伟民:《精英们地方化了吗?——试论韩明士〈政治家与绅士〉与"地方史"研究方法》,文载《唐研究》第 11 卷。何炳棣亦对韩氏的家族分析提出批评,见《读史阅世六十年》第一章附录《家族与社会流动论要》,广西师范大学出版社 2009 年。

③ 黄宽重:《评介张邦炜〈婚姻与社会·宋代〉》,文载《宋史论丛》,第 311—323 页。

发展的关键因素。陶晋生《北宋士族：家庭、婚姻、生活》（"中研院"史语所2001年）对新昌石氏、山阴陆氏等家族作个案研究，分析各个家族兴起、发展、衰败过程，指出宋代家族能否兴盛，科举入仕具有决定意义。王善军的《宋代宗族和宋代宗族制度研究》（河北教育出版社2001年）是宋代宗族研究的专著。该书主要从宗族的各项组织制度和原则，包括谱牒、公产、族规和祭祀、教育和继承、宗族的类型等方面分析宋代的宗族。作者力图在唐宋变革的框架内证明宋代宗族的近代特征。黄宽重《南宋两浙路社会流动的考察》（载氏著《宋史丛论》，台北新文丰出版公司1993年）认为官吏是政治与社会的中心势力，观察这一阶层的性质与转变，是掌握中国历史的重要线索，他指出通过数据统计的方式考察官僚的社会构成已经成为一个重要的方法。在选择两浙路作为研究区域以后，作者统计两浙路官员的总数，得到官员总数4406个，其中有进士出身的占70.7%，说明入仕途径以科举为主。作者指出，到南宋时两浙地区的大家族数量激增，有无锡尤氏、四明史氏、吴县孟氏等十一族。江庆柏的《明清苏南望族文化研究》（南京师范大学出版社1999年）对苏南望族的兴起进行了分析，指出苏南望族的形成期是在宋元，许多明清时期的望族是在宋元时期迁到苏南地区以后逐渐形成的。Peter Brian Ditmanson *Contesting authority：Intellectual lineages and the Chinese Imperial Court from the twelfth to the fifteenth centuries*（Dissertation Harvard University 1999）主要关注道学士人的传承谱系，认为道学传承作为一种象征资源通过学术传承不断被继承，对南宋末期至明初的士人的政治地位产生重要影响。远藤隆俊在对宋元时期家族进行跨时代研究后认为，宋元家族规模较小，族谱、义庄等宗族制度尚处于萌芽阶段，在宗族复兴中发挥核心作用的是士大夫阶层。[①] 井上彻《中国的宗族与国家礼制》（钱杭译，上海书店出版社2008年）从宗族与国家的关系层面讨论宗族制度，认为义庄的功能并不是对贫困族人进行救济，而是为参加科举的族人提供经济资助，以保障

---

　　① 常建华：《井上彻、远藤隆俊编〈中国宋—明宗族の研究〉》，《中国社会历史评论》第七卷，第427页。

家族之中能够官僚辈出,而产生这种现象的社会背景是宋代官员的寄居风气,导致其与故乡的家族脱离,宗族本身出现解体的趋势。何安娜(Anne Gerritsen)*Ji'an Literati and the Local in Song-Yuan-Ming China*(Leiden:Brill, 2007)以江西吉安地区为分析对象,指出士人的地方化对吉安士人尤为重要。作者多从地方祠庙志记入手,观察地方士人如何通过撰写祠庙志记确立其在地方上的地位。作者还强调,与唐宋变革相比,宋元明转型(The Song-Yuan-Min Transition)更有说服力。

就宋代家族进行个案研究的成果较为丰富。衣川强《宋代の名族——河南吕氏の場合》(神户商科大学人文论集第 9 卷第 1、2 期)分析河南吕氏家族的兴衰,戴仁柱 *Court and Family in Sung China*,960—1279;*Bureaucratic Success and Kinship Fortunes for the Shih of Ming-chou*(Duke University Press 1986),对四明史氏家族依靠科举、与皇权的密切关系而逐步发展起来的历程作详细分析,其亮点是使用家谱资料复原史氏世系。邹重华《家族与学术文化:对宋代四川地区几个典型家族的考察》(《天府新论》1992 年第 2 期)对宋代四川地区的魏氏、范氏等家族的发展与学术的关系加以分析,指出了教育对家族维持、发展的重要意义。王章伟《宋代士族婚姻研究——以河南吕氏为例》(《新史学》第 4 卷第 3 期,1993 年),分析河南吕氏的婚姻圈,认为宋代婚姻仍重视姻亲地位,反对张邦炜所提出的宋代"婚姻不问阀阅"的观点,认为门第意识在士大夫婚姻中依旧保留。王德毅《宋代的上蔡祖氏及其世系》(《第六届亚洲族谱学研究会会议纪录》,联合报文化基金会国学文献馆,1993 年)分析祖士衡家族的迁徙历程、家族世系,强调由于社会动荡等原因,家族长期定居一地者很少,多是迁徙他乡。许怀林的《陈氏家族的瓦解与"义门"的影响》(《中国史研究》1994 年第 2 期)从政权与地方势力的对立分析陈氏家族的衰落,强调国家权力对于地方家族能够从容加以控制。柳立言《北宋吴越钱家婚宦论述》(《中研院史语所集刊》第 65 本第 4 分,1994 年)认为家族要跻身权力核心,仅仅依靠科举和荫补是不够的,还必须依靠与豪门的联姻,争取留在中央任职。包伟民《宋代陈希亮家族及其迁徙考》(《大陆杂志》90 卷,1995 年)、《宋代明州楼氏家族研究》(《大陆杂

志》94 卷第 5 期,1997 年)指出科举的成败对于家族的盛衰有决定性作用,
宋代的士人宗族组织还处于相对离散的状态,特别指出宗族迁徙过程中的
变化,宗族调整就是在迁徙中完成的。邓小南《北宋苏州的士人家族交友
圈——以朱长文交友为核心的考察》(《国学研究》第 3 卷,1995 年)以朱长
文为中心,考察苏州士大夫之间、家族之间的相互关系。王莉《对南宋福清
林氏家族的几点认识》(《中国社会经济史研究》1996 年第 1 期),对福清林
氏这个规模较小的家族进行分析,指出林氏家族能够长久保持稳定,主要依
靠的是家族成员的仕宦、与官僚家族的婚姻关系以及与士大夫阶层的交游
联系。黄宽重《科举、经济与家族兴替:以宋代德兴张氏为例》(第二届宋史
学术研讨会,"中国文化大学"1996 年,后收入氏著《宋代的家族与社会》)认
为德兴张氏由于第四、第五代家族子弟过分重视经营政治关系,疏于继续维
持家族产业,因此家族经济基础日渐脆弱,加上后代以骄奢相尚,家族迅速
没落。王曾瑜《宋朝相州韩氏家族》(《新史学》8 卷 4 期,1997 年)、王善军
《宋代真定韩氏家族》(《新史学》8 卷 4 期,1997 年)对相州、真定两地韩氏
家族进行分析后指出,科举、恩荫和婚姻关系是促进大族发展的主要因素。
蔡东洲《宋代阆州陈氏研究》(《四川师范学院学报》1997 年第 4 期)叙述陈
尧佐之父到京师赴任,带陈尧佐兄弟三人同赴开封,陈氏自此便自称为开封
人,聚居在开封,形成望族,官员因任官迁徙而改变了本族的籍贯。作者指
出阆州成为陈氏史迹的主要流散地,很大程度是因南宋时北方的长期战乱,
导致当地的宗族势力衰败,陈氏转而以四川阆州为共同姓望。王曾瑜《河南
程氏家族研究》(《中国近世家族与社会学术研讨会论文集》,"中研院"史语
所 1998 年)比较程氏两支家族因官位高低产生的婚姻对象的差异,指出宋
代官员的门第意识仍然很重。邓小南《龚明之与宋代苏州的龚氏家族:兼谈
南宋昆山士人家族的交游与沉浮》(同上书)认为龚氏家族的地方望族地位
的建立依靠的是仕宦经历,该文对迁居昆山的家族进行分析后指出,迁居家
族与土著家族的交游与联姻,促进了其在新地区的发展。朱瑞熙《一个常盛
不衰的官僚家族:宋代江阴葛氏家族初探》(同上书),着重分析江阴葛氏家
族的兴衰起落,认为葛氏家族在家族产业与科举仕宦两个方面的成就,使之

得以长盛不衰。陶晋生《书香世家：宋代的山阴陆氏家族》(同上书)认为陆氏家族要保持地位不堕，需要家族成员不间断的科举成就来维持。黄宽重《宋代浮梁程氏家族的兴替》(同上书)指出程氏家族骤兴骤衰，是因为累代荫补降低了家族的竞争力，加上家族人口减少，成为家族发展的障碍。胡昭曦《诗书持家，理学名门：宋代浦江魏氏家族研究》(同上书)认为魏氏家族的发展和维持，不是依靠恩荫、荐举、财势，而是依靠家族对读书举业的重视。梁庚尧《家族合作、社会声望与地方公益——宋元四明乡曲义田的源起与演变》认为地方家族通过参与地方公益事业，促进地方社会秩序整合，进而为家族积累声望。何晋勋《宋代鄱阳湖周边的士族的居、葬地与婚姻网络》(《台大历史学报》第 24 期，1999 年)分析宋代鄱阳湖周边家族的迁居、婚姻关系等问题，认为相近的地缘和家族地位，促使家族联姻。王善军《北宋青州麻氏的忽兴和骤衰》(《齐鲁学刊》1999 年第 6 期)对青州麻氏起自五代，盛于真宗朝，并在与官方对抗中迅速衰败的历程予以分析。说明宋代的家族即使通过资产积累兴起，也必须依靠与官员的结交来维持在地方的地位。王育济《宋代王安石家族及其姻亲》(《东岳论丛》2001 年第 3 期)，马斗成《宋代眉山苏氏家族祭祀生活探析》(《文史》2001 年第 1 辑)、《宋代眉山苏氏婚姻圈初探》(《天津社会科学》2002 年第 2 期)，王善军《宋代三槐王氏的仕宦、婚姻与文化成就》(《河北学刊》2003 年第 2 期)等论文的研究表明，在宋代，一个家族要成功，不能只靠家里在地方上的势力，要想达到名门望族的地位必须依靠科举功名。仕宦经历对于家族的兴起和维持都是主要因素。黄宽重《家族兴衰与社会网络：以宋代的四明高氏家族为例》(《东吴大学历史学报》2004 年第 11 期，收入氏著《宋代的家族与社会》)，指出四明高氏家族虽没有显赫的仕宦经历，但是依靠积极参与地方事务和构建婚姻网络，得以跻身于四明望族，但是由于与四明史氏政见不合，加上宗族子弟进士出身者少，家族随之衰落。朱开宇《科举社会、地域秩序与宗族发展——宋明间的徽州 1100—1644》(台湾大学文史丛刊 2004 年)以徽州地区的家族与地方关系为关注点，以跨越朝代界限的长时段观察，分析宋明徽州宗族发展变化的动因，指出科举是徽州宗族得以兴起的关键原因，作者更注意到仕宦迁徙也是在一定程度上影响家族在徽州延续的重要因素。方震华《军务与儒业的矛盾——衡山赵氏与晚宋统兵文官家族》(《新史学》第 17 卷第 2 期,2006 年)分析赵氏借助军功而从普通士人到入朝执政的过程,指出特殊的政治环境为这些士人以军功起家提供机会,但是宋代形成的士人文化并不利于军功家族兼顾儒业,而真正使赵氏能维持家族地位的,就是其成员即便军功显赫亦不忘文武兼顾。许怀林《江西通史·北宋卷》(江西人民出版社 2008 年)对江西地区宋代的家族进行了全面梳理,除义门陈氏外,还列举了德兴张氏等家族,总结了庶民大家族兴起的社会原因。通过宋代家族个案研究,研究者对一些问题逐步达成共识:首先,宋代社会,社会精英主要通过科举进入国家权力系统,科举成为整合国家与社会的主要途径,[1]可以称为科举社会。科举是维持家族长久发展的关键因素。荫补和经营田产的重要性不如科举入仕。[2] 第二,婚姻关系是家族维持和发展的重要因素,但是多数论者并不同意与本地联姻具有家族策略层面的意义,而很可能只是家族交友网络造成的结果。第三,家族广泛参与地方事务,成为地方领导力量,依靠的是家族的仕宦,而地方事务又为家族积累更高声望。

迁徙家族与地方社会关系方面,已有成果多从魏晋向隋唐转变角度分析。谭其骧《湖南人由来考》(原文刊于 1933 年,收入《长水粹编》,河北教育出版社 2000 年)指出家族迁入湖南少有政治因素,多是经济驱动。日人竺沙雅章《北宋士大夫の徙居と買田》(《史林》第 54 卷第 2 期,1973 年,后收入氏著《宋代の社會と宗教》,同朋舍 1982 年)以苏轼在黄州购置田产为例,分析宋代官僚因购置田产而迁居,认为土著士大夫在面对寄居官僚时,处于相对弱势地位。同一作者的《宋代坟寺考》(《中国佛教社会史研究》,同朋舍 1982 年)则从坟寺设置分析宋代官僚的迁徙与地方社会的关系,其《宋代官僚の寄居について》(《东洋史研究》第 41 卷第 1 号,1982 年)详细分析宋代官员留居地方的各种形式,认为迁居官员对于地方事务有很多干

---

① 吴铮强:《科举理学化——均田制崩溃以来的君民整合》,上海辞书出版社 2008 年,第 237 页。

② 黄宽重:《宋代的家族与社会》结论《科举社会下家族的发展与转变》,第 252 页。

涉。上田信《地域的履历——浙江省奉化忠义乡》(《社会经济史学》第 49
卷第 2 期,1983 年)指出,以宗族为单位的移居,随着国家水利工程的开发,
根据唐以后移居时期的不同,定居地、开发内容、聚落的社会关系也不同。
作者认为任官家族在迁居地拥有各种优势。毛汉光《中国中古社会史论》深
入研究迁徙对于中古家族的影响,提出迁居家族是家族势力的增长和扩展,
是社会势力的新生。作者分析唐代许多官僚家族向长安、洛阳集中迁徙的
现象,认为唐代科举制度造成官僚逐步脱离乡土社会而官僚化,这是地方士
族日渐衰败的根源。虽然毛著的讨论对象是唐代社会,但还是对本文的研
究有所启发。黄敏枝《宋代的功德坟寺》(《食货》第 15 卷第 9、10 期合刊,
收入氏著《宋代佛教社会史论集》,学生书局 1989 年)亦通过考察宋代坟寺
分析官僚家族与地方的关系,但对迁徙家族着墨不多。陶晋生《北宋士族》
("中研院"史语所 1991 年)提出宋代士人家族选择居住地,并不执着于家
乡,而是受到个人喜好和利益影响,显示家族对于在地方经营缺乏兴趣。冻
国栋的《唐代人口问题研究》(武汉大学出版社 1993 年,后收入氏著《中国
人口史》第 2 卷,复旦大学出版社 2002 年)探讨唐代移民问题,认为唐代士
族向两京地区迁徙的原因,主要在于进士科产生的巨大吸引力,同时在朝为
官的旧士族也乐于在京畿落户,以便使其子弟更接近中央官僚集团。加之
两京地区又是经济文化中心,已卸任官僚亦乐于留居此地。

有关宋代移民的最重要著作是吴松弟的博士论文《北方移民与南宋社
会变迁》(文津出版社"大陆地区博士论文丛刊",1993 年,后其主要内容收
入氏著《中国移民史》第 4 卷,福建人民出版社 1997 年),该书对宋元时期的
移民作了深入的分析,以地区为中心展开叙述,讨论区域内部的人口迁徙和
区域之间的人口迁徙。作者整理大量文献,完成了靖康年间许多地区的移
民实例和大量关于人口迁移的路线和移民分布图。但是由于作者的着眼点
在整个宋元时代的移民活动,所以对于官僚家族的迁徙没有展开专门的论
述,平民和官僚的迁移也没有加以区别。此外作者对于两宋之际移民的社
会意义的分析方面,似乎是放在南北文化的对立立场上去观察,专论官僚家
族移民的相关论文数量较其他为少,专题论文有包伟民《宋代陈希亮家族及

其迁徙考》(《大陆杂志》第 90 卷第 2 期,1995 年)、徐和雍《宗氏南迁义乌过
程考》(《杭州大学学报》1996 年第 3 期)、蔡东洲《宋元阆州陈氏徙所考》
(《四川师范学院学报》1998 年第 6 期)等 3 篇。韩昇《南北朝隋唐士族向城
市的迁徙与社会变迁》(《历史研究》2003 年第 4 期)认为隋唐时期的士族向
城市迁徙,反映国家力量已经成为社会的主导性力量,家族的兴衰主要依靠
仕宦而不是乡里,说明唐宋是门阀贵族社会向平民社会转变的时期。熊惠
岚《宋代苏州吴学的经营及其发展趋势》(台湾清华大学硕士论文)从吴学
(宋代苏州地区的官学)功能的不断丰富和士人群体的不断发展出发,讨论
吴学对苏州地区文化的作用,并分析吴学对地域意识产生的影响。许怀林
《江西通史·南宋卷》(江西人民出版社 2008 年)分析了南宋初年迁入江西
地区的宗室、彭氏、查氏等家族实例,并依据地名变化分析人口迁入的地域
分布。黄宽重《宋代基层社会的权力结构与运作——以县为主的考察》
(《中国史新论》)认为基层社会中的居乡官员、士人和富人组成的权势之家
与官府合作构成基层社会政治运作的基础,并指出地方士人的各种文化活
动促使基层的地方意识进一步强化。远藤隆俊《北宋士大夫的寄居与宗族》
(收入平田茂树《宋代社会的空间与交流》,河南大学出版社 2008 年)对北
宋颍昌地区的范仲淹家族和定居苏州的范氏家族的来往关系进行分析,认
为寄居家族与原籍家族之间已经不是简单的同姓集团,而是构成了富有弹
性的多层次的社会网络。

目前对于唐宋以来的地域社会研究有以下的成果:郭锋《郡望向姓望转
化与士族政治社会运动的终结》(《中国社会历史评论》第 3 卷,中华书局
2001 年)指出魏晋士族的郡望与籍贯不同,籍贯是某家族家庭居住地,属于
户籍编订系统;郡望则一般在某族某家因仕宦迁出本地,进入仕宦地或者政
治文化中心城市,对外仍然宣称为某地人时才出现。郡望的形成,一般有一
个造成社会影响到获得政治承认的过程。但是随着士族政治的衰退,郡望
已经丧失了辨别家世等级的作用,同姓往往共用一个姓望,也就是本姓中影
响力最大的一支,而不问其他郡望,姓望由此形成。比如南宋时张氏已经普
遍取清河为姓望,即是一例。郡望转化为姓望,帝国的基础从地方政治力量

转变为官僚系统。梁庚尧《豪横与长者:南宋官户与士大夫居乡的两种形象》(《宋代社会经济史论集》,允晨文化股份有限公司 1997 年)指出官户和士大夫的存在本身就是国家统治力量不足的表现。但是作者对于官户所凭借的官方身份,却没有予以充分考虑。柳立言《宋代的家庭纠纷与仲裁:争财篇》分析士人阶层的诉讼行为,指出除了执法者代表的公共权力和法律知识以外,诉讼人所寻求和看重的是执法者的政治和社会地位。去官府是为了寻求合格的调节人,而不一定是听法律分析。因此官员就侧重于父母官的调节角色,而不是官的审判角色。当事人的法律和社会身份高于初级调节人时,就会诉讼到较高的官府。证明宋代社会人格优越性所产生的信用同样发挥着作用。滋贺秀三《明清时期的民事审判与民间契约》(王亚新等译,法律出版社 1998 年)从研究清代的司法审判入手,观察在地方实际审判过程中,到底是国家的法律还是地方的惯例在司法中发生作用。滋贺秀三否定了国家法律和地方惯例的法律效力,指出实际上国家和地方社会都有维持社会安定的目的。社会秩序维持依靠人们对皇帝、官员人格优越性(名望、道德)产生的信用的信赖。作者研究的时代虽然是明清,但是对于理解宋代国家和社会的关系是有启发意义的。这说明地方社会秩序的整顿,仍然依靠官员及其所代表的国家权力。刁培俊《宋代乡村精英与社会控制》(《社会科学辑刊》2004 年第 2 期)讨论国家势力向农村社会的渗透,认为以士人为代表的乡村精英在地方上发挥着治理作用。作者的结论似乎受到乡绅支配理论的影响,认为地方精英对国家权力具有很大影响力。王华艳、范立舟《南宋乡村的非政府势力初探》(《浙江社会科学》2004 年第 1 期)关注居乡士人、豪民对地方官府产生的影响,认为官府力量的相对薄弱使各种非政府力量得以有运作的空间。黄宽重《科举社会下家族的发展与演变》(《唐研究》第 11 卷,中华书局 2005 年)提出进士无疑是家族起家的重要因素,中举为官的士人,为着自己或家族的发展,设法积累新的资源,作为家族起家的基础。他们除借助婚姻、师友及政治联盟的途径开拓新的人际关系之外,还投资产业,厚植经济实力。作者特别强调,从参与地方事务的角度看,士人参与乡里活动早有渊源,非南宋独盛,只是南宋的文集或地方志资料较多,记录乡里活动、人际关系的资料比较集中,以至让人觉得南宋士人家族以乡里为重,忽视中央或全国性事务,这实在是一个误解。

综合上述移民与地方社会研究的成果,有以下几个特点:首先,对于宋代官僚家族迁徙问题许多论著有所涉及,但缺少专门论述,多是在相关议题中附带讨论。第二,将官僚迁徙与平民迁徙活动置于同一问题下讨论,一定程度上对官僚迁徙在宋代的普遍性不够重视,对宋代家族迁徙对地方社会的影响似有所忽视。第三,对于地方社会的主导力量尚有争论,到底是由官方力量,还是地方社会力量来承担地方社会秩序的整顿和维持的责任并无明确结论,而迁居官僚家族在其中承担何种作用,也值得讨论。第四,"唐宋变革"和"宋元明转型"受到同等重视,很多区域研究其研究时段从宋代直至明代。①

宋代家族研究、移民和地方社会研究取得很大成绩,经过对家族形态、家族制度、家族维持等方面问题的讨论,学界形成了很多共识,这是本文研究宋代官僚家族的基础。② 但另一方面学界对于宋代迁徙官僚家族尚未作专门讨论,尚有研究空间。

此外,韩明士对抚州地区精英的研究深化了郝若贝的观点,并加以理论化,不但形成了宋代区域研究的一种模式,而且使南宋以来精英的地方化这一论断普遍为欧美学界所接受,很多论著将其作为不辩自明的前提。③ 但

---

① 赵世瑜则批评"宋元明转型"多是唐宋变革论者历时性地向下推演他们的思考,与之相比较,很少有关注明清史的学者回溯宋元历史,见《明清史与宋元史:史学史与社会史视角的反思》,载《北京师范大学学报》2007 年第 5 期。

② 关于宋代家族史研究的综述论文有:朱瑞熙《大陆"宋代家族与社会"研究的回顾》,《大陆杂志》90 卷 2 期,1995 年;郭恩秀《80 年代宋代宗族史论著研究回顾》,《新史学》第 16 卷第 1 期,2005 年;粟品孝《宋代家族史的研究历程》,海峡两岸宋代社会文化史研讨会 2009 年。

③ 宁爱莲(Ellen G Neskar), *The cult of worthies: A study of shrines honoring local Confucian worthies in the Sung Dynast* (960—1279), Columbia University, 1993,万安玲(Linda Walton) *Academies and Society in Southern Sung Cchina*, University of hawaii press honolulu, 1999,魏希德(Hilde De Weerdt) *Competition over Content: Negotiating Standards for the Civil Service Examinations in Imperial China 1127—1279*, Harvard University Press, 2007,何安娜(Anne Gerritsen) *Ji'an Literati and the Local in Song-Yuan-Ming China* (Leiden: Brill, 2007)等论著皆以南宋时期士人地方化作为研究前提。韩明士在其《道与庶道》(皮庆生译,江苏人民出版社 2004 年)中以此解释抚州地方精英的地方祭祀选择。

是正如包伟民师指出的,韩明士的研究带有目的论的特性,很大程度上损害了其理论的可行性。① 而地方精英与官员的共性可能多于他们之间的冲突。② 笔者亦想通过本文的讨论,尝试回应这一学术论断。

三、研究对象和区域的界定

本文所研究的对象是宋代迁徙官僚家族,是以脱离乡里的官僚家族的维持发展、婚姻关系及其与地方社会的关系等为研究主题。

首先就本文研究对象作出界定。

迁居官僚家族

这里需要界定两个内容:

第一,何谓"家族"。③ 杜正胜以《仪礼》为依据,区分家庭、家族、宗族三个概念。家庭,主要是父、己、子三代,最高推广到同出于共同祖父的人口。家族,是大功以外至缌麻的,出于同高祖的亲属。宗族,则是五服以外的同姓,虽同远祖,疏远无服。④ 宋代墓志铭通常只追溯至墓主高祖,亦可看出"同高祖为亲"的以小宗世系法组织的家族,是宋代家族组织的基本形式。因此本文所论家族,指出于同高祖的男性世系集团及其配偶。

第二,何谓"官僚家族"。这是指本文所讨论的家族不是普通的平民家族,而是家族成员具有官员身份的家族,且家族成员任官具有连续性。宋代入仕正途是科举,以荫补、吏职出仕就无望担任高官,但是即使是科举出身,也要历经考选才有机会位至宰辅,极少会出现累世高官的家族。根据宋代的特点,本文所界定官僚家族,指在一个由共同祖先界定出的父系群体里,

---

① 包伟民:《精英们"地方化"了吗? ——试论韩明士〈政治家与绅士〉与"地方史"研究方法》,《唐研究》第 11 卷,中华书局 2005 年。

② 见皮庆生对《道与庶道》的书评,载《唐研究》第 11 卷,中华书局 2005 年。

③ 毛汉光将唐代官僚家族定义为完全依靠官位维持的家族,一旦政局变动,家族的政治地位随之变化。本文使用"官僚家族"概念意在突出任官对于家族成长的决定性意义,与毛汉光概念不同。见毛汉光《中国中古社会史论》,第 56 页。

④ 杜正胜:《古代社会与国家》,第 784 页。

两代连续或者三代不连续有家族成员为官员,不限制具体官位高低。这样界定,出于以下考虑:已有的学术成果已经证明,①家族成员仕宦对于家族的兴起、维持具有决定作用。因此家族两代为官或者三代不连续为官,这个家族组织才能保持官僚特征。这种划分标准是考虑到宋代家族以小宗世系为主流。

第三,何谓“迁徙官僚家族”。依据两个标准:其一,迁徙的界定依据是家族成员的葬地发生了变化,而且家族后代也以新的地区为居地、葬地。虽然宋代科举、仕宦都依靠户籍管理,但是仅仅依凭户籍判断官僚家族是否迁徙是远远不够的。如果仅有一代葬于迁居地,而后世子弟返葬故里,则其家族不能称为迁居家族。例如宋代许多士人以开封户籍参加科举,但其家族长期定居于原籍,若仅以户籍更动为准,则易发生误差。②其二,始迁祖必须为宋代官员。本文要讨论的是以官员身份迁居的家族的发展及其与地方社会的关系,因此家族的始迁祖应当是已经为官者。如明州高闶家族,在北宋时迁到明州,但其家族最初并无官位,经过长期经营才逐步发展起来,至迁居后第五代高闶,方才荣显,基本已是一个土著家族,家族迁徙和任官并无关系。③本文亦没有选择这类家族作为讨论对象。

宋代宗室是典型的家族形态,本文之所以并没有将宗室纳入讨论,是因为宋代的宗室有专门的机构管理,而不是由地方政府管理,其籍贯统一列在玉牒,不是编入户籍,因此很难判断哪些宗室是久居,哪些宗室是迁居。另一方面,多数宗室近支是自幼授官,不存在以科举、仕宦维持家族的问题,无

---

① 陶晋生:《书香世家:宋代的山阴陆氏家族》,文载《中国近世家族与社会学术研讨会论文集》,另见黄宽重《家族与社会》序言。

② 以《宝庆四明志》卷一〇《进士》为例:宝元元年榜王异,以济州为户籍;皇祐五年楼郁、陈谅、项睎、葛良嗣皆以开封为户籍;嘉祐二年于锐,嘉祐八年葛蕴,熙宁三年冯景,熙宁九年陈伯强、杜岐,元祐六年袁灼亦皆是以开封为户籍。其中楼郁、陈谅、葛良嗣皆是长期定居明州,并未迁至开封。再以《云间志》卷中为例,嘉祐二年榜朱伯虎以开封为户籍,而其弟朱伯熊治平二年中进士,嘉祐八年其叔父亦以开封为贯应试。此外熙宁三年吕公美、熙宁六年吕奎、元祐三年吕益柔等均以开封为贯。

③ 黄宽重:《宋代的家族与社会》第四章《洛学遗绪——高氏家族的学术与政治抉择》。

法纳入本文的讨论中,因此对于宋代宗室的迁徙,本文不作讨论。①

选择宋代的两浙地区,是出于方便讨论论题的考虑。正如本文在研究现状回顾时所谈及的,美国学者韩明士对宋代抚州的研究在学界曾引发广泛讨论,陶晋生、许怀林等前辈学者的部分研究就是回应韩氏的结论而展开的。韩氏研究的不足之处显而易见,但是他以区域的家族研究探讨社会结构变迁的研究方法,仍有创新之处,本文亦是受此启发而展开区域家族迁徙的研究。

此外本文的研究对象是迁徙官僚家族,具体的迁徙过程和流向是必须进行讨论的,如果在整个宋统治区内考虑,就会使迁徙的流向错杂,不易作出归纳和分析。如果选择一个区域进行研究,就可以以地区为中心展开讨论。本文的研究对象是官僚家族,进行的是跨越两宋的分析,因此研究区域需要相对稳定。如果选择长江以北的其他区域进行研究,那么研究的时间界限就必须限定在北宋,否则许多家族在北宋灭亡以后,或者迁徙到南方,或者在当地泯灭无闻,本文的相关讨论就无法继续展开。选择两浙地区的作为研究对象,还有如下考虑:首先,长江下游的江南地区,即今苏南、浙江两地原为一个大政区,②两浙路大体包含这一区域。北宋太平兴国三年(978),以吴越旧地置两浙东北路,治杭州,领杭州、越州、苏州、润州、湖州、婺州、明州、常州、温州、台州、处州、衢州、睦州、秀州等十四州。③ 雍熙二年(985),以两浙西南路为福建路,两浙东北路遂简称两浙路,辖地没有变化。④ 熙宁九年(1076),两浙路分为两浙东路、两浙西路,次年(1077)合为一路,直至绍兴元年(1131),南宋朝廷以临安为行在,将两浙路分为东、西两路。⑤ 这一地区的政区划分一直较为稳定。本文具体行文中以宋人王存《元丰九域志》两浙路辖地为准,凡迁入、迁出这一地区以及在本区域内迁徙

① 关于宋代宗室的研究可参见贾志扬著,赵冬梅译《天潢贵胄——宋代宗室史》,江苏人民出版社 2005 年;何兆泉《宋代宗室研究》,浙江大学 2005 年博士论文。
② 包伟民:《浙江区域史研究》,第 5 页。
③ 王存:《元丰九域志》卷五《两浙路》,第 207—220 页。
④ 王存:《元丰九域志》卷九《福建路》,第 399 页。
⑤ 《宋史》卷二六《高宗本纪三》,绍兴元年十二月。

的家族,均进行讨论。其次,与这一地区相关的传世文献较为丰富。现存宋元地方志有 28 种所记载地域属于两浙地区,加上宋代传世文集,以及明、清、民国时期方志,本文有相对充分的资料展开研究。另外本文还尝试以家谱资料对家族历史资料加以补充。

为了便于展开具体讨论,本文采取区域研究的方式,主要以宋代的两浙路为中心,着重考察两宋时期官僚家族在两浙地区的迁徙活动,包括迁出、迁入以及在两浙地区内的迁徙。本文分为六章,分别讨论宋代两浙地区官僚家族的迁徙方向及其原因,官僚家族的维持,官僚家族的婚姻关系,官僚家族与地方社会,迁徙家族与宋代的地域认同,族谱与宋代家族。

第一章 两浙地区官僚家族
迁徙方向与迁徙原因

官僚家族向什么方向迁徙,为什么迁徙,是本文首先要讨论的问题。分析官僚家族迁徙,能够看到以两浙地区为中心迁徙的官僚家族,主要向经济文化发达地区集中,其迁居不但向国家政治中心集中,也逐渐向地区中心集中。①

第一节 两浙迁徙家族迁徙方向

宋代官僚游宦之后不归本籍,颇为常见,特别是开封地区是许多士大夫退闲定居之地。宋人徐积指出:"盖学士大夫起自远方,羁旅仕宦处于中州,皆东西南北之人也。岁月既久,即其所居,求田问舍,遂为中州人者多矣。"②这是唐代以来官僚向政治中心迁移趋势在宋代的延续。本文选取两浙地区作为一个研究区域,考察两浙地区官僚迁徙来源和方向以及迁徙原因,以期进一步探讨宋代江南地区官僚迁徙的特点。

(一) 迁入家族

两浙地区,包括今江苏南部和浙江全境,东面临海,南接福建,西与江

---

① 所谓地区中心,是指两浙地区相对于长江以南其他地区,在经济、文化等方面具有一定优势,这是长江流域开发历史所证明的。

② 徐积:《节孝集》卷二〇《过故乡》。

西、安徽相连,北面紧邻长江。地势由西南向东北倾斜,西南主要以山地为主,中部为金衢盆地,东南沿海为平原。两浙地区自南北朝开始,经过北方移民与当地土著共同开发,经济开始较快地增长。安史之乱之后至唐末,北方遭受严重战乱破坏,而南方相对安定,社会经济发展水平逐渐接近北方,至宋代取代北方的领先地位,全国经济重心南移大体完成。① 江南的农业发展以及水运贸易的推动,促使南方兴起了一批经济富庶、商业繁荣的城市,如润州、常州、苏州、杭州、越州等,这些地区是长江以南经济最为发达的地区,是经济中心地区。

伴随着经济繁荣,两浙地区文化持续发展。历经东晋、南朝长期融合,江南地区土著的吴姓士族集团,与南迁的侨姓士族形成统一的士人群体,促进了江南文化发展。唐代的文化中心虽仍在北方的长安、洛阳,但南方士人群体成长很快,特别是长江三角洲地区,成为人文荟萃之地,②已经成为长江以南地区的文化重心。

北宋王朝立国中原,政治中心与经济中心分离。帝国政治中心开封,依靠运河与经济中心江南地区相连。两浙地区不但是重要的财赋中心,而且是长江与运河交汇的交通枢纽,因而吸引士大夫来此定居。靖康南渡,宋廷偏安江南,以临安府为行都,政治中心与经济中心因此重合,从靖康之变到绍兴十一年宋金议和的 17 年中(1125—1142),大量人口,包括官僚家族自北方南迁,③以行都临安府为中心的两浙,成为官僚、士人汇集之地。

(1) 北宋迁入家族

经过对存世宋代官僚家族资料的筛选,北宋时期迁入两浙的官僚家族可以确证的共有 31 家。由于本文力图分析迁徙官僚家族这一特定对象,不得不对家族作一些限定。这种限定使本文的讨论能够相对集中,但是也不可避免地要对收集的材料作出取舍。因此本文选取的家族,只占当时实际迁徙人数的极小部分,但分析这些存世家族的资料,大致可以回答这些家族

① 宁可:《中国经济通史·隋唐五代卷》,经济日报出版社 2000 年,第 641 页。
② 杨远:《西汉至北宋中国经济文化之向南发展》上册,台湾商务印书馆 1991 年,第 396 页。
③ 吴松弟:《中国移民史》第四卷,福建人民出版社 1997 年,第 247 页。

迁徙的来源地、目的地有何共性，反映何种趋势。本文通过具体分析回答这些问题，以说明宋代迁入官僚家族的迁徙特征。

北宋官僚家族迁居两浙的具体目的地，计有苏州（1113年改平江府，今江苏苏州）、润州（1113年改镇江府，今江苏镇江）、常州、明州（今浙江宁波）等。迁往润州有8个家族，迁往苏州有12家，迁入常州有7家，迁入明州有1家。分析家族迁徙流向可以发现，迁往苏州、润州、常州的家族，是北宋迁往两浙地区家族的主体，润州、苏州、常州成为家族迁徙的主要目的地。

苏州地区是江南开发较早的地区。至唐代，苏州地区户口繁盛，农业发展，"嘉禾一穰，江淮为之康；嘉禾一歉，江淮为之俭"，[1]成为南方经济重镇。唐末战乱时期，邻近运河的苏州，是北方移民迁徙的主要目的地，迁入民户之多，至有所谓"三编户之一"之说。[2] 北方移民的涌入，带来充足的劳动力，加速了苏州的农业开发。五代的北方地区，干戈不息，战乱频仍；而江南由于相对安宁，诸政权注意休养生息，令苏州经济能够持续发展，"偃息兵戈，四境粗安耕织"。[3] 苏州不但土地肥沃，而且临太湖近运河，交通便利，经水路与常州、润州相连。宋灭南唐后，于太平兴国三年（978）设两浙路，苏州作为十四州之一归属两浙路管辖。[4]

润州，即今江苏镇江。镇江地区，古称京口，是长江下游的重要渡口，隔江与扬州相望。永嘉南渡，大批北方人口沿淮而下，再从邗沟到达扬州。自扬州渡江，到达京口。京口因此成为南迁人口的集中之地。隋统一全国之后，定都长安，江南粮税财赋集中向北运输，因此处于江北的扬州，取代了长江南岸的京口，成为扬子江地区的经济和交通中心。为了将更多财富运往北方，满足两京地区的需要，隋修建大运河以联结南北。运河江南河段以润州为起点，由润州到达运河终点杭州，润州因此成为联结南北水运交通的枢纽，成为以交通运输为主的港口城市。"京口当南北之要冲，控长

---

① 李翰：《苏州嘉兴屯田纪绩颂并序》，载《全唐文》卷四三〇，中华书局1983年。

② 梁肃：《吴县令厅壁记》，载《全唐文》卷五一九。

③ 吴任臣：《十国春秋》卷七八《吴越二·武肃王世家下》引《天柱观记》，中华书局1983年，第1065页。

④ 王存：《元丰九域志》卷五《两浙路》，第207—220页；卷九《福建路》，第399页。

江之下流",①特殊的地理位置,使之成为长江南北物资流动的中转地区。五代时属南唐辖地,宋平南唐后置润州。

常州地区,也是江南开发较早的区域。隋时因运河开通,成为东南都会,"三吴襟带之邦,百越舟车之会",是南北交汇之地。唐乾元元年(758)改晋陵郡为常州。五代时先后属吴、南唐。战乱时期,常州境内没有遭受严重破坏。入宋后,常州曾于太平兴国元年(976)隶属江南东路,太平兴国三年(978),改隶两浙路。②

明州,即今浙江宁波地区,自唐以来亦是东南财富荟萃之地,更兼控扼海道,是军事重镇。随着隋代运河开通,明州受到大运河延长段浙东河的决定性影响,建立了与中心贸易集散地杭州的船运通道。明州交通地位的提高,促进了当地耕地开垦。③ 太平兴国初,吴越纳土后,明州改军号为镇国军,属两浙路。④

官僚家族迁徙的目的地,是江南经济比较发达的区域。由于土地肥沃,灌溉便利,自唐代开始,许多富贵之家就在该地区购买田产。苏州"强家大族,畴接壤制,动涉千顷,年登万箱",⑤润州的孟渎建成之后"灌溉沃壤四千余顷",⑥因此"大族豪家,泄流为田,专利上腴"。⑦ 宋代"天下之田称沃衍者,吴、越、闽、蜀,其亩之所出,视他州辄数倍"。⑧ 兼并之家自然聚集于此。两浙地区因此土地流转、兼并频繁。有财有势的官僚富户,视此地为膏腴,竞相购置土地。

苏、常、润是浙西平原地区,与运河相连,交通较为便利。唐末战乱时期,这里是北方人口南下的咽喉;北宋承平之时,则是北上京畿地区的要道,

---

① 卢宪:《嘉定镇江志》卷六《山川》,宋元方志丛刊本,第2366页。
② 王存:《元丰九域志》卷五《两浙路》,第207—220页。
③ 斯波义信:《宋代江南经济史研究》,江苏人民出版社2001年,第480页。
④ 罗濬:《宝庆四明志》卷一《境土》,宋元方志丛刊本,第4997页。
⑤ 刘允文:《苏州新开常熟塘碑铭》,载《全唐文》卷七一三。
⑥ 《旧唐书》卷一六三《孟简传》,第4257页。
⑦ 李华:《润州丹阳县复练塘颂并序》,载《全唐文》卷一三四。
⑧ 秦观:《淮海集笺注》,上海古籍出版社1994年,第601页。

京师依靠这里输送的财赋才能维持,"江淮之境,人稠土狭,田无休易,可以布屯"。① 以垦荒为目的的移民,更可能迁往人地矛盾相对较小的淮南地区,这些地区饱经战乱,多有荒地供开垦以安身立命。两浙地区水路交通的优势吸引商人和官僚定居这里。官僚家族迁徙与普通移民迁徙趋向的差异,体现出官僚家族向经济中心、交通枢纽集中的趋势。

对迁入家族来源地域加以分析,可以发现以来自于福建地区者为多。

福建地区由于地处东南一隅,山岭阻隔,交通不便,东汉时仍被视为化外之地。晋室南渡以后,许多北方移民定居于福建,带来大量劳动力和中原地区先进的耕作技术,推动了福建地区的社会发展。但是福建相对封闭的地理环境和由此造成的文化落后,不足以吸引士大夫们安居此地。东晋谢灵运游宦福建时,曾有诗云:"闽中安可处? 日夜念归旋。"②隋唐之交,移民再次涌入福建,经济加速发展。唐末五代,战乱频仍,福建由于其特殊地理环境,相对封闭,远离中原的社会动荡,带给迁居此地的移民一个稳定的生存环境,不少北方士人迁居这里,这从宋代许多福建地区士大夫墓志铭多自称从光州固始(今河南固始)迁来可见。福建濒海,特别是泉州地区,海外贸易兴盛,许多人口不必以农为业,使沿海地区人口增长迅速。到北宋初年,福建地区户口已经是唐天宝年间户数的五倍。③ 福建地区地形复杂,山地居多,适宜耕种的土地相对南方各路为少。北宋元丰年间,朝廷统计南北各路垦田数目,南方两浙路、江南东路、江南西路、荆湖南路、荆湖北路、福建路六路之中,福建路垦田数目最低,为 11091453 亩,为两浙路垦田数量的三分之一。④ 福建地区田地质量又无法与两浙地区平原耕地相比,"江浙膏腴动渺然,唯闽晓薄少平川",⑤所能承载的人口有限。因此福建在北宋时已是人稠地狭,人地矛盾已然显现。

面对生齿繁衍,无地可耕的局面,许多农业人口或以其他职业为生,或

---

① 张方平:《乐全集》卷一四《刍荛论》。
② 谢灵运:《还旧园作见颜范二中书》,载萧绎《文选》卷二五。
③ 吴松弟:《宋代福建人口研究》,文载《中国史研究》1995 年第 2 期。
④ 马端临:《文献通考》卷四《田赋考四》,中华书局 1986 年。
⑤ 刘克庄:《后村先生大全集》卷八《劳农》。

迁居他乡,北宋已有大量福建人口迁居外地,开垦荒地。皇祐二年(1050)仁宗就福建路、成都府路移民耕地充裕地区征询大臣意见,之后诏令京西转运司,两地之民远迁北方者听之。① 福建地区成为宋代较早开始对外移民的地区,同时也成为南方迁出人口最多的地区之一。②

承平之时,地少人多是引起平民自发迁徙的主要原因。因此平民迁徙的目的地,就是地旷人稀之地。福建近海的福州、泉州等地区人口,借助交通便利,向南迁徙,迁入地区主要是广南东路、广南西路,或者向北迁往淮南东路和淮南西路。③ 苏辙被贬到雷州(今广东雷州)时,注意到当地"农亦甚惰,其耕者皆闽人也"。④ 可见福建移民在宋初就到达广东地区。这些地区人口相对较少,有大量土地可供迁徙人口耕种。福建地区的自然环境也对该地区的人口流动产生影响。宋代福建地区人口较为稠密的福州、泉州、漳州、兴化军(治所在莆田)四州,称作"下四州",虽然海路交通较为发达,但是海运成本较高,经海路迁徙,自然无法为普通农业人口所能承受。而陆路交通,前往两浙地区有两条路线:一条由泉州经福州,到达两浙地区的温州;另一条自建州(今福建建瓯县),经松溪,到达处州,就是今天的丽水。两条主要交通线到达的两浙所属地区,均是山区,人地矛盾同样突出,迁往温州、处州,并不能解决普通移民无地可耕的生存问题。前往温州地区的交通线,没有成为农业人口迁徙出闽的主要陆路通道;而进入处州的交通线,主要依靠龙泉瓷器的贩运得以兴盛起来,⑤不是农业人口迁徙的交通线。自福建经这里进入两浙地区的,多是从事手工业、商业的工商业者,农业人口迁居者较少,没有形成规模。两浙地区又是北宋另一个人稠地狭的地区,由于交通因素和可供移民耕种土地较少等原因,福建农业移民大都不选择两浙地区作为迁居地。

北宋迁入两浙的官僚家族,有 19 个家族来自福建路。其中自建州建阳

---

① 李焘:《续资治通鉴长编》卷一六八,皇祐二年六月,第 4048 页。
② 吴松弟:《中国人口史》第三卷《宋辽金元时期》,复旦大学出版社 2002 年,第 501 页。
③ 葛建雄主编,吴松弟著:《中国移民史》第四卷,第 170 页。
④ 苏辙:《栾城后集》卷五《和子瞻次韵陶渊明劝农诗序》。
⑤ 苏基朗:《唐宋时代闽南泉州史地论稿》,台湾商务印书馆 1991 年,第 153、176 页。

迁出的有陈升之、陈豫 2 家,自建州浦城迁出的有章惇、章粢、黄挺、张沔 4 家,自建州建瓯迁出徐奭、章甫 2 家。自兴化军莆田迁出的有陈绛、陈膏 2 家,自建州南城迁出的有邓润甫 1 家,自兴化军仙游迁出蔡旻 1 家,自泉州晋江迁出的有陈汝奭 1 家,自泉州同安迁出苏颂 1 家。自福州福清迁出的有林概 1 家,自福州迁出李余庆 1 家。自福州侯官迁出郑穆、陈襄 2 家,自南剑州延平(延平,南唐时废,隶于剑浦县①)迁出叶棐恭 1 家。

官僚家族迁出地区中,以建州迁出家族最多,计有 10 家,超过自福建迁入两浙路家族的一半。建州地区处于福建北部,唐末仙霞岭通道的开辟,使处于闽、浙、赣交汇地区的建州,成为士族汇集之地。教育相对漳州等地要发达一些。建州地区长期的文化积累,至宋代于科举和文学方面有所表现。北宋著名西昆体诗人杨亿为建州浦城人,是这一文学流派的领军人物。北宋建州地区在福建八州之中,科举成就最高,累计 809 人考中进士。②

北宋福建诸州进士总人数次于建州的,依次为福州 550 人,兴化军 468 人,泉州 344 人。③ 依据官僚家族迁出地分析,自福州迁出的家族有 4 家,自兴化军迁出的有 3 家,自泉州迁出的有 2 家。当然迁出家族数量与当地进士人数的正比例关系,并非本文所收集的家族数量所能说明。据贾志扬统计,宋代诸路中,以福建路进士最多,达到 7144 人。④ 宋人李幼杰《莆阳比事》所载宦族世家多达 308 支。福建地区两宋考中进士 7144 名,莆阳一地就有 300 多个家族,与之相比,区区 10 多个家族是不足以反映北宋整个福建地区内部官僚家族迁徙活动的差异和具体流向的。但是迁徙官僚家族集中于科举较为发达的建州、福州、兴化军当是没有疑问的。除了迁居到两浙地区的家族外,浦城人章得象家族,在章得象任官于开封后,迁到京畿地区,章得象位至宰辅,封郇国公,去世后葬于许州,家族定居于当地;⑤晋江人曾公亮一族,曾公亮、曾公奭、曾公望、曾公定皆考中进士,号为科第世家,曾公

---

① 顾祖禹:《读史方舆纪要》卷九七《延平府·南坪》,中华书局 2005 年,第 4044 页。
② 林拓:《文化的地理过程分析》,第 63 页。
③ 同上书,第 68 页。
④ 贾志扬:《宋代科举》,第 199 页。
⑤ 宋祁:《景文集》卷五九《文宪章公墓志铭》。

亮任官以后就定居于开封,并葬于开封,①曾公亮弟曾公望葬于新郑县,②曾公亮侄媳任氏居于、葬于濠州(今安徽凤阳),③整个家族脱离福建地区,主要活动于北方。而被视作福建理学代表人物的游酢,本为建州人,早年即追随程颐求学,元丰五年(1082)中进士,后定居溧阳(今江苏溧阳),去世后葬于此地。④ 福建官僚迁出地区与科举发达地区重合,说明科举考试促使福建的社会上层向外流动。迁出的官僚家族,多是在家族初具声望时即迁出福建,如章氏、曾氏、苏氏家族鼎盛时期皆是定居于福建之外。这说明相当数量官僚家族并不重视在乡里的经营,而是迁往更为中心的其他地区。

迁入两浙地区的官僚家族除上述来自福建的家族之外,还有来自开封地区的 2 家,分别是富严家族和钱垂范家族。宋代的开封,是当时的政治中心,靠近中央地区,对于官僚经营人脉、把握朝廷动向十分重要,因此形成了大量官员向开封、洛阳地区集中的趋势。加之开封地区科举解额较高,不少尚未登第的士人也趋之若鹜,在开封冒贯应举,许多家族因此迁居这里。自开封迁到两浙地区,应是个别现象。

自江西迁来的 2 个家族,分别来自南康军和抚州。只是刁氏迁居在真宗初年,而蔡承禧家族则是晚至哲宗年间。两个家族迁徙活动时间相隔较长,没有持续性。江西地区在安史之乱后涌入大批移民,据佐竹靖彦统计,江西地区户口从唐初的 51480 户,到元和年间增长到 200457 户。北宋江西地区地旷人稀,人口增长十分迅速,从宋初的 523692 户,至元丰时增长到 1158610 户,增长率达 221%。户口大幅增长,除了隐占户口被清理之外,移民是主要原因。⑤ 江西地区是移民主要迁入地区,而不是迁出地区。迁入地区还有襄阳府(今湖北襄阳)、徽州(今安徽歙县)和扬州。除扬州外,都是北宋普通移民迁入的主要地区。而且上述家族迁徙实例,都是一到两家,

---

① 杜大珪编:《名臣碑传琬琰集》中集卷五二《曾太师公亮行状》。
② 强至:《祠部集》卷三五《朝奉郎守尚书虞部郎中上轻车都尉赐绯鱼袋曾府君墓志铭》。
③ 沈括:《长兴集》卷一八《赠崇德县君任氏墓志铭》。
④ 杨时:《龟山集》卷三三《御史游公墓志铭》。
⑤ 佐竹靖彦:《唐宋変革の地域研究》,同朋舍 1990 年,第 363 页。

是否代表了一个地区的家族迁徙方向,尚难定论。

综合对家族迁徙的目的地和来源地的分析,可以发现,北宋两浙迁入官僚家族的迁徙方向,与整体的大规模以垦荒为目的的移民迁徙有很大不同。作为官僚家族迁入地的苏州、常州、润州等地,与福建地区一样面临地少人多,生齿日繁的矛盾。作为官僚家族主要迁出地的福建地区,虽然也是大量移民迁出地区,但是垦荒移民,一般不会选择迁入两浙这样人口稠密的地区。另一些官僚家族迁徙迁出的地区,反而是移民涌入的地区。官僚家族迁出地范围比普通移民要大,是因为官僚家族有能力在土地交易频繁的地区购置田产,普通垦荒移民则没有这种能力。

(2) 南宋迁入家族

靖康南渡,是中国历史上一次大规模的人口迁徙。对此,吴松弟进行了深入研究,其博士论文《北方移民与南宋社会变迁》,全面阐述靖康之变后自北方迁入江南地区的移民,从迁徙过程、移民的地区分布、移民的数量、迁出地域、移民与南宋政治、经济、文化等多个方面,分析北方移民对南宋社会的影响。指出靖康之乱后的北方移民活动前后持续长达 60 年,移民规模远远超过西晋永嘉之乱、唐安史之乱后的移民。该书的另一重要贡献是从传世的各种文献中,收集了靖康至绍兴年间移民的资料,制成 1702 人的移民档案,更为直观地反映了靖康之变后移民的状况。

本文分析南宋迁入南方的官僚家族时,对北方移民部分,主要使用了吴松弟先生的研究成果。本节分析的 45 个家族,有 22 个系从吴松弟《移民档案》选出。其他 23 个家族中,9 个迁出地在长江以南,迁徙时间超过《移民档案》划定的建炎至绍兴年间。《移民档案》中迁入两浙地区的移民个案中有 218 人是宗室成员,本文对其迁徙情况不作讨论。因此本文所界定为南宋时期迁入两浙地区的家族为上述 45 个。

首先分析其迁入地区。建炎年间右谏议大夫郑毂上奏说:"平江、常、润、湖、杭、明、越,号为士大夫渊薮,天下贤俊多避地于此。"①说明两浙及

---

① 李心传:《建炎以来系年要录》卷二〇,建炎三年二月庚午,第 405 页。

其周边成为当时南下移民的集散地。吴松弟先生依据移民档案分析,靖康之变后南下移民最集中的地区是临安地区、台州地区、苏州地区、镇江府地区。移民是战乱后当地生产恢复的主要力量。① 而本文所整理的家族,迁居的目的地为明州(宁波地区)者有 10 家,常州 5 家,温州 2 家,台州 6 家,婺州(今金华)3 家,衢州 5 家,越州(绍兴元年升绍兴府)2 家,临安(杭州地区)4 家,湖州 2 家,秀州 1 家,平江府(苏州)2 家,与郑毅所说大体相符。

　　家族迁入地区中,明州地区和台州地区迁入家族较多。明州处于宁绍平原,自唐代以来就是重要的海港城市。高宗南渡长江之后,从越州(今浙江绍兴)退至明州,并一度从这里入海躲避金军,因此许多随行官员留居此地。北宋大族向氏一支和三槐王氏,皆是南渡之后定居在这里。② 台州处于浙江通往福建的交通线上,金军进入两浙地区之后,许多人选择经此地向福建地区迁徙,因此不少移民进入当地,其中有很多南渡的官僚。

　　与北宋迁居官僚家族的目的地作一比较,能够发现,迁入润州也就是镇江地区的家族明显减少。这与润州在建炎、绍兴年间成为两军交战之地有关。战乱使润州不但不能安居,甚至先人坟茔亦难保全。衢州开化人程俱,原本葬母亲于丹徒县五洲山之原,此地被堪舆家视为风水宝地,北宋大臣陈升之、苏颂迁居镇江地区后,都选择此地作为家族葬地。③ 但是靖康之变后,大量军队屯驻此地,在此激战,程氏坟墓遭到军人破坏,"童山发屋,殆为荒区",程俱只得将母亲改葬到衢州开化。④ 从生计与丧葬两者考虑,战乱期间士大夫都不愿迁居镇江地区。而台州、温州、衢州能够成为家族迁居的目的地,除了上述的追随高宗逃亡而定居的因素外,还在于温、台地区交通不便,便于隐居。台州"古称荒域,僻处海滨",⑤人口稀少;温州境内亦是多

---

　　① 吴松弟:《宋代靖康乱后江南地区的北方移民》,文载《浙江学刊》1994 年第 1 期。
　　② 楼钥:《攻媿集》卷一〇七《王夫人墓志铭》。
　　③ 孙觌:《鸿庆居士集》卷三五《宋故右中奉大夫致仕赠少师陈公神道碑》;邹浩:《道乡集》卷三九《故观文殿大学士苏公行状》。
　　④ 程俱:《北山小集》卷三一《先妣迁奉墓志铭》。
　　⑤ 喻长霖:《民国台州府志》卷首。

山,迁徙到此地足以躲避兵祸。南渡迁到台州临海的大臣贺允中,就是因为临海相对偏远,才定居下来。①

战乱期间,官僚与普通移民迁徙方向差异并不显著。唐代即是如此,战乱之时,北方地区无论官民都是仓皇南逃。② 靖康之变形成的移民浪潮,官僚与平民的迁徙方向也大体一致。变乱突起,官僚和平民一样,都是仓猝出走,不及择地。官僚们的迁居活动,少了任官某地的消闲适意,选择迁徙目的地,首先要能躲避战乱、保全家小。"建炎南渡,大家巨室,焚剽之余,转徙于山区海隅之间,殆无几矣",③其境遇与众多南迁的平民相差无几。

从迁徙家族迁出地分析,南渡的北方家族主要来自今天的开封地区。吴松弟《移民档案》所统计的北方移民,有70%自开封地区迁入,其中很多都是宗室。大量宗室人口定居福建,宋廷为了便于管理,于福建路的泉州和福州两地设立宗室管理机构南外宗正司。④ 吴越钱氏后裔虽然仍自认为杭州人,但是他们自吴越纳土之后,就迁居开封,籍贯亦在开封。曾几、黄子游、谢克家、韩肖胄家族,其祖居地也是在开封地区。开封地区迁出的官僚家族,成为迁入两浙官僚家族主体,这是因为北宋政治中心在开封地区,因此聚集大量官僚。另外,从京东路迁出的有巩庭芝、姜诜、赵浚三族,柳珹从淮南庐州(今安徽合肥)迁入,魏杞是自寿州(今安徽寿县)迁入。他们都是躲避战乱,迁到江南。

迁入家族来源地中,仍然有福建地区。林仰一族从福州长溪迁入,徐定家族从泉州晋江迁入,陈宗召家族从福州迁入。3个家族中,林仰是绍兴二十年(1150)前后迁入的,其他两家皆是在孝宗朝迁入两浙地区。福建在建炎南渡时,涌入大批移民,"建炎之后,西北流寓之人,遍满于江淮、湖广、浙、汀、闽"。⑤ 福建和两浙一样接受了大量北方移民,而在局势稳定之后的孝

---

① 韩元吉:《南涧甲乙稿》卷二〇《资政殿大学士左通议大夫致仕贺公墓志铭》。
② 冻国栋:《唐代人口问题研究》,第278页。
③ 孙觌:《鸿庆居士集》卷《宋故端明殿学士左朝散大夫致仕安定郡开国侯食邑一千户赐紫金鱼袋赠左中大夫胡公行状》。
④ 贾志扬著,赵冬梅译:《天潢贵胄——宋代宗室史》,第120页。
⑤ 庄季裕:《鸡肋编》卷上。

宗朝,福建再度有家族迁出,迁往南宋的政治中心两浙地区。

　　另一个家族迁出地区是四川地区。迁出的 3 个家族分别是:邛州临邛的常同家族,建炎年间迁居秀州;邛州蒲江的魏了翁家族迁居苏州;还有自成都府路简州迁入湖州的刘光祖家族。四川地区在两宋时期是人口迁出较多的地区,自四川迁出的官僚很多。四川偏处一隅,有秦岭阻隔,交通极为不便。许多出自四川地区的士大夫,多选择迁出蜀中。眉山苏氏,苏洵、苏轼父子起就迁出四川。苏洵游学洛阳时,就打算定居此地,没有返乡的想法。① 苏辙也说:“厌居巴蜀千山底,决往荆河十顷田。”②北宋自四川阆州出仕的陈尧佐兄弟,自其父开始就在洛阳附近定居。③ 青神人陈希亮也在任官后迁居到开封。④ 而为陈希亮撰写墓志铭的范镇一家,也离开四川,迁居到开封。直到绍兴年间范仲黼一支才回到成都祖居地。⑤ 范仲黼登科的时候,籍贯为开封祥符县。⑥ 成都人邓子洵去世后,周行己为其撰写墓志铭说“邓氏世为成都人,以其世父龙图君贵,遂徙居阳翟”。⑦

　　北宋开封地区是四川迁居官僚的首选,因此本文未能收集到这一时期迁入两浙的家族资料。至南宋时,政治中心转到临安地区,四川地区官僚迁居的目的地,就转移到两浙地区。

　　南宋官僚家族迁居,初期因战乱而导致家族迁徙方向和迁居来源地两方面,都与整体南渡移民一致。这是因为战乱被迫迁徙,而非家族主动的迁徙。至孝宗朝开始,政局趋于稳定,外路迁入两浙地区的官僚家族的来源地,主要就是福建和四川两地。根本原因也在于历经 30 多年、大规模的自长江以北的迁徙已经结束,而南宋中心在两浙地区,这里又成了官僚家族迁居的首选之地。但南宋迁入两浙的家族,多数迁居时间是在建炎至绍兴之

---

① 苏辙:《苏辙集》卷五《卜居赋》。
② 苏辙:《苏辙集》卷三《送任师中通判黄州》。
③ 曦洲:《宋代阆州陈氏研究》,文载《四川师范大学学报》1997 年第 4 期。
④ 杜大珪编:《名臣碑传琬琰集》中集卷三一《陈少卿墓志铭》。
⑤ 朱熹:《晦庵先生朱文公集》卷九○《安人王氏墓表》。
⑥ 不著撰人《绍兴十八年同年小录》。
⑦ 周行己:《浮沚集》卷七《邓子同墓志铭》。

间;南宋政局稳定以后,迁入两浙的家族较少。临安地区没有像北宋的开封一样,吸引大量士人来此定居,这与南宋国境狭小,长江以南的发达地区,距离政治、经济中心临安较近,不需要定居到这里等因素有关。临安府发解解额不高,也不足以吸引士人到这里应举。① 以科考为目的向临安的迁居,较之北宋向开封的迁居明显减少,反映出士人迁居流向很大程度上受科举所产生的政治、经济利益所左右。这与魏晋时期家族在本地长期积累声望,以声望换仕途,形成强大的地方势力明显不同。其根源就在于宋代取士权在中央,不在地方,不需要长期在地方经营以博取声望,进而凭借乡议入仕。

(二) 两浙地区的家族迁徙

两浙虽然是一个相对统一的区划,但区域内部,以钱塘江为界,分为东、西两区,东区以丘陵小流域、盆地为主,有处州、丽水这样僻处山区的小州;西区主要是太湖流域的河网平原,有苏州、常州这样的发达城市。② 因此两浙区域内部不同地区,也有家族迁徙活动。这些家族迁居活动的特征,与从别路迁入家族是否有所不同? 以下就两浙地区内的家族迁徙加以分析。

两宋时期在两浙区域内部迁徙的家族共有 19 家,北宋有 12 家,南宋有6 家。考察北宋时期迁居家族:蒋堂家族从常州宜兴迁到苏州,卢革家族从湖州德清迁居到苏州,滕甫父滕高自婺州东阳迁到苏州,邹浩祖父从杭州迁到常州,葛源家族从处州迁到润州,沈播从湖州迁到润州,郭璨从秀州海盐迁到常州宜兴,盛侨从严州建德迁到苏州,潘宗回从处州松阳迁到婺州,胡峄从婺州迁到苏州。有 8 个家族的迁徙目的地选择苏州、常州、润州一带,与同期自两浙以外地区迁入的家族迁徙目标相似。上文已经述及,苏、常、润三地是北宋两浙地区交通发达、耕地肥沃,同时也是兼并之家激烈争夺土地的地区。本地区的家族迁徙却仍然选择上述地区,说明当时的苏、常、润地区对士大夫具有很大吸引力,苏、常、润地区是两浙乃至江南地区,官僚家

---

① 贾志扬:《宋代科举》,第 148 页。
② 包伟民:《浙江区域史研究》,第 5 页。

族迁徙的主要目的地。

分析家族迁出地,似比较散乱:自处州迁出 2 家,湖州 2 家,严州 1 家,常州 1 家,秀州 1 家,婺州 1 家,杭州 1 家,苏州 1 家。由于家族数量较少,对于迁出地,似难总结规律。

南宋迁徙的家族有 6 家,却迁往 4 个地区。越州山阴人陆寘和润州金坛人蒋猷 2 家迁往明州,常州人杨植迁往绍兴嵊县,润州丹阳人洪拟迁往台州,婺州金华人潘峙迁往绍兴上虞。五个家族没有迁往苏州、常州、润州这些地区,反而有两家自这些地区迁出,这与当时宋金交战,此地为两军战场有关。南宋人郑毂提到的北方移民迁入的苏、常、湖(1226 年改安吉州)、临安、明、越六州中,苏、常、润、越四州是两浙区域内家族迁出地。

两浙地区官僚家族区域内迁徙,北宋时向苏州、常州、润州集中,南宋时迁入这里的家族较少。北宋由于政治中心与经济中心依靠运河联系,因此苏、常、润地区,成为南北交汇中心,两浙区域内的家族,也向这里集中。南宋建立后,政治中心与经济中心重合,两浙地区开发程度深化,区域间差异缩小,官僚家族自居住地到达临安的距离短,交通亦较便捷。两浙地区本身已经成为中心,所以区域内的迁徙,明显减少。

(三)　两浙地区迁出家族

两浙地区是宋代的经济中心,但仍有官僚家族迁往北方,主要是开封地区。

宋代自两浙地区迁出的家族有 7 家,北宋 6 家,南宋 1 家。北宋迁出家族皆迁自杭州地区,南宋迁出一家迁自处州。北宋 4 家的迁徙目的地都是开封,时间集中于真宗、仁宗两朝。范仲淹家族始终被视为苏州名族,本文没有将其家族收入,原因是范仲淹不是在任官时迁出苏州,而是在幼年时期就在北方居住生活,其家族主要成员都是在河南地区成长。

本文所收集资料显示北宋迁居官僚家族的迁居方向皆是开封,与当时士大夫向开封聚集方向大致相同。只是迁徙数量不大。迁居时间集中于仁宗朝,可能与仁宗朝部分放开外地士人在开封应试有关。天圣七年(1029)

规定,无开封户籍的士人,须有京朝官保举方能于开封府发解,如有伪冒保官连坐。① 袁桷记述其先祖在开封应试之事,亦说:"宋仁宗朝,诏外郡得籍开封举进士。"②这对部分官僚家族而言,是一个迁往政治中心、谋求更大发展的机会。由于本文研究的地区以两浙为中心,对于开封地区迁入家族的情况未作研究,但比照唐代士大夫向两京地区集中的情况,开封也应是官僚聚居的中心地区。

纵观两宋以两浙地区为中心的家族迁徙,可以发现以下特征:

第一,北宋两浙地区的苏州、常州、润州一带,也就是长江下游与运河交汇地区,形成了官僚家族迁居的中心。苏州、常州、润州地区不但土地肥沃、经济发达,也是南北航运的枢纽,士大夫迁居这里,不但有田业之利,北上开封亦相当便捷。北宋立国在开封,京畿地区官民皆依靠运河输送物资。经历魏晋、唐末两次大规模的移民,江南地区的文化亦有巨大发展。苏、常、润地区成为一个南北往来频繁、经济发达、文化兴盛的区域,是东南地区的中心,成为官僚家族迁居的主要目的地。

自隋唐以来,门阀士族日益衰落,国家权力通过编户、科举等手段,将地方社会力量控制起来,破坏门阀士族对抗中央权力的基础。国家通过科举考试,将地方社会的精英分子,纳入国家官僚系统,服务于统一国家的利益,使之丧失地方性。毛汉光指出唐代官僚迁居洛阳、长安,说明唐代的家族正在迅速中央化和官僚化,脱离地方势力。③ 韩昇进一步阐述,认为唐宋变革之后的官僚化,其实质就是中央化。中央化的官僚群体,其基本流动方向是脱离农村,向城市移动。④ 正是城市的经济发展和科举造成社会精英群体向经济发达的中心移动。唐代官僚迁居洛阳,是经济中心与政治中心的双重吸引造成的结果。

与唐代相比较,宋代官僚脱离乡村趋势持续发展,除了科举制度在选官

---

① 《宋会要辑稿·选举》一五之八。
② 袁桷:《清容居士集》卷三三《先大夫行述》。
③ 毛汉光:《中国中古社会史论》第八篇《从士族籍贯迁徙看唐代士族中央化》。
④ 韩昇:《魏晋南北朝的坞壁和村》,文载《厦门大学学报》1997 年第 2 期;《南北朝隋唐士族向城市的迁徙与社会变迁》,文载《历史研究》2003 年第 4 期。

方面发挥更大作用的原因之外,两浙地区的苏州、常州、润州成为官僚家族迁徙的主要目的地,是由于经济发达、交通便利。便捷的交通,有利于官僚家族经此地北上开封地区。开封地区是北宋的政治中心,当然会吸引士大夫们迁徙到那里。但是开封已经聚集了大量的官僚家族,官僚家族迁居不会不虑及此问题。两浙与福建毗邻,是福建经陆路北上的主要通道。苏颂祖父去世归葬,即是自润州入福建。自福建迁居而来的官僚家族,从地理角度考虑,以定居在苏、常为便利。苏州、常州、润州地区对于当时的官僚而言,虽不及开封地区的中心地位,但无疑可以称得上是一个次级中心。作为东南北上要道和财赋集中的区域,对于官僚家族,特别是自福建地区迁居的官僚家族而言具有很大吸引力。

苏、常、润地区成为官僚家族迁居的目的地,说明经济重心南移后,南方形成了区域性的中心。社会精英以科举为途径,成为官僚,因此脱离地方社会,趋向政治经济中心,这个过程自唐代开始,官僚集中的主要地区是长安、洛阳。至宋代,依靠地方社会的世家大族已经没落,自平民而起的官僚,比唐代以前有深厚地方根基的世家大族更容易脱离地方社会。官僚脱离地方社会的进程更为深入,官僚迁徙方向不仅仅集中在开封地区,而是向更大范围的城市扩展。大批官僚不可能只集中趋向开封一地,在中心地区已经涌入大批官僚之后,他们必然向南部扩展,而东南地区由于大运河与北部相连,漕运发达,这里对开封地区的政治动向亦十分敏感,因此苏、常、润地区成为官僚家族迁徙到两浙的主要区域。

第二,边缘地区的社会上层向中心集中。就本文收集的官僚家族迁徙流向而言,福建始终是家族迁徙重要来源地。北宋福建地区进士数量名列前茅的府州,是家族迁出主要的地区。科举考试带来的社会向上的垂直流动,与向中心区域集中的社会地区间流动成正比例关系,不是偶然的。官僚家族总是企图获得更多的经济、政治资源,经济中心和政治文化中心,是这些资源最为丰富的地区,迁居就是获取这些资源的方式之一。

对福建迁出的官僚家族作进一步分析,能够看出,一些官僚家族是福建地区具有标志性的重要家族。比如苏颂家族,一门五世登科;吕惠卿兄弟三人登第；还有如曾公亮家族亦是连代进士。蔡襄是北宋福建地区文人的代表人物，他本人虽然归葬仙游，但是子孙却迁往两浙。元丰年间中举的游酢，是儒学大家程颐的四大弟子之一，致仕后寓居溧阳，去世后葬于此地。① 熙宁九年（1076）状元徐铎，亦是迁出福建，定居于两浙地区。② 这些家族都是在其成员仕途稍有成就时离开福建，向政治中心开封和经济中心两浙地区迁徙。南宋时从福建迁出的陈宗召，官至参知政事。除官僚之外，福建地区一些重要的学者如"滨海四先生"中的陈襄、郑穆等，其家族都迁到了两浙地区。③ 他们为福建历代修撰的方志所载，被视为福建文化勃兴的代表，说明世代于地方经营的地方力量在政治、文化等各个方面无法与这些虽然迁出本地，但是声望卓著的迁居官僚家族相抗衡，地方社会认同的与其说是他们代表福建政治、文化势力，不如说是从他们身上能找到与福建地区的联系。

宋代福建地区号称文化繁荣，宋人洪迈形容为"冠带诗书，翕然大肆，人才之盛，甲于天下"。④ 与福建人才之盛相伴的，是持续的官僚家族迁徙。众多福建士人的墓志铭中都会有"自光州固始迁闽"的记载，反映出福建士人至少在北宋时期，还没有能够形成以福建这个区域为标志的地域认同意识。福建的事例说明，科举制度的本身不足以塑造地域意识，福建科举成就出众，却没有能够使更多士人强化对福建这个地域的认同。科举制度促使社会精英脱离地方社会，向交通发达、经济繁荣的地区集中。福建的地理环境，虽然在沿海地区形成贸易港口，毕竟远离运河联结的政治、经济中心地带，因此成为官僚家族迁出的重要地区。

与迁出地社会相同的是，在迁居地，基于户籍形成的地方势力和地域认同也相当淡薄。大量迁居官僚家族的迁入，无疑促进了两浙地区的文化发展，但是也说明两浙的土著社会力量缺乏足够的力量与之抗衡，也没有形成

---

① 杨时：《龟山集》卷三三《御史游公墓志铭》。
② 刘一止《苕溪集》卷五一《徐氏安人墓志铭》："世莆阳人，徙居吴郡……父（徐）铎，熙宁中廷对魁天下。"
③ 陈襄、郑穆见《家族迁徙表》1–1。
④ 洪迈：《容斋四笔》卷五《饶州风俗》，第 665 页。

保护地方利益的地方意识和地域认同。官僚身份可以成为官员们购置田产、发展宗族、进而成为一方士夫领袖的最有力的工具,而是否是本地土著、乡里旧人,已不再重要了。

第二节　家族迁徙原因分析

官僚家族迁徙的现象,是隋唐以来门阀士族衰落后,社会精英逐步脱离乡村社会而出现的。冻国栋认为唐代士族向两京地区迁徙的原因主要在于进士科产生的巨大吸引力,同时在朝为官的旧士族也乐于在京畿落户,以便使其子弟更接近中央官僚集团。加之两京地区又是经济文化中心,已经卸任官僚亦乐于留居此地。[①] 毛汉光和韩昇亦持同样观点。引发官员迁居的主要原因是中心地区的政治、经济、文化资源丰富,入宋以后这种趋势继续发展,遂形成官僚家族频繁迁居的局面。

(一) 经济因素

包含两浙在内的江南地区,历经长期开发,至宋代取代北方,成为中国的经济重心。对于经济重心南移,学者大都认同是在两宋之际完成。郑学檬认为可以依据三个标准来判断:第一,经济重心所在区域生产发展的广度和深度超过其他地区;第二,经济重心所在区域生产发展具有持久性和稳定性,不是在一个较短时间内占据优势,而是具有持续占优的趋势;第三,新的经济中心取代旧的经济中心后,专制政府倚重新的经济中心,并在政治上有所反映。依据上述标准,到北宋中国古代经济重心南移过程完成,[②]而运河成为连接北方政治重心和南方的经济重心的大动脉。[③]

北宋两浙地区中成为官僚家族迁徙主要目的地的苏、常、润地区,是运河

---

①　冻国栋:《唐代人口问题研究》,第 278 页。

②　郑学檬:《中国古代经济重心南移和唐宋江南经济研究》,第 15 页。

③　全汉昇:《中国经济史研究》上册《唐宋帝国与运河》,新亚研究所 1976 年。

水运枢纽,土地肥沃,经济发达。在此购买田产,可以获得丰厚的回报。宋代"不立田制",官僚多有"求田问舍"之志,官员参与土地买卖十分普遍。① 宋代官僚士大夫,多以营田为身后之计。北宋时,福建人王山民,在汝阴(今安徽阜阳)购得田产,随即致仕,时年六十六。他对友人说:"吾里有第,乡有田,而子有禄,可以休矣。"因土地肥沃而迁居此地的还有原籍侯官的王回、原籍长社的辛有终。② 开封人李复,托人求田,以便归老,"归身未到心先到,得此余无一事求"。③ 苏轼曾写信给王安石,说明到金陵买田,"今来仪真又二十余日,日以求田为事",目的是"方将求田问舍,为三百指之养"。④ 购买田产,也是为家族生存考虑。以科第起家的士大夫"宦游而归,鲜不买田"。⑤

鱼米之乡苏州,"东南之才美,与四方之游宦者,视此邦之为乐也,稍稍卜居营葬,而子孙遂留不去者不可以遽数也"。⑥ 官僚家族迁居的目的之一,就是获得上好的田产。刁衍在真宗朝迁入丹徒时,在当地已经有田千顷。至其孙刁约"家世簪缨,故所居颇有园池之胜"。⑦ 宜兴人蒋堂致仕时,在苏州置买产业,留居此地,安养晚年。⑧ 陈升之迁居丹徒,在当地广置田产,府邸奢华。⑨ 临江人(今江西新喻)刘敞,曾于常州任上购置田产。后常州水灾,其田产漂没,他作诗惋惜道:"鱼鳖有余粮,郊原靡遗穗。"⑩刘敞的叔父在苏州,卸任前,就购买田业为退闲之计,致仕后即定居此地。⑪ 福建人章惇,曾因强买昆山民田,被刘安世连章弹劾,⑫他此前更在苏州兴建庞大园林。⑬ 苏州、

---

① 周藤吉之:《宋代的官僚制和大土地占有》,文载《日本学者研究中国史论著选译》第五卷,第 179 页。

② 苏颂:《苏魏公集》卷六一《少府监致仕王公墓志铭》。

③ 李复:《潏水集》卷一六《托人求田》。

④ 苏轼:《苏轼全集》卷七五《上荆公书》。

⑤ 袁燮:《絜斋集》卷一六《叔父承议郎通判常德府行状》。

⑥ 朱长文:《吴郡图经续记》卷上《人物》。

⑦ 不著撰人《京口耆旧传》卷一。

⑧ 胡宿:《文恭集》卷三九《宋故朝散大夫尚书礼部侍郎致仕蒋公神道碑》。

⑨ 杜大珪编:《名臣碑传琬琰集》下集卷一五《陈成肃公升之传》。

⑩ 刘敞:《公是集》卷一四《吴中大水有负郭田在常州云已漂溃作一首示公仪》。

⑪ 刘敞:《公是集》卷三六《伯父宝书阁记》。

⑫ 刘安世:《尽言集》卷五《论章惇强买朱迎等田产事》。

⑬ 张德夫:《隆庆长洲县志》卷一三《宅第》。

常州一带的肥沃田土,应是吸引这些家族迁居的重要因素。

　　沈括自称喜爱镇江风土,实则在镇江"以钱三万缗"购置当地田产。① 说明"爱其风土"或者"爱其山水"之类的言语,是官员曲折表达自己购买土地的愿望的方式。迁居的官僚们也是如此。袁州人蔡承禧以"爱京口山川之胜",葬于润州,家族自临川迁来。② 福建浦城人黄挺,以"乐其风土"定居苏州。③ 福建人莫表深,待次于常州,亦因爱其山水,买田定居。④ 通州人崔敦礼、崔敦诗兄弟,买田于溧阳而定居。⑤ 有论者分析北宋士大夫购买田产与迁徙的关系时,指出许多士大夫之所以于墓志铭中以"贫不能归葬"作为迁居的借口,是为了回避当时社会对于官僚迁居的批评。⑥ 同样地,"爱其山水"也是官僚家族迁徙中回避其兼并之嫌的托辞。

　　官僚购置田产较一般富户购置田产有优势,其优势就是官员的身份。政和三年(1113)利州路转运判官高景山上奏说:"臣窃见近时士大夫,至有今日解秩,而明日立券殖产者。膏腴之田,不素图之,安可即置?"⑦任职之时即规划买田置产,或者已经购买,方能于解职之后,在任官地安然度日。于是官员于任内购置田业,北宋就颇为常见。靖康元年(1126)权潭州通判张揽,上书请求以在辖境内有四处田产为由,回避潭州差遣。李纲详查之后发现,张揽此前曾任潭州知县,在任期间以唐晖、孟扩之名,购买田产。⑧ 绍兴十五年(1145),自开封迁到潭州的修职郎向子爽,在当地强买民田,守令尚未治其罪,其兄朝议大夫向子忞就向地方官施加压力,要求免罪。⑨ 无论以本人名义,还是以亲戚名义,其官员身份,当是购置土地时的关键因素。

---

① 不著撰人《京口耆旧传》卷一。

② 苏颂:《苏魏公集》卷五六《承议郎集贤校理蔡公墓志铭》。

③ 沈与求:《龟溪集》卷一二《黄直阁墓志铭》。

④ 杨时:《龟山集》卷三三《莫中奉墓志铭》。

⑤ 周应合:《景定建康志》卷四九《治行》。

⑥ 竺沙雅章:《宋代の社会と宗教》第七章《北宋士大夫の徙居と買田》,第514页。

⑦ 《宋会要辑稿·刑法》一之二八。

⑧ 李纲:《梁溪集》卷七四《按发张揽等在任取受不法奏状》。

⑨ 《宋会要辑稿·职官》七〇之三〇。

任官卖田,南宋与北宋并无二致。

为防官员于任内结交当地权贵,妨碍施政,或者为自己牟利,宋代规定,官员不得在任内购置田产;离任之后,也不得在本州居住,购置田产:

> 诸繁难县令阙(谓吏部籍定者),本路无官可差者,转运、提点刑狱司于罢任待阙官内,选差年未六十,曾任县令,无私罪、疾病及见非停替人权,不得差在本贯及有产并见寄居若旧曾寄居处。①

官僚定居集中的开封地区则规定:

> 臣僚置庄田以三十顷为限,将吏十五顷为限,仍只许一州之内典卖。伏缘有休营坟域之家,若只一州,虑有地非便宜或茔域狭隘,须移他处营葬者,欲望庄产之外,听别置坟域以五顷为限。②

但是对北宋迁居两浙地区的家族加以分析,就会发现官僚曾经任官的地区,多成为后来家族迁居之地。北宋迁居润州的陈升之,皇祐五年(1053)任淮南、两浙等路体量安抚使。③ 迁居常州的张昷之,先任润州观察推官,后任常州通判。④ 迁居苏州的富严,康定年间以左朝散大夫知苏州,卸任后留居苏州。⑤ 迁居常州的陈襄,嘉祐六年(1061)曾知常州。⑥ 迁居镇江的蔡景繁,初官为太平州司理参军。⑦ 迁入苏州的徐奭,曾任苏州通判、两浙转运副使。⑧ 迁居苏州的边珣,曾任平江府节度推官(治所在苏州)。⑨ 自

---

① 《庆元条法事类》卷六《职制门》三。
② 《宋会要辑稿·刑法》二之一七。
③ 《宋会要辑稿·食货》五三之八。
④ 《宋史》卷三〇三《张昷之传》,第10033页。
⑤ 范成大:《吴郡志》卷一〇《牧守》。
⑥ 陈襄:《古灵集》附录《先生墓志铭》。
⑦ 苏颂:《苏魏公集》卷五六《承议郎集贤校理蔡公墓志铭》。
⑧ 范成大:《吴郡志》卷二七《人物》。
⑨ 陆佃:《陶山集》卷一四《通直郎边公墓志铭》。

开封迁居苏州的钱垂范,以知太平州致仕,定居苏州。① 迁居苏州的蒋堂,曾两度知苏州。② 自福建迁到苏州的叶荣恭,元祐元年(1086)知严州(今浙江建德)。③ 迁到苏州的章甫,曾以宣德郎知山阴。④ 苏颂之父苏绅,自福建迁居镇江之前,曾任无锡知县,后又任知扬州。由海盐迁镇江的郭璪,曾任溧阳知县(今江苏溧阳)。⑤ 由福建迁无锡的郑穆,元丰三年(1080)以朝散大夫知越州。⑥ 自山阴迁明州的陆寊,庆历年间曾任知明州。⑦ 南宋时期很多官员迁居地亦是曾任官地,如于定远绍兴中为台州判官,后定居于太平县,⑧迁居明州的仇念曾数度任官于当地,⑨此类实例颇多。

　　从上述官僚家族的始迁祖分析,家族定居于任官地的比例很高,即使不是在当地,亦是在邻近地区。宋代官僚致仕不归本籍,留居他乡,被称为"寓公",与土著的"乡老"区别。所谓"寓公",语出《礼记》,最初是指春秋时期失去土地的诸侯,后来指迁居到异地的官员。宋代特指在任官地定居的官员。如南宋人詹体仁,本为福建浦城人,曾任提举浙西常平,后寓居湖州,便被湖州人称为"寓公"。⑩ 有些寓公,依凭权势,在寄居地购买田宅,与地方豪右勾结,危害乡里。南宋杨简任地方守令,有民户诉寓公压价千钱,强买民田。他以为"寓公"是地方"有文"、"尊显"之人,所以不受理其诉。⑪ 孝宗朝大臣何大圭,本籍广德(今安徽广德),被吏部差遣为浙西安抚司参议官,他以靠近家乡为由,请求与福建路安抚使参议官郑绩两易其官。右谏议

　　① 杨时:《龟山集》卷三三《钱忠定公墓志铭》。
　　② 胡宿:《文恭集》卷三九《宋故朝散大夫尚书礼部侍郎致仕上柱国乐安县开国侯赠吏部侍郎蒋公神道碑》。
　　③ 叶荣恭:《题严先生钓台》,载董弅辑《严陵集》卷八。
　　④ 杨时:《龟山集》卷三五《章端叔墓志铭》。
　　⑤ 周应合:《景定建康志》卷二七《溧阳县题名》。
　　⑥ 范祖禹:《范太史集》卷四三《宝文阁待制郑公穆墓志铭》。
　　⑦ 罗浚:《宝庆四明志》卷八《叙人》。
　　⑧ 陈耆卿:《嘉定赤城志》卷三四《人物》。
　　⑨ 罗浚:《宝庆四明志》卷一《郡守》。
　　⑩ 董斯张:《吴兴备志》卷七《州邑》。
　　⑪ 杨简:《慈湖遗书》附录《宝谟阁学士正奉大夫慈湖先生行状》。

大夫刘度上书弹劾何大圭,指其久居福州,还购有田产,所谓以避籍换官,实则是图谋私利。① 亦有寓公参与地方公益,为地方官出谋划策,造福一方者。"有文"和"尊显",是寓公的主要特征。任官之后留居当地的官僚,正是依靠本身的官员身份和文化优势,结交当地士绅,甚至以本身官位与地方官相抗衡。

宋代对于官员不归乡里,并无明文禁止,反而于制度方面为官员定居外邑提供便利。如宋代官员享受致仕恩泽,需经地方官呈报,在制度方面即认可归乡与寄居官员享受同等恩泽:

> 诸臣僚乞大礼奏荐致仕遗表恩泽者,听于寄居或见任差遣及元乞致仕州投状(内大礼奏荐仍依式自奏,诸军经本军将次第结罪中,所辖长官保明移文所在州,如所辖官自乞奏荐,听于所在州保明)。致仕遗表恩泽,经寄居州陈乞者,本州下厢邻勘验,本家在甚坊巷乡村居住,委有烟爨年深,仍于保状内委保上项,因依本州勘会诣实(应奏大功以下亲者,保明委系是何服属),别无诸般诈冒违碍,方许保明申奏。②

这使官员及其子弟不必担心因迁徙而丧失应有利益,亦可视为朝廷对于普遍迁居现象的默认。

官僚家族能够在一地轻易购置田产,与官员的身份有直接关系。绍兴二十七年(1157)国子监丞朱倬上言:

> 往年四方士人用关防户贯应进士举,不可胜纪也。今其子孙假此,无所顾惮,乃于乡里守官,而铨曹未有法禁也。又有久远寄居它郡,丰殖财产,而户贯仍旧者。子孙遂敢于所寄居州县守官,而铨曹亦未有法禁也。使之就家供职,挟弄权势,逞其平日之私,若县令,若

---

① 《宋会要辑稿·职官》六一之五一。
② 《庆元条法事类》卷一二《致仕·荐举令》。

狱官,若仓官,其害尤甚。苟不惩革,则公私与受弊矣。望申饬有司,
严立法禁。①

　　官员的文化优势,使他们能和当地文化名流结成关系网络。特别在
任官地,这种优势就更为明显。由开封迁居苏州的富氏,始迁祖富严,据
其墓志铭所载,他任官苏州之时,有惠政,离任之时,当地士民全力挽留,
不让其离去。这其中当然有撰写者谀墓的成分,但是亦反映出此公与当
地士绅在任官时已经相交甚好。② 刘敞叔父刘立言,曾知长洲县,沈遘为
其所作墓志铭中称其"素爱吴中山水",遂自江西袁州迁居这里,且是"家
事一置不问"。③ 他能安居于长洲,是自认"昔为之宰矣,赋役吾未尝不均
也,因其力而时使之。狱讼吾未尝不谨也,察其情而恕思之",④因而受到
当地人爱戴,与当地士大夫交好。同时亦能看出,官员于任上经营了范围
不小的人脉。在任官地积累的这种资源,是依靠官员的官位,而不是乡里
亲情,所需要的积累时间要比逐步成长的土著家族短得多,而优势反而
更大。

　　官僚家族迁徙,特别是迁到任官地,是北宋两浙地区迁入家族的特征。
宋代一个官员的仕宦生涯,通常都是从"判、司、簿、尉"之类低级地方官开
始,自选人改为京官,由京官而朝官,一生之中,可能要到南北很多地区任
职,迁居两浙的官员也不例外。而许多官员选择两浙地区为归老之地,两浙
地区膏腴之田所具备的吸引力,当是重要原因之一。

(二) 政治与文化因素

　　官僚家族选择迁居地,除了经济原因外,还重视迁居地区的文化发展与
士大夫网络,这对家族发展同样有重要意义。

---

① 《宋会要辑稿·职官》八之二五。
② 程俱:《北山小集》卷三一《宋故右迪功郎监潭州南岳庙富君墓志铭》。
③ 沈遘:《西溪集》卷一〇《尚书职方郎中致仕刘公墓志铭》。
④ 刘敞:《公是集》卷六三《伯父宝书阁记》。

福建长溪人林仰,少年时求学心切,却苦于长溪地处偏僻,学风不振,庆历四年(1044)蔡襄到福州兴学,林仰立即赶往福州,跟从陈烈学习。① 莫表深的父亲莫说,因对福建当时以声律为业的读书风气不满,北上开封,追随孙复、石介求学。② 章甫十四岁时即离开家乡,到江淮一带求访名师学习,以期能在科场有所表现。③ 这些官僚家族,自其始迁者开始,即寻求到文化中心居住,迁居也正是为了使家族子弟获得更好的文化环境,因而要迁居到当时南方的文化中心两浙地区。

有论者认为,宋代的福建地区,由于文化地方特色鲜明,引发当时中原士大夫对福建士人的歧视;同时福建地区文化已经形成咄咄逼人之势,对北方地区的优势地位产生威胁,引发北方地区士人不安,因而产生对福建士人的排斥行为。④ 这种观点忽视了宋代科举考试整合地方文化的作用,片面放大了科举人数与地方文化的关系。自唐代以来,士人冒贯应举成为普遍现象,沿至宋代,朝廷就本贯应试屡屡颁布条法,三令五申,仍无法消此流弊,不得不对应试士人的籍贯认定、应考采取更为灵活的措施。这使应举者与户籍所在地的关系更加松弛。绍兴二十六年(1156),本籍侯官的知平江府林大声,在任上因庇护福建士人数十人冒籍平江应举遭罢职。⑤ 可以想见,其他各地冒籍应举同样普遍,因此科考人数并不能准确反映地方教育水平。冒贯应举本身也说明,不同地域之间的科考内容和评价尺度差异不大,地域性的学术还不足以影响到科举考试,所以士子敢于到外地冒贯应举,还能通过解试。而北宋福建地区文化发展,呈现出闽北优于其他地区的特征,这是由于闽北地区靠近两浙,受到其文化的辐射影响。⑥

一些研究者以福建兴学先于仁宗庆历全面兴学之前,作为宋代福建教

---

① 刘一止:《苕溪集》卷五〇《通判安肃军林君墓志铭》。
② 杨时:《龟山集》卷三三《莫中奉墓志铭》。
③ 杨时:《龟山集》卷三五《章端叔墓志铭》。
④ 程民生:《宋代地域文化》,第54页。
⑤ 李心传:《建炎以来系年要录》卷一七四,绍兴二十六年八月甲申;刘宰:《漫塘集》卷三三《钱贤良行述》。
⑥ 林拓:《文化的地理过程分析——福建文化的地域性考察》,第84页。

育发展、文化繁荣的证据。而陈植锷就指出,所谓庆历兴学为北宋兴学之始,根本是对传世文献的误读。景祐元年(1034)到宝元二年(1039)之间,北宋众多府州都有建学记载。景祐元年有京兆府、河南府、陈州、扬州、杭州、舒州,景祐二年有亳州、秀州、濮州、处州、蔡州、苏州、孟州、应天,景祐三年有洪州、密州、常州、潞州、衡州、许州、润州、真州、阶州、江州,景祐四年有福州、徐州、宣州,宝元元年有郓州、颍州、襄州,宝元二年有明州、泉州、建州。① 福建八州中只有福州、建州、泉州在当时兴学,而两浙诸州皆有兴学记载。这反映出,在东南地区,两浙是文化中心,而福建处于相对边缘的地位。

北宋的科举改革,经历了以诗赋定高下向以策、论定第等的转变。胡瑗在湖州兴学,宣讲义理之学,大批士子跟随他学习。因弟子们的科举成功,进一步强化了其学术的主流地位,两浙因此成为东南地区的学术重镇。官僚们起家之前多游学四方,任官之后,自然希望子弟能够跟随名师学习,顺利考中进士。滕甫自在东阳时追随胡瑗学习,之后定居苏州,就是看重浙西的文化和士大夫群体聚集的优势。② 而福建地区义理之学的传入,一直到程颐的门人杨时、游酢时才形成规模,且主要集中于毗邻浙江的闽北地区。③ 对主流学术、文化的需求,是北宋福建士人迁居两浙的重要原因。

北宋迁出两浙的家族的迁居行为,更是集中体现了政治、文化因素对家族迁移的影响。北宋迁出的家族都向开封地区集中。如袁毂曾知开封祥符县,后定居祥符,就是因为开封是政治中心。④

(三) 婚姻因素

北宋大臣张方平曾批评士大夫不归本籍:"伏以天下冠裳士人,鲜全孝

---

① 陈植锷:《宋代文化史述论》,第124—125页。
② 苏轼:《苏轼全集》卷八九《故龙图阁学士滕公墓志铭》。
③ 林拓:《文化的地理过程分析——福建文化的地域性考察》,第69页。
④ 袁桷:《清容居士集》卷三三《先大夫行述》。

友之行,率以宦游,或缘婚媾,遂营卜乎田宅,辄轻去乎坟墓,苟思择利而处,罔念首丘之仁。"①从这段话中可以看出,婚姻成为官僚家族迁居的原因之一。

以婚姻而迁居,与"招赘"性质的婚姻并不同。"招赘"须居于妻家,为妻家延续子嗣。据南宋初朱翌所说:"世号赘婿为布袋,多不晓其义,如入布袋,气不得出。顷附舟入浙,有一同舟者号李布袋。篙人谓其徒曰:'如何入舍婿谓之布袋?'众无语。忽一人曰:'语讹也,谓之补代,人家有女无子,恐世代自此绝,不肯嫁出,招婿以补其世代耳。'此言极有理。"②赘婿要在妻家居住相当长的时间甚或终生住在妻家。

官僚家族因婚姻而迁徙,家族结构没有变化,只是改变家族居住地,依靠姻亲力量,在新的地域发展。福建士人陈膏,中举后游宦各地,因娶明州大族汪思温之次女,迁居明州。③ 晋江人徐定,因娶永嘉鲍姓之女,于是留居永嘉。④ 徽州人俞灝的父亲,于湖州娶妻之后,定居湖州。⑤ 丹阳人洪繁,为南宋名臣洪拟之孙,以妻家在江西抚州,自丹阳迁居。⑥ 金华人潘时,娶上虞大族李光之女,遂迁居上虞。⑦ 官僚家族因婚姻而迁居,其背后的根本原因,不外是依靠姻亲的势力,在迁入地谋求利益。

陈膏的外家汪氏是四明大族。他岳父汪思温,政和二年(1112)考中进士,官至两浙转运副使。汪思温之子汪大猷,绍兴十五年(1145)考中进士,孝宗朝颇得重用,官终敷文阁待制。四明汪氏累世官宦,更富有田产、坟庵,广结名士,是南宋显赫一时的名门望族。汪氏与四明另一大族楼氏联姻。四明史氏与汪氏亦有来往,汪思温去世后,史浩为其撰写行状。四明汪氏、楼氏、史氏以婚姻、交游结成紧密的人际网络,⑧陈膏定居四明,显然有依靠

① 张方平:《乐全集》卷一二《不孝之刑》。
② 朱翌:《猗觉寮杂记》卷下。
③ 孙觌:《鸿庆居士集》卷三七《宋故左朝议大夫直显谟阁致仕汪公墓志铭》。
④ 魏了翁:《鹤山先生大全文集》卷八六《大理少卿徐公墓志铭》。
⑤ 洪咨夔:《平斋文集》卷三二《提举俞太中行状》。
⑥ 楼钥:《攻媿集》卷一〇一《洪子丞墓志铭》。
⑦ 张淏:《宝庆会稽续志》卷五《人物》。
⑧ 黄宽重:《宋代四明士族的人际网络与社交文化活动》,文载《宋史研究集》第32辑。

汪氏名望和势力的目的。

潘時的岳父李光,上虞人,崇宁五年(1106)进士,为人刚正,不屈于权势,任职平江时,械捕朱勔家奴,高宗朝历任吏部尚书、参知政事,以忤秦桧罢官,贬于琼州。李光有四子:长子李孟博,绍兴五年(1135)进士;次子李孟坚,累官淮东路提举常平茶盐公事;三子李孟珍,累官至沿海制置使参议官;四子李孟傅,以朝议大夫、宝谟阁直学士致仕。① 李光任参知政事时,潘時娶其女为妻,之后遂迁居上虞。

自丹徒迁至临川的洪繁,其妻曾氏,是吉州州学教授、临川人曾发之女。曾发因学识渊博,受寓居临川的吕公著等名臣的推重。曾氏的母亲张氏,是朝议大夫张激之女、建炎年间任尚书右丞的张澄的侄女。② 张澄是舒州人,南渡后寓居临川,张氏由其抚养长大。③ 与张氏联姻,令曾氏家族更为兴盛。曾氏之兄曾搏,也在隆兴元年(1163)考中进士,为张栻弟子,任安抚司干办公事。④ 洪繁还以曾氏嫁妆作幼妹出嫁之资,说明他维持家业相当依赖曾氏的财力。曾氏与吕本中、张澄等名臣的交游关系,也是吸引洪繁从丹徒迁居到临川的原因之一。

徐定的妻子是永嘉鲍氏,但不能确认是何人之女。徐定之父,因寡母改嫁吕家,曾改姓吕。直到临终时,才告知徐定兄弟本家姓徐。徐定兄弟以光大徐氏家族为己任,立志取得功名,兄弟三人先后登第。⑤ 家族在福建没有根基,需要依靠姻亲的力量,所以徐定选择在永嘉县定居,没有返回福建。

官僚家族因为与当地家族联姻而迁出故土,主要目的是依靠姻亲势力,求得家族更好的发展。迁居异乡的官僚们能否在异乡安居乐业,要看姻亲在当地的势力的强弱。陈膏、潘時、洪拟的姻家,都是官宦,与其他官僚交游广泛,并非仅以财力雄视一方的富户。因此,姻亲帮助迁居官僚家族融入当地,也是依靠他们的官僚身份和以此形成的势力,而不是其庞大的财富。无

---

① 朱熹:《晦庵先生朱文公集》卷九二《荣国夫人管氏墓志铭》。
② 张栻:《南轩集》卷四一《张氏墓表》。
③ 陈庆龄:《同治临川县志》卷四七《寓贤》。
④ 黄宗羲:《宋元学案》卷七一《岳麓诸儒学案》。
⑤ 叶适:《叶适集》卷一四《徐德操墓志铭》。

论是土著家族,还是迁居家族,官僚身份都是他们能维持家族地位的首要保证。因此迁徙官僚家族能够脱离故乡,依靠官宦身份,迅速融入新的地区。

(四) 战乱因素

靖康南渡家族,是南宋迁入两浙家族的主体,战乱是他们迁居两浙的主要原因。战乱中的官僚,与普通平民一样,以生存为迁徙主要目的,因此多选择荒僻之处迁居,"争具舟车,徙避深山大泽,旷绝无人处",①因此许多移民迁到两浙的台州、温州地区,以避兵祸。中国历史上的历次大规模南迁,都是战争引起的。但是战争终究不是一个社会的常态,由此引发的移民浪潮,与承平时期的官僚家族迁移有很大差异。

宋代的官僚家族,迁徙他乡,屡见不鲜。在科举影响下,官僚家族的地方性日益淡化。目的地趋向经济、政治、文化资源丰富的城市,是迁居的主要特征。北宋政治中心与经济中心分离,使官僚家族迁居的方向不限于开封地区,而是向南方扩展。官僚家族由于购置地产,获得充足政治、文化资源,依靠姻亲力量等原因,迁居异乡。经济、政治、文化因素是家族迁徙的主要原因。官僚获得经济、文化等资源,依靠的是本身的官僚身份,而不是依赖长期在地方的经营和积累,这是官僚家族能够于迁居地迅速成长的关键。具备这种优势的官僚,主要通过科举考试起家。说明科举考试直接促进了社会精英脱离地方社会,使之能够在更广的地域迁徙、流动。科举塑造的社会,垂直的阶层流动频率,和横向的地域流动广度,都逐渐加强。

社会流动性加强的后果,是使依靠长期积累才能够形成的地方势力在宋代并不成熟,地域认同相当淡薄。明清能够形成地域政治观念,各地官员以籍贯相援引,甚而结党,②是根源于明代严格的户籍制度和科举、学校制度结合,保证士人以固定的学籍入仕。即使不能考中进士,有举人学衔亦可授官,而地方生员以学廪为生,评议地方事务,形成以本籍土著为特征的士

---

① 孙觌:《鸿庆居士集》卷三九《宋故武功大夫李公墓志铭》。
② 王日根:《明清会馆与社会变迁》,第 185 页。

人阶层。致仕必须归乡的规定,也保证明代官员与乡里的联系。这是明代地域政治观念、地方社会势力成熟的根本原因。而宋代从学校制度,到考试制度,乃至任职、致仕,依据户籍管理的制度都难称严格,科举制度不断将士大夫中央化,地方势力的积累又缺少制度方面的保证,遂造成宋代地方社会势力弱化、地域认同淡薄的局面。

表1-1 北宋迁入两浙地区家族

姓 名	迁徙时间	迁 出 地	迁 入 地	资 料 来 源	备 注
潘师旦	真宗朝	绛州(今山西新绛)	秀州嘉兴(今浙江嘉兴)	《崇祯嘉定县志》卷一七《杂记》,《光绪嘉兴府志》卷九《会景亭记》	孙潘文显
刁衎	真宗朝	昭信军(治所在今江西赣县)	润州丹徒(今江苏镇江)	《临川集》卷九三《虞部郎中刁君墓志铭》,《乐全集》卷三九《朝请大夫守太子宾客判南京留守司御史台柱国平凉县开国伯食邑九百户赐紫金鱼袋陇西刁公墓志铭》	子刁湛,孙刁约、刁纺、刁绎
陈升之	仁宗朝	建州建阳(今福建建阳)	润州丹徒(今江苏镇江)	《名臣碑传琬琰集》下集卷一五《陈成肃公升之传》	子陈阅、陈闶,孙陈憬
张昷之	仁宗朝	广陵(今江苏扬州)	常州(今江苏常州)	《蔡忠惠集》卷三六《张公墓志铭》,《道乡集》卷三七《夫人严氏墓志铭》、卷四〇《故朝请郎张公行状》	子张次卿、张次元、张次山,孙张基、张坚、张域、张垣、张坦、张垧、张埙、张墅
陈豫	英宗朝	建州建阳(今福建建阳)	润州丹徒(今江苏镇江)	《鸿庆居士集》卷三五《宋故右中奉大夫致仕赠少师陈公神道碑》	陈升之族子,子陈机、陈桷

姓　名	迁徙时间	迁　出　地	迁　入　地	资　料　来　源	备　注
陈汝奭	仁宗朝	福建晋江（今福建晋江）	润州丹徒（今江苏镇江）	《京口耆旧传》卷一	子陈龙辅，孙陈孝友、陈孝威、陈孝恭
富　严	仁宗朝	开封（今河南开封）	苏州（今江苏苏州）	《北山小集》卷三一《宋故右迪功郎监潭州南岳庙富君墓志铭》	子富临，曾孙富均、富洵、富元衡
陈　绛	仁宗朝	兴化军莆田（今福建莆田）	苏州（今江苏苏州）	《正德姑苏志》卷四九，《名贤氏族言行类稿》卷一一，《浮溪集》卷二七《赠左大中大夫致仕陈君墓志铭》	子陈动之、陈说之，孙陈侗、陈睦，曾孙陈彦文、陈彦武
李余庆	英宗朝	福州（今福建福州）	平江（今江苏苏州）	《临川集》卷九四《朝奉郎守国子博士知常州李公墓志铭》，《龟山集》卷三一《李子约墓志铭》，《絜斋集》卷一六《李太淑人郑氏行状》，《筼溪集》附录《筼溪李公家传》	子李处常、李处道、李处厚，孙李撰，曾孙李弥性、李弥伦、李弥大、李弥逊、李弥中、李弥正
陈　襄	神宗朝	福州侯官（今福建侯官）	常州宜兴（今江苏宜兴）	《古灵集》附录，《至元嘉禾志》卷一三，《宋元学案》卷五	子陈绍夫、陈中夫，曾孙陈壆，玄孙陈铸
米　芾	神宗朝	襄州襄阳（今湖北襄阳）	润州丹徒（今江苏镇江）	《嘉定镇江志》卷一一《陵墓》，《京口耆旧传》卷二，《新安文献志》卷四七《米元章墓赞》	子米友仁

（续　表）

姓　名	迁徙时间	迁出地	迁入地	资料来源	备注
章　惇	仁宗朝	建州浦城（今福建浦城县）	苏州（今江苏苏州）	《名臣碑传琬琰集》下集卷十八《章丞相惇传》，《攻媿集》卷七〇《跋元丰八年进士小录》	子章援、章持、章择、章授，曾孙章澥
章　楶	仁宗朝	建州浦城（今福建浦城县）	苏州（今江苏苏州）	《鸿庆居士集》卷三三《宋故左朝请大夫直龙图阁章公墓志铭》，《宋故左朝奉大夫提点杭州洞霄宫章公墓志铭》	子章综、章绛、章綖、章缜、章综、章缩
苏　颂	仁宗朝	泉州同安（今福建同安）	润州丹徒（今江苏镇江）	《道乡集》卷三九《故观文殿大学士苏公行状》，《曲阜集》卷三《赠苏司空墓志铭》，《浮溪集》卷二五《故徽猷阁待制致仕苏公墓志铭》，《南涧甲乙稿》卷二〇《故中散大夫致仕苏公墓志铭》，《渭南文集》卷三九《吏部郎中苏君墓志铭》	子苏携、苏京、苏熹、苏嘉、苏诒、苏駉，孙苏象先、苏师德，曾孙苏玭
张　汭	仁宗朝	建州浦城（今福建浦城）	苏州（今江苏苏州）	《云巢编》卷九《张司勋墓志铭》，卷一〇《宋太子中舍张传师墓志铭》	子张诜、张讽、张诲，孙张元载、张元恪、张元均
徐　奭	仁宗朝	建州建安（今福建建瓯）	苏州（今江苏苏州）	《吴郡志》卷二七《人物》，《正德姑苏志》卷四九《人物》	子徐师闵、徐师回，孙徐铸

姓　名	迁徙时间	迁出地	迁入地	资　料　来　源	备　注
林　概	英宗朝	福州福清（今福建福清）	平江（今江苏苏州）	《元丰类稿》卷五三《天长县墓志铭》，《宋史翼》卷二六，《吴都文粹续集》卷一八《贤行斋记》，《绍兴十八年同年小录》	子林旦、林希、林邵、林颜，孙林睿、林虑、林虞、林虡、林虔、林肤、林据、林处，曾孙林光祖
钱垂范	神宗朝	开封（今河南开封）	平江府昆陵（今江苏昆山）	《龟山集》卷三三《钱忠定公墓志铭》	吴越王钱氏后裔。子钱即，孙钱耦、钱耙、钱徽言
边　珣	神宗朝	应天府楚丘（今河南滑县）	苏州（今江苏苏州）	《陶山集》卷一四《通直郎边公墓志铭》，《吴郡志》卷二七	子边子裕、边祁习，孙边知微、边知章、边知白、边知常
俞康知	神宗朝	徽州（今安徽翕县）	润州丹徒（今江苏镇江）	《京口耆旧传》卷二，《公是集》卷五三《大中大夫行刑部侍郎致仕上柱国赐紫金鱼袋俞公墓志铭》	兄俞希旦，子俞向，孙俞长吉
章　甫	神宗朝	建州（今福建建瓯）	平江府吴县（今江苏吴县）	《龟山集》卷三五《章端叔墓志铭》	子章长愿、章师中、章懿、章愈
郑　穆	神宗朝	福州侯官（今福建侯官）	常州无锡（今江苏无锡）	《范太史集》卷四三《宝文阁待制郑公穆墓志铭》	子郑瑑，孙郑畋、郑畯

（续　表）

姓　名	迁徙时间	迁出地	迁入地	资　料　来　源	备　注
叶棐恭	神宗朝	南剑州（今福建南坪）	苏州（今江苏苏州）	《北山小集》卷三〇《宋故朝议大夫新知秀州军州事兼管内劝农使武功县开国男食邑三百户赐紫金鱼袋叶公墓志铭》，《筠溪集》卷二四《龙图阁直学士右通奉大夫致仕叶公墓志铭》，《长兴集》卷一五《赠屯田员外郎叶君墓志铭》	子叶唐稷、叶唐懿，孙叶份、叶俉、叶偬，曾孙叶樱
王　罕	神宗朝	华阳（今四川）	润州丹徒（今江苏丹徒）	《华阳集》卷五七《同安郡君狄氏墓志铭》，《嘉定镇江志》卷一一《陵墓》	子王璪、王璐、王璹、王璋，孙王仲聪、王仲求
蔡承禧	哲宗朝	抚州（今江西抚州）	润州丹徒（今江苏镇江）	《苏魏公集》卷五六《承议郎集贤校理蔡公墓志铭》，《忠肃集》卷一四《朝奉郎致仕黄君墓志铭》	子蔡居易、蔡居厚
傅楫	哲宗朝	兴化军仙游（今福建仙游）	常州宜兴（今江苏宜兴）	《鸿庆居士集》卷三四《宋故左承议郎权发遣和州军州事傅公墓志铭》	子傅谅友，孙傅庠、傅巩
黄　挺	哲宗朝	建州浦城（今福建浦城）	苏州（今江苏苏州）	《吴中人物志》卷四，《龟溪集》卷一二《黄直阁墓志铭》，《宋史翼》卷一九，《文定集》卷二二《黄君墓志》	子黄彦、黄颉，孙黄策，曾孙黄维，玄孙黄元振、黄元衡

姓　名	迁徙时间	迁 出 地	迁 入 地	资 料 来 源	备　注
张汝贤	哲宗朝	吉州庐陵（今江西吉安）	仪征（今江苏镇江）	《隆庆仪征县志》卷二《古迹》	兄张汝明，侄张嗣昭、张嗣昌
邓润甫	哲宗朝	建州南城（今福建南城）	丹徒（今江苏丹徒）	《苏魏公集》卷六一《仁寿太君陈氏墓志铭》，《万历丹徒县志》卷一五	子邓景隽、邓之纯、邓之敏、邓之劭
莫表深	哲宗朝	邵武军（今福建邵武）	常州（今江苏常州）	《龟山集》卷三三《莫中奉墓志铭》	子莫多闻、莫多见，孙莫莘、莫革
蔡　旻	徽宗朝	兴化军仙游（今福建仙游）	常州武进（今江苏武进）	《文忠集》卷六二《中大夫蔡公神道碑》，《定斋集》卷一四《大父行状》，《诚斋集》卷一二七《故承事郎通判镇江府蔡公墓志铭》、卷一二九《太令人方氏墓志铭》	父蔡襄，子蔡伸、蔡由、蔡佃，孙蔡洸、蔡流、蔡湍，曾孙蔡戡
王彦融	徽宗朝	江州（今江西九江）	润州金坛（今江苏金坛）	《漫塘集》卷二十八《故知吉州王公墓志铭》，《漫塘集》卷三四《故吉州王使君夫人蔡氏行状》	子王万枢、王万全、王万宝，孙王遂、王逢、王遇、王选、王近
任申先	徽宗朝	成都（今四川成都）	秀州华亭（今江苏苏州）	《云间志》卷中《进士题名》，《至元嘉禾志》卷二	子任质言、任尽言，孙任清叟、任岩叟（存疑）

姓　名	迁徙时间	迁　出　地	迁　入　地	资　料　来　源	备　注
陈　膏	徽宗朝	兴化军莆田（今福建莆田）	明州（今浙江宁波）	《攻媿集》卷八九《华文阁直学士奉政大夫致仕赠金紫光禄大夫陈公行状》	子陈居仁,孙陈巩、陈革、陈毕、陈卓、陈帝,曾孙陈允修、陈允协、陈允谐
宋　靖	徽宗朝	徐州彭城（今江苏徐州）	常州（今江苏常州）	《道乡集》卷三六《宋子直墓志铭》、卷三八《祭宋子直文》	父宋希元,子宋澥、宋溥、宋泾

表 1-2　南宋迁入两浙地区家族

姓　名	迁徙时间	迁　出　地	迁　入　地	资　料　来　源	备　注
姜　浩*	建炎年间	开封（今河南开封）	明州（今浙江宁波）	《攻媿集》卷一〇八《赠金紫光禄大夫姜公墓志铭》、卷一〇六《知钟离县姜君墓志铭》	弟姜涛,子姜柄,孙姜端
高本之*	建炎年间	开封（今河南开封）	温州永嘉（今浙江温州）	《叶适集》卷一五《高永州墓志铭》、卷一四《高夫人墓志铭》、卷一六《朝请大夫司农少卿高公墓志铭》、卷二二《故大宗丞兼权度支郎官高公墓志铭》	子高子润、高子莫、高子溶,孙高叔筠、高彦伟、高彦修、高彦侃、高彦符
周武仲	建炎年间	建州浦城（今福建浦城）	平江（今江苏吴县）	《龟山集》卷三六《周宪之墓志铭》	
魏　矼	建炎年间	和州历阳（今安徽和县）	衢州西安（今浙江衢州）	《光绪常山县志》卷一九汪应辰《秘阁学士权吏部侍郎魏公墓志铭》	子魏钦承、魏钦绪,孙魏浚

(续　表)

姓　名	迁徙时间	迁　出　地	迁　入　地	资　料　来　源	备　注
徐立之	建炎年间	登州(今山东蓬莱)	明州(今浙江宁波)	《攻媿集》卷九一《直秘阁广东提刑徐公行状》	子徐子寅,孙徐睎皋、徐睎益、徐睎稷、徐睎夔、徐睎垂、徐睎契、徐睎夷,曾孙徐师颜、徐师孟、徐师周、徐师偃、徐师雍、徐师锡、徐师点、徐师召、徐师仅、徐师夏
孟忠厚*	建炎年间	开封(今河南开封)	常州无锡(今江苏无锡)	《攻媿集》卷一〇八《直秘阁孟君墓志铭》,《叶适集》卷一三《孟夫人墓志铭》、卷二二《故运副龙图侍郎孟公墓志铭》、卷二五《孟达甫墓志铭》	子孟嵩,孙孟猷、孟导,曾孙孟继勋、孟继勇、孟继勤
吕好问*	建炎年间	开封(今河南开封)	婺州(今浙江金华)	《渭南文集》卷三六《吕从事夫人方氏墓志铭》,《东莱集》附录《圹记》	子吕朋中,孙吕大器,曾孙吕祖谦、吕祖俭
王　繇*	建炎年间	开封浚仪(今河南开封)	明州(今浙江宁波)	《延祐四明志》卷五,《文献集》卷三一《前承务郎王公墓志铭》	孙王撝,曾孙王应麟、王应凤,重孙王世昌

(续 表)

姓 名	迁徙时间	迁出地	迁入地	资 料 来 源	备 注
向 仰*	建炎年间	开封(今河南开封)	明州(今浙江宁波)	《攻媿集》卷一〇七《王夫人墓志》	子向士伟,孙向之邵、向之翰,曾孙向大成、向大卞、向大方、向大应
巩庭芝*	建炎年间	郓州(今山东东平)	婺州(今浙江金华)	《平斋文集》卷三一《吏部巩公墓志铭》,《叶适集》卷四八《巩仲至墓志铭》,《万历金华府志》卷一八《宋进士》	子巩法、巩湘,孙巩嵘、巩丰,曾孙巩友闻、巩端祖
柳 瑊*	建炎年间	庐州(今安徽合肥)	衢州(今浙江衢州)	《鸿庆居士集》卷三三《宋故左中奉大夫致仕柳公墓志铭》	兄柳斌,子柳滋,孙柳棑
常 同	建炎年间	邛州(今四川邛崃)	秀州(今浙江嘉兴)	《文定集》卷二〇《御史中丞常公墓志铭》,《至元嘉禾志》卷一五	子常裕、常裎、常祎、常裧、常裨、常袾、常袟、常袊,孙常衍孙、常浚孙
杨存中*	建炎年间	代州(今山西代县)	临安(今浙江杭州)	《宋史》本传,《鸿庆居士集》卷四一《杨国夫人赵氏墓表》,《蒙斋集》卷一四《袭桂堂记》	子杨倓、杨偰,孙杨文昺、杨文会、杨文毕,曾孙杨白
韩肖胄*	建炎年间	相州安阳(今河南安阳)	越州(今浙江绍兴)	《宋元学案》卷五九,《宋史》卷三七九	韩琦曾孙,韩忠彦孙,韩治子,兄韩肤胄、韩膺胄、韩侂胄

姓　名	迁徙时间	迁出地	迁入地	资　料　来　源	备　注
陈思恭*	建炎年间	熙州狄道(今甘肃临洮)	临安(今浙江杭州)	《龙川集》卷二八《陈春坊墓碑铭》	陈恕玄孙,子陈龟年,孙陈均、陈垓
糜镨*	建炎年间	海州朐山(今江苏连云港)	苏州(今江苏苏州)	《黄氏日抄》卷九六《糜公行状》,《绍兴十八年同年小录》,《宋元学案》卷九六	子糜师旦,孙糜溧,曾孙糜郶
郑　某	建炎年间	开封(今河南开封)	苏州昆山(今江苏昆山)	《淳祐玉峰志》,《咸淳玉峰续志》,《水东日记》	孙郑准,曾孙郑竑、郑孺
韩寅胄	建炎年间	安阳(今河南安阳)	衢州西安(今浙江衢州)	韩宏胄《故知府府录韩公墓记》,《衢州墓志碑刻集录》	子韩邕、韩荔
钱端礼*	建炎年间	开封(今河南开封)	台州临海(今浙江临海)	《攻媿集》卷九二《观文殿学士钱公行状》,《嘉定赤城志》卷三四,《宋元学案》卷九七,《霁云集》卷五《故太府少卿钱公墓志铭》	父钱忱,子钱当,孙钱象祖,曾孙钱云、钱泽,玄孙钱应孙
徐大兴	建炎年间	开封(今河南开封)	衢州(今浙江衢州)	《康熙衢州府志》卷二〇《常山世科》、卷二九《南壁衢州守徐大兴公墓志铭》	曾孙徐英、徐青
郑　蕃	建炎年间	开封(今河南开封)	临安余杭(今浙江杭州)	《文忠集》卷七〇《武秦军节度使赠太尉郑公神道碑》	子郑准,孙郑挺、郑损、郑撝,曾孙郑铸、郑铎

（续表）

姓　名	迁徙时间	迁出地	迁入地	资料来源	备　注
姜　诜*	绍兴年间	淄州长山（今山东邹平）	台州临海（今浙江临海）	《叶適集》卷一四《姜安礼墓志铭》、卷五二《朝奉大夫知惠州姜公墓志铭》，《临海墓志集录·姜郾圹志》	子姜处度、姜处恭，孙姜郊、姜邦、姜郾，曾孙姜安祖、姜和祖、姜弥久、姜充实、姜弥壮、姜仁实、姜弥逊
孙宪文	绍兴年间	开封（今河南开封）	婺州金华（今浙江金华）	《周益国文忠公集》卷一五七《京西北路置制安抚使孙公昭远行状》	兄孙炳文，孙贲文，弟孙右文，子侄孙共懿
曹　勋*	绍兴年间	开封（今河南开封）	台州天台（今浙江天台）	《嘉定赤城志》卷三四，《攻媿集》卷一〇三《工部郎中曹公墓志铭》	子曹耜、曹耕，孙曹志、曹恕、曹怘
王之望	绍兴年间	襄州襄阳（今湖北襄阳）	台州（今浙江台州）	《宋史》卷三七二《王之望传》，《两浙金石录》卷一一《宋永州通判王公朝奉墓志铭》，《临海墓志集录·王鼎臣墓志铭》	子王鈜，孙王淦，曾孙王楒、王鼎臣
张　邵	绍兴年间	和州乌江（今安徽和县）	明州（今浙江宁波）	《周益国文忠公集》卷六五《敷文阁待制赠少师张公神道碑》	子张孝宽、张孝曾、张孝忠，孙张从之、张徽之、张改之、张元之、张永之

姓　名	迁徙时间	迁出地	迁入地	资　料　来　源	备　注
王居正	绍兴年间	扬州江都（今江苏扬州）	常州（今江苏常州）	《东莱集》卷九《故左朝散郎徽猷阁待制提举江州太平兴国宫江都县开国子食邑五百户致仕赠左通议大夫王公行状》	子王从、王复，孙王椿、王榴、王柟、王植、王棠
赵　浚*	绍兴年间	密州（今山东高密）	明州（今浙江宁波）	《攻媿集》卷九八《龙图阁待制赵公神道碑》	子赵粹中、赵大猷，孙赵端、赵靖
贺允中*	绍兴年间	蔡州（今河南汝南）	台州临海（今浙江临海）	《南涧甲乙稿》卷二十《资政殿大学士左通议大夫致仕贺公墓志铭》	子贺昶，孙贺敦仁、贺敦义、贺敦礼
曾　几	绍兴年间	开封（今河南开封）	越州山阴（今浙江绍兴）	《渭南文集》卷三二《曾文清公墓志铭》	子曾逢、曾逮、曾迅，孙曾梁、曾棠、曾概、曾棐
黄子游*	绍兴年间	陈州宛丘（今河南淮阳）	明州奉化（今浙江奉化）	《周益国文忠公集》卷三三《黄公墓志铭》、《朝请大夫致仕赐紫金鱼袋黄公子游墓志铭》，《攻媿集》卷一〇三《奉议郎黄君墓志铭》	子黄仁俭、黄仁修、黄仁杰，孙黄直舆、黄直清、黄直己、黄直益、黄直行、黄直爱、黄直正，曾孙黄正蒙、黄正需、黄正师
谢克家*	绍兴年间	蔡州上蔡（河南上蔡）	台州临海（今浙江临海）	《嘉定赤城志》卷三四《人物》	子谢伋，侄谢杰

姓　名	迁徙时间	迁出地	迁入地	资　料　来　源	备　注
王　逨*	绍兴年间	陈州宛丘(今河南淮阳)	明州余姚(今浙江余姚)	《攻媿集》卷九十《国子司业王公行状》,《絜斋集》卷一九《朝奉郎王君墓志铭》,《孝义官人宅王氏宗谱》卷首《工部尚书俣王公墓志铭》	子王中行,孙王大临、王叔达
刘光祖	绍兴年间	简州(今四川简阳)	湖州德清(今浙江德清)	《真文忠公集》卷四三《刘阁学墓志铭》,《四如集》卷四《架阁通直刘君墓志铭》	子刘端之、刘靖之、刘翊之、刘竑之,孙刘仲房、刘仲襄、刘仲文,曾孙刘存畔
魏杞	绍兴年间	寿州寿春(安徽寿县)	明州鄞县(今浙江宁波)	《宝庆四明志》卷九《人物》,《魏文节遗书》附录《魏公神道碑》	子魏卓、魏鹿宾、魏羔如、魏熊梦,孙魏岘、魏岑、魏岩、魏巘
仇　悆	绍兴年间	青州益都(今山东益都)	明州(今浙江宁波)	《益都金石志》卷三柳子文《故定州观察判官仇府君墓志铭》,《万历宁波府志》卷五,《北海集》卷三六《亡第二女埋敏记》,《攻媿集》卷一○七《王夫人墓志铭》	子仇车,孙仇由
林　仰	绍兴年间	福州长溪(今福建侯官)	台州临海(今浙江临海)	《嘉定赤城志》卷三四,《赤城集》卷三林仰撰《尉思隐轩记》,《苕溪集》卷五○《通判安肃军林君墓志铭》	子林同,孙林虎、林彪,曾孙林申

姓　名	迁徙时间	迁出地	迁入地	资　料　来　源	备　注
崔敦诗*	孝宗朝	通州静海(今江苏南通)	常州常熟(今江苏常熟)	《南涧甲乙稿》卷二一《中书舍人兼侍讲直学士院崔公墓志铭》,《宫教集》卷六《送张德昭归通州序》	父崔邦哲,兄崔敦礼,子崔端学
方有开	孝宗朝	新安歙县(今安徽歙县)	严州淳安(今浙江淳安)	《于湖集》卷一一《承议郎淮南西路转运判官方公行状》	子方璟、方琚
徐　定	孝宗朝	泉州晋江(今福建晋江)	温州永嘉(今浙江温州)	《鹤山大全集》卷八六《大理少卿赠集英殿修撰徐公墓志铭》,《叶适集》卷一四《徐德操墓志铭》、卷二一《徐文渊墓志铭》	子徐瑄、徐玑、徐玚,孙徐似孙
冯　田	孝宗朝	连江(今福建连江)	常州无锡(今江苏无锡)	《淳熙三山志》卷二九、卷三一	子冯多福
陈宗召	孝宗朝	福州福清(今福建福清)	常州武康(今浙江武康)	《淳熙三山志》卷三一,《鹤山大全集》卷八七《故参知政事兼同知枢密院事赠少保陈公神道碑》	子陈贵谦、陈贵谊,孙陈叔远、陈叔迈
程大昌	宁宗朝	徽州(今安徽翕县)	湖州安吉(今浙江安吉)	《周益国文忠公集》卷六二《龙图阁学士宣奉大夫赠特进程公神道碑》,《新安文献志》卷八二《宋故中大夫司农卿守集英殿修撰致仕休宁县开国伯食邑五百户赐紫金鱼袋赠通议大夫程公墓志铭》	子程准、程卓,孙程端节、程端复

（续　表）

姓　名	迁徙时间	迁出地	迁入地	资　料　来　源	备　注
史绳祖	理宗朝	眉山（今四川眉山）	衢州西安（今浙江衢州）	史绳祖《杨氏圹志》，史孝祥《史绳祖墓志铭》，《衢州墓志碑刻集录》	子史孝祥
魏了翁	理宗朝	邛州蒲江（今四川蒲江）	苏州（今江苏苏州）	《吴都文粹续集》卷一四《魏公祠堂碑》，《鹤山大全集》卷八一《朝散大夫知叙州魏公墓志铭》、卷八八《祖妣孺人高氏墓志铭》	子魏克愚、魏近思

表 1-3　两浙地区内迁徙家族

姓　名	迁徙时间	迁出地	迁入地	资　料　来　源	备　注
蒋　堂	仁宗朝	常州宜兴（今江苏宜兴）	苏州（今江苏苏州）	《文恭集》卷三九《宋故朝散大夫尚书礼部侍郎致仕上柱国乐安县开国侯食邑一千三百户赐紫金鱼袋赠吏部侍郎蒋公神道碑》，《北山集》卷三〇《朝散郎直秘阁赠徽猷阁待制蒋公墓志铭》	子蒋长生、蒋长源，孙蒋续、蒋彝，曾孙蒋嗣宗、蒋嗣康、蒋嗣昌
卢　革	仁宗朝	湖州德清（今浙江德清）	苏州（今江苏苏州）	《吴郡志》卷一七，《正德姑苏志》卷三四	子卢秉，孙卢法原、卢知原
滕　高	仁宗朝	婺州东阳（今浙江东阳）	苏州（今江苏苏州）	《名臣碑传琬琰集》中集卷二三《滕学士甫墓志铭》，《吴中人物志》卷二，《宋史翼》卷二〇《滕膺》	子滕甫，孙滕裕、滕祁、滕茂实，曾孙滕膺

姓　名	迁徙时间	迁出地	迁入地	资 料 来 源	备　注
邹　某	仁宗朝	杭州钱塘（今浙江杭州）	常州（今江苏常州）	《道乡集》卷三一《曾祖诗训后语》、卷三六《邹君墓志铭》、《名臣碑传琬琰集》下集卷一九《邹司谏浩传》	子邹括，孙邹浩、邹起，曾孙邹柄
葛　源	仁宗朝	处州（今浙江丽水）	润州丹徒（今江苏镇江）	《临川集》卷九二《葛兴祖墓志铭》、卷九六《度支郎中葛公墓志铭》、《京口耆旧传》卷一	子葛良嗣、葛良佐、葛良耽，孙葛繁、葛蕴、葛苹
沈　播	神宗朝	苏州吴兴（今浙江吴兴）	润州（今江苏镇江）	《临川集》卷九〇《贵池主簿沈君墓表》，《元丰类稿》卷四五《池州贵池县主簿沈君夫人元氏墓志铭》，《王魏公集》卷七《故朝奉郎权发遣秀州军州兼管内劝农事轻车都尉借紫沈公墓志铭》，《絜斋集》卷一四《通判沈公墓志铭》	子沈伯庄、沈季长、沈叔通、沈次通，孙沈铢、沈锡、沈鳞
郭　璪	神宗朝	苏州海盐（今浙江海盐）	常州宜兴（今江苏宜兴）	《北山集》卷三一《朝议大夫郭公宜人周氏墓志铭》，《至元嘉禾志》卷一五	子郭三益、郭三雅、郭三达，孙郭知古、郭知徽、郭知彰、郭知柔、郭知训、郭知十
盛　侨	哲宗朝	严州建德（今浙江建德）	苏州（今江苏苏州）	《龟溪集》卷一二《盛公行状》，《攻媿集》卷一百《盛夫人墓志铭》	子盛允升，孙盛康、盛庋、盛庚、盛庠、盛庶、盛序

（续　表）

姓　名	迁徙时间	迁出地	迁入地	资 料 来 源	备　注
潘宗回	徽宗朝	处州松阳（今浙江丽水）	婺州（今浙江金华）	《敬乡录》卷一三，《东莱集》卷十《朝散潘公墓志铭》、卷一二《潘朝散墓志铭》	子潘好古，孙潘景珪、潘景参、潘景宪、潘景愈、潘景泌、潘景良
卫　闻	徽宗朝	秀州嘉兴（今浙江嘉兴）	苏州昆山（今江苏昆山）	《后乐集》卷一七《先祖考太师魏国公行状》、卷一八《先兄从事郎庆元府奉化县主簿墓志铭》、《先伯知县先伯母孺人墓志铭》，《浮溪集》卷二五《尚书礼部侍郎致仕赠大中大夫卫公墓志铭》	子卫时敏、卫尚贤、卫季敏，孙卫洽、卫洙、卫湜、卫泾
胡　峄	徽宗朝	婺州（今浙江金华）	苏州平江（今江苏苏州）	《唯室集》卷三〇《胡先生墓志铭》，《绍兴十八年同年小录》	子胡百能、胡千能，孙胡耕
方元修	徽宗朝	严州桐庐（今浙江桐庐）	临安（今浙江杭州）	《南涧甲乙稿》卷二一《方公墓志铭》，《攻媿集》卷一〇六《参议方君墓志铭》	子方滋，孙方导、方变
梁汝嘉	徽宗朝	处州丽水（今浙江丽水）	常州武进（今江苏武进）	《周益国文忠公集》卷六九《宝文阁学士通奉大夫赠少师梁公神道碑》、《武进阳湖合志》卷三四《荣赐亭记》，《鸿庆居士集》卷三五《宋故文林郎梁府君墓志铭》	子梁伯璩、梁仲琏、梁叔玠、梁季珩、梁季璆、梁季琦、梁季璠、梁季璋，孙梁仲申、梁钤终、梁叔括、梁锴、梁铨、梁巨、梁钺、梁镇、梁钥、梁铢

姓　名	迁徙时间	迁出地	迁入地	资　料　来　源	备　注
陆　寘	建炎年间	越州山阴(今浙江绍兴)	明州(今浙江宁波)	《渭南文集》卷三四《陆郎中墓志铭》、卷三五《奉直大夫陆公墓志铭》,《宝祐四明志》卷八	子陆沉、陆洗,孙陆梓、陆格、陆栋、陆之瑞、陆之祥、陆桂、陆椿、陆棣
杨　植	建炎年间	常州(今江苏常州)	越州嵊县(今浙江嵊县)	《鸿庆居士集》卷四一《右从政郎台州黄岩县令杨元光墓表》	子杨炜,孙杨梦得、杨梦龄、杨梦熊、杨梦说
蒋　猷	建炎年间	金坛(今江苏金坛)	明州(今浙江宁波)	《浮溪集》卷二七,《宝庆四明志》卷八,《周益国文忠公集》卷一六《题故饶州倅西溪居士蒋谟传后》	子蒋谟、蒋该,孙蒋元卿、蒋冲卿、蒋台卿
潘　峙	绍兴年间	越州上虞(今浙江上虞)	婺州(今浙江金华)	《晦庵先生朱文公集》卷九二《潘氏妇墓志铭》、卷九四《直显谟阁潘公墓志铭》,《宝庆会稽续志》卷五	父潘良佐,子潘友端、潘友恭
洪　拟	绍兴年间	润州丹阳(今江苏镇江)	台州宁海(今浙江宁海)	《京口耆旧传》卷四,《攻媿集》卷一〇〇《盛夫人墓志铭》,卷一〇一《洪子忱墓志铭》	子洪兴祖、洪光祖,孙洪繁、洪芹、洪荟,曾孙洪伯景、洪仲杲、洪昭孙
柳　约	绍兴年间	秀州华亭(今江苏嘉兴)	临安(今浙江杭州)	《周益国文忠公集》卷二九《敷文阁待制柳公约神道碑》,《云间志》卷中《进士》	子柳大方、柳大节、柳大辩,侄柳大雅

表 1-4 迁出两浙地区家族

姓 名	迁徙时间	迁 出 地	迁 入 地	资 料 来 源	备 注
皮 璨	真宗朝	杭州钱塘(今浙江杭州)	开封(今河南开封)	《河南集》卷一五《故宣德郎守大理寺丞累赠司封员外郎皮公墓志铭》	子皮子良,孙皮仲容,曾孙皮公理、皮公高
陆 诜	仁宗朝	杭州钱塘(今浙江杭州)	开封(今河南开封)	《景迁生集》卷一九《承议郎陆公墓志铭》,《文安县子硕人范氏墓志铭》	子陆师闵,孙陆方彦、陆惇彦、陆孚彦、陆钦彦
李用和	仁宗朝	杭州钱塘(今浙江杭州)	开封(今河南开封)	《景文集》卷五八《李郡王墓志铭》卷六一《李郡王行状》,《鸿庆居士集》卷三二《长芦长老一公塔铭》	子李璋、李珣、李琚、李琦、李珹、李玮、李球、李瑛,孙李俨
杜 衍	仁宗朝	杭州钱塘(今浙江杭州)	开封(今河南开封)	《名臣碑传琬琰之集》中卷四《杜祁公衍墓志铭》,《乐全集》卷三九《秦国太夫人相里氏墓志铭》,《苏学士集》卷一五《奉礼郎杜君妻清河张氏墓文》、《大理评事杜君墓志》	子杜诜、杜䜣,孙杜振
袁 毅	仁宗朝	明州(今浙江宁波)	开封祥符(今河南开封)南渡迁回	《清容居士集》卷三〇《先人人行述》,卷三三《先大夫行述》,《雪楼集》卷二〇《袁府君神道碑》	子袁谓,孙袁皋,曾孙袁升

（续　表）

姓　名	迁徙时间	迁出地	迁入地	资料来源	备　注
杨　偕	仁宗朝	常州（今江苏常州）	河南府（今河南洛阳）	《欧阳文忠集》卷二九《翰林侍读学士右谏议大夫杨公墓志铭》，《临川集》卷九三《大理寺丞杨君墓志铭》，《苏魏公集》卷五七《龙图阁待制知扬州杨公墓志铭》	子杨忱、杨恺，孙杨景略、杨景亮、杨景谟、杨景道、杨景直、杨景彦，曾孙杨允、杨宓
管　鉴	孝宗朝	处州（今浙江丽水）	抚州（今江西抚州）	《句容金石志》卷三《资政管元善墓志铭》，《罗鄂州小集》卷四《宜人赵氏墓志铭》	子管湛、管洪、管淇

第二章　迁徙官僚家族地位的维持

第一节　科举和教育

（一）科举入仕

六朝的门阀士族，历经隋、唐、五代的社会动荡和打击，至北宋已完全解体。世家大族倚重的累世门第和地方财势，前者为科举制度所取代，成为普通平民的晋升阶梯，后者被国家以直接的编户、赋税方式控制。地方的社会精英，主要通过科举考试入仕，成为国家官僚系统中的一员，而无法依靠家族声望，进入仕途。豪门家族子弟无法以地方乡评，被征辟为本地州郡佐官，家族地方经营已经不能带来直接的入仕机会，因此唐代以来官僚家族的根基，从世代经营的地方势力，转变为家族成员的科举、仕宦成就。宋代科举于官吏选拔的重要性，更甚于唐。士人唯有进士高科才能致位荣显，不少寒素之家以子弟连代中第而逐步形成官僚家族，也可能在兴起后，因为科场再无所成，家族逐渐败落，归于沉寂。科举成就，是官僚家族兴起、维持的关键。

两浙地区迁徙官僚家族亦如宋代其他地区的官僚家族，其兴起依靠家族成员考中进士，亦凭借家族的科举成就维持声望、地位。

迁至邓州（今河南邓县）的谢氏家族，本为杭州人，祖上曾短暂担任主簿之类的低级官吏。入宋之后,谢氏第二代谢涛考中淳化三年(992)进士,曾任两浙转运使、吏部郎中、直昭文馆、知越州。谢涛之子谢绛,大中祥符八年(1008)中进士。谢涛与子谢绛曾先后担任馆职,被视为"衣冠之盛事",谢氏家族自此兴起。① 谢绛历任兵部员外郎、知制诰,在知邓州任上染疾去世,葬于邓州,谢绛一支于是定居于此地。自谢绛起,子谢景初、谢景回,孙谢惊,三代皆考中进士,家族子弟皆以儒学立身,为时人称道。② 谢涛虽有三子,但是除谢绛之外,两子早亡。人丁单薄的谢氏,因家族四代考中进士而维持下来。欧阳修称赞谢氏三代:"父大于祖,子大于父,后有贤嗣,又有令孙。"③

陈升之,字赐叔,原籍福建建阳。景祐元年(1034)考中进士,初授秘书省校书郎,历任知南安军南康县、知封州、通判宿州、知汉阳军,入朝为监察御史,屡次弹劾宰执陈尧佐,以直道自任,后升为枢密副使,神宗朝升任宰辅,直至以镇江军节度使、同中书门下平章事致仕,封秀国公,谥成肃。④ 陈升之迁居到丹徒后,兴建奢华府邸,至有逾制之嫌。父母葬于丹徒,他前往祭扫时,舟船蔽江而下,声势浩大。⑤ 陈升之二子陈阅、陈闳皆以荫补入仕,未能考中进士,陈升之本支因此迅速衰落,家族依靠陈升之从子陈豫、陈禧维持。⑥ 陈豫官至中奉大夫,以军功闻名,其子陈桶官至右朝请大大夫、敷文阁待制,陈桷曾知信州。陈氏家族至陈桷、陈桶兄弟时,已是"子孙蕃衍,簪笏如林"。⑦ 陈桶一支本有过继给陈升之者,但后来仍然绝嗣,以陈豫玄孙为继。陈桶一支则还有数人任职江阴、和州等地。⑧ 陈升之家族本支衰落,子孙科第无所成是主要原因。

自福建迁居丹徒的陈汝奭,其伯父陈诂为三司副使,陈汝奭以其恩荫得

---

① 欧阳修:《欧阳修全集》卷六二《太子宾客分司西京谢公墓志铭》。
② 王安石:《临川先生文集》卷九六《谢师宰墓志铭》;卷九八《谢景回墓志铭》。
③ 欧阳修:《欧阳修全集》卷六二《太子宾客分司西京谢公墓志铭》。
④ 杜大珪编:《名臣碑传琬琰集》下集卷一五《陈成肃公升之传》。
⑤ 王铚:《默记》卷中。
⑥ 不著撰人《京口耆旧传》卷一。
⑦ 孙觌:《鸿庆居士集》卷三五《宋故右中奉大夫致仕赠少师陈公神道碑》。
⑧ 《宝祐惟扬志·人物》,马蓉等点校:《永乐大典方志辑佚》,第489页。

官,他得官后仍着意应举,景祐年间考中进士。其子陈龙辅中嘉祐二年(1057)进士,其孙陈孝友、陈孝威、陈孝恭皆中进士,①成为丹徒知名的进士家族。

兴化军莆田人陈绛,咸平二年(999)考中进士,景德四年(1007)拔贤良方正科,任官后迁居苏州。陈绛之子陈说之、陈动之同中天圣八年(1030)进士。② 陈动之二子陈侗考中嘉祐二年(1057)进士,陈睦中嘉祐六年(1061)进士。③ 陈侗之子陈彦恭,考中元祐三年(1088)进士。④ 时人诗云:"自从曾祖初攀桂,直至曾孙不歇枝。"⑤形容其家连代进士,成为官宦世家。

钱塘沈氏一支,自沈玉为官真州(今江苏仪征)时,定居此地。沈玉之子沈播,天圣二年(1024)以进士起家,但年仅三十六岁就病逝于赴任途中。⑥ 当时沈播长子沈季长年仅五岁。沈播为官未久,"其行义不博闻,而独为亲党所称;其政事不大传,而独为邑人所记",⑦在官场、士林皆是默默无闻。沈播的妻子元氏,于艰难处境之中,坚持教导诸子求学,长子沈季长、次子沈叔通皆考中进士,沈氏家族才得以复振。沈季长与王安石家族来往密切,娶王安石之妹为妻。沈季长之子沈铢(子平),自幼师从王安石,后中熙宁六年(1073)进士,以龙图阁待制卒。⑧ 其弟沈锡(子昭)曾任鄂州司户参军,处置刑狱时,严防诬陷滥刑,有清廉之誉,后以通议大夫致仕。⑨ 沈播一支声望能再度恢复,源于其子沈季常、沈叔通接连考中进士,而后仕途顺畅。

仙游人傅楫,自幼勤于求学,年未弱冠,已有辞章之名。傅楫在仙游苦

---

① 不著撰人《京口耆旧传》卷一。

② 章定:《名贤氏族言行类稿》卷一一。

③ 李俊甫:《莆阳比事》卷一。

④ 汪藻:《浮溪集》卷二七《赠左大中大夫致仕陈君墓志铭》。

⑤ 李俊甫:《莆阳比事》卷一。

⑥ 王安石:《临川先生文集》卷九〇《贵池主簿沈君墓表》。

⑦ 王安石:《临川先生文集》卷九〇《池州贵池主簿沈君夫人元氏墓志铭》。

⑧ 王安礼:《王魏公集》卷七《故朝奉郎权发遣秀州军州兼管内劝农事轻车都尉借紫沈公墓志铭》。

⑨ 《宋史》卷三五四《沈铢传》,第11157页。

无名师指点,后听闻孙觉、陈襄之名,遂拜于陈襄门下。治平四年(1064),考中进士。徽宗即位,以傅楫为潜邸旧人,除直秘阁,进尚书司封员外郎,擢升为监察御史,不久除龙图阁待制,于亳州任上去世。傅氏家族未返回福建,而是定居于常州。傅楫生前就遭新党大臣屡次攻讦,徽宗念其为潜邸之人,始终未将傅楫列入党籍,加以禁锢。但傅楫去世后,终于还是被列入党籍禁锢,子弟因此皆未得恤典恩泽,得以加官晋升。幸而傅楫两子傅谅友、傅谊夫先后考中进士,四子傅诣度亦积官至朝请大夫,①从孙傅知柔,宣和三年进士(1121),②家族得以维持四代,不至衰落。

浦城人黄挺,任官于苏州,乐其风土,遂定居于此,仕至承议郎。黄挺官位不高,但两子黄彦、黄颉同登熙宁六年(1073)进士,黄彦官至朝奉大夫。③孙黄策中元祐六年(1091)进士,曾任严州通判,后授秘阁直学士。④ 黄氏家族亦是以科第维持。

自应天府楚丘(今河南滑县)迁居苏州的边珣,其祖父边肃,进士起家,真宗朝累官至工部郎中。澶渊之役,边肃以功擢升枢密直学士。其父边调,以恩荫入仕,官至兵部员外郎。⑤ 边珣以其祖荫入仕,历官余姚、会稽县尉、平江府节度推官,以宣教郎致仕,赠通直郎。⑥ 边珣二子边裕、边祁亦以荫补入仕,两人皆是任推官、主簿一类的低级职位。边氏第三代边知章,崇宁五年(1106)中进士,累官朝散郎,靖康元年力抗金军,战死于澶州,追赠朝散大夫。其子边维岳曾任袁州知州,边维熊曾任绍兴府通判。⑦ 边知白考中宣和六年(1124)进士,历官户部侍郎、吏部侍郎、直学士院,后官至吏部尚书,封同安县开国侯。⑧ 边氏家族第二代因科第无成,不甚显达,依靠第三代子弟的科场表现,维持家族地位。

---

① 汪藻:《浮溪集》卷二六《朝请郎龙图阁待制知亳州赠少师傅公墓志铭》。
② 郑岳:《莆阳文献传》卷一〇《傅楫》。
③ 陆心源:《宋史翼》卷一九《黄挺传》。
④ 沈与求:《龟溪集》卷一二《黄直阁墓志铭》。
⑤ 《宋史》卷三〇一《边肃传》,第 9983 页。
⑥ 陆佃:《陶山集》卷一四《通直郎边公墓志铭》。
⑦ 王鏊:《正德姑苏志》卷五三《忠义》。
⑧ 范成大:《吴郡志》卷二七《人物》。

王彦融,字炎弼,本为江州(今江西九江)人。其祖父王韶,是神宗朝名将,曾指挥熙河路开边,官至枢密副使。① 王韶军功显赫,其子王寀崇宁年间考中进士,凭借王韶的军功和王寀的科名,王氏家族兴盛已有基础。但王寀为求仕进,迎合道士林灵素,结果为林灵素所陷,以"诈为天神示现",②被下狱处死,徽宗更诏令以此事"为缙绅士大夫之大辱",③家族发展遭受严重挫折。王氏第三代王彦融,徒步上京,为父亲辩诬,以此在士大夫中积累了一定声望,积官至朝请大夫,敷文阁待制。王彦融在任淮南转运判官后,留居金坛,④其子王万枢、王万全同年考中进士。⑤ 南宋人王明清《挥麈录》卷三记载,王韶葬其母于匡庐,由于葬地选择得好,福泽后世,孙王万枢、王万全都做到郎官。王氏兄弟仕宦显达,成为当时堪舆家宣扬选择葬地重要性的例证,可见王彦融家族之兴盛。王万枢一度因为二子王逢、王遂冒贯参加科考,被弹劾贬官,但是两子数年后都中进士,侄儿王遇不久亦登第,不但消除了冒籍考试对家族的影响,还得以扬眉吐气。王氏家族的发展历经第二代王寀被处死、第四代王万枢遭贬两次挫折,皆通过家族子弟在科场的成功,得以扭转。

处州丽水葛氏,自葛源任官后,迁居明州鄞县。葛源,历官知庆成军,都官员外郎,知南剑州,司封员外郎,祠部郎中,度支郎中,荆湖北路提点刑狱等职。葛源去世后,其子葛兴祖葬于润州丹徒县,家族遂又迁居于丹徒。⑥葛氏家族两代两迁,家业经营必然不够丰厚,葛兴祖兄弟虽青年时代即文声赫然,可惜葛兴祖尚未登第,两位兄长就相继英年故去,家族未能兴盛,已然显出中衰之相。葛兴祖虽屡试不第,仍不放弃,终于得以考中进士。其子葛繁、葛蕴以儒学世其家,葛蕴中嘉祐八年(1063)进士,葛繁任知镇江。⑦ 葛

① 《宋史》卷三二八《王韶传》,第 10579 页。
② 李心传:《建炎以来系年要录》卷九六,绍兴五年十二月辛亥。
③ 周应合:《景定建康志》卷四《御制》。
④ 刘宰:《漫塘集》卷三四《故吉州王使君夫人蔡氏行状》。
⑤ 不著撰人《京口耆旧传》卷七。
⑥ 王安石:《临川先生文集》卷九六《度支郎中葛公墓志铭》。
⑦ 不著撰人《京口耆旧传》卷一。

氏得以延续家族声望,不致迅速衰落。

姜浩,字浩然,开封人,其妻朱氏为钦宗朱皇后侄女,他以此荫补入官。姜氏在开封时,富甲一方,姻亲多是后妃王族。姜浩自称自祖辈就重视儒学,曾延请当时著名的士大夫,如参知政事谢克家、大臣吕思温、吕思齐兄弟,为子弟教授学业。但是考其先世官职,其祖姜侁,为右侍禁、阁门祗侯;其父姜宽,为成忠郎、阁门祗侯,皆是武职,应是以外戚荫补所得官位,可见在南渡前,姜氏只是一个以门荫兴起的外戚,不是一个以科举为本的儒学之家。南渡后姜氏迁居到四明,家族赖以维持的外戚身份,在变乱不止、皇族尚无暇自保之时,已然无用。此时姜浩年才弱冠,官阶只是从九品的承信郎,差遣为监平江府税务等监当官,俸禄微薄,地位卑下。姜浩勉励其弟姜焘参加科举考试,以期家族能以科名在四明立足。绍兴十二年(1142)姜焘参加当时专为北方移民而设的"流寓试",考中进士,时人以为"以举子业,致身兵火流离之余",难能可贵。① 姜焘中举,改变了姜氏纯粹依靠门荫入仕的局面。姜浩家族子弟皆以习儒举业为立身之本,其子姜柄、姜桐、姜模陆续科考中第,孙姜光中绍熙四年(1193)进士,曾孙姜燧中庆元五年(1199)进士。姜柄考中进士之后,在四明倡导学术,为地方学校建立学规,亲自督导,俨然成为儒学宗师。② 明州人楼钥认为姜氏迁至明州后,其财势不及在开封时的十分之一,而家族能够长保禄位不衰,在于后世子弟能够严守姜浩勤于儒学的家训,子弟接连考中进士,维持家业。③

自成都路临邛迁居海盐的常氏,始迁祖常同,政和八年(1118)进士,绍兴年间任殿中侍御史,晋升御史中丞,后以显谟阁直学士知湖州。常同在任谏官期间,"才十阅月弹击八十人,其间宰相执政四,侍从十六,郎官寺监官十三,监司帅守二十六,庶官十五,大将六,台纲大振,中外肃然"。常同虽然为士林称道,却也招来小人怨恨,不得已请求领祠禄退闲。常同俸禄微薄,

---

① 楼钥:《攻媿集》卷一〇八《赠金紫光禄大夫姜公墓志铭》。
② 楼钥:《攻媿集》卷一〇六《知钟离县姜君墓志铭》。
③ 楼钥:《攻媿集》卷一〇八《赠金紫光禄大夫姜公墓志铭》。

以至于贫无立锥之地，但仍不愿党附秦桧以得高官。常同有八子，常裕、常禋、常祎、常裓、常褌、常袾、常袟、常袊，皆以荫补入仕。① 常氏第三代中常令孙考中进士；②常浚孙乾道八年(1172)进士，任福州州学教授。③ 第四代常楙，淳祐七年(1247)进士，累迁刑部侍郎，再任吏部尚书，宋末任参知政事。④

　　南渡迁至无锡的孟氏家族，亦是以外戚起家后，注意以科考维持家族。孟氏最早入仕的是孟元，祖籍洺州(今河北邯郸)，本为禁军军卒，因武艺出众，能开硬弓，被补为殿侍，成为低级武官。庆历七年(1047)，贝州军卒王则据城叛乱，⑤孟元以真定路钤辖率军平叛。此战孟元平叛有功，全身被创数十处，得以功赏晋官，累官至眉州防御使。孟元好读书，与流辈不同，但到底是行伍出身，未为士大夫看重。⑥ 孟氏一族，此时尚不显赫。其子孟随、孟防仕途亦不顺遂，仅以低级武职致仕。直到元祐七年(1092)孟随之女被册立为哲宗皇后，才使孟氏一门光大起来。⑦ 孟氏家族以外戚发迹，子弟多以恩荫入仕，只是孟皇后不愿为亲族过多陈请荫补，因此亲族近八十人当以恩荫得官而未得。⑧ 孟氏一族南渡后迁于常州无锡。⑨ 孟皇后之兄孟忠厚，恩荫入仕，建炎初授常德军承宣使、宁远军节度使，后丁母忧，解职守制。⑩ 绍兴三年(1031)以孟皇后去世起复为醴泉观使，封信安郡王。⑪

　　孟氏自孟元起以军功、恩荫入仕维持家族的地位，一直没有子弟考中进士。孟忠厚以恩荫入仕，曾一度被授予直显谟阁职名，随即引起大臣的强烈反对。右谏议大夫卫肤敏以祖宗家法，外戚不得任文资，要求罢去孟忠厚直

① 汪应辰：《文定集》卷二〇《御史中丞常公墓志铭》。
② 刘应钶：《万历嘉兴府志》卷一七《冢墓》。
③ 徐硕：《至元嘉禾志》卷一五《宋登科题名》。
④ 《宋史》卷四二一《常楙传》，第12595页。
⑤ 李焘：《续资治通鉴长编》卷一六一，庆历七年十一月戊戌，第3890页。
⑥ 曾巩：《隆平集》卷一九。
⑦ 《宋史》卷二四三《后妃传下》，第8632页。
⑧ 《宋史》卷二四二《后妃传上》，第8637页。
⑨ 楼钥：《攻媿集》卷一〇八《直秘阁孟君墓志铭》。
⑩ 《宋史》卷四六五《孟忠厚传》，第13586页。
⑪ 李心传：《建炎以来系年要录》卷六四，绍兴三年四月壬寅。

显谟阁之职。① 孟氏由于恩荫子弟不多，又缺少进士出身为官的族人，所以南渡迁到无锡之后，家族势力单薄，以至于"居第择穷僻处，门宇卑陋以终其身"，②"瘦僮羸马仅免徒步，视贵豪不万一"，③算不得财雄势大的官宦家族。而在朝的孟忠厚由于不愿党附秦桧，受其猜忌，仕途也不顺遂。因此孟氏子弟意识到，仅凭恩荫门第，终究无法维持家族的地位。孟忠厚告诫子孙："仕必由平进，学必依癯儒。"④即不可再依靠门荫入仕。因此自孟忠厚之子孟嵩起就注意结交士人，驱除世家习气，以寒素之家自表。孟嵩之子孟导、孟猷从学于名儒叶适。叶适对于孟氏兄弟二人的谦恭态度颇为赞赏，称"天下言王公家，无不高良甫（孟导）之义"。⑤ 孟导、孟猷兄弟，及其子侄三人先后参加科考。嘉定元年（1208），孟猷之子孟继显登第。但孟氏家族后代中，自孟继显后，没有人再中进士，而孟继显的早亡，使家族失去了自科第振兴的机会。孟导之孙孟文龙，仍是以恩荫入仕，孙孟潼入元后任官各地，以松江府判官致仕。⑥ 自孟忠厚、孟嵩、孟导兄弟三代以下，孟氏于仕途再无表现。

南宋大将杨存中，代州人，家族世代为将，祖父杨宗闵、父杨震，皆在抗金战争中阵亡殉国。杨存中少年时立志取功名于疆场，曾对人言："大丈夫当以武功取富贵，焉用俯首为腐儒哉？"⑦但杨存中之妻赵氏，系太宗七世孙，认为诸子"当力学问由科第以进"，因此杨存中积官得以荫补诸子时，赵氏皆转授族子。赵氏"不喜兵事战阵之法，而以诗书教其子……诸子皆以文艺发策殿中，为名进士"。⑧ 杨存中三子杨偰、杨倓、杨僎皆考中进士。杨存中四代孙杨白，淳熙二年（1175）登第，建袭桂堂，以示家族儒学之风世代相

---

① 李心传：《建炎以来系年要录》卷十一，建炎元年十二月甲子。
② 楼钥：《攻媿集》卷一〇八《直秘阁孟君墓志铭》。
③ 叶适：《叶适集》卷二五《孟达甫墓志铭》。
④ 叶适：《叶适集》卷二五《孟达甫墓志铭》。
⑤ 叶适：《叶适集》卷二二《故运副龙图侍郎孟公墓志铭》。
⑥ 陆心源：《宋史翼》卷三五《孟文龙传》。
⑦ 《宋史》卷三六七《杨存中传》，第 11433 页。
⑧ 孙觌：《鸿庆居士集》卷四一《杨国夫人赵氏墓表》。

传。与杨白同年登第的袁甫,为之作记,"国朝承唐旧,以进士为重,人不荣世阀,而荣儒科",而杨氏连代登科,"流风余韵,辉映先后"。① 杨氏家族能长期延续,是依靠家族子弟以举业致身。

宋代两浙地区迁徙官僚家族中,北宋始迁者的官位以陈升之为高,他位至辅相,受封为秀国公,但后代却依靠旁系子弟的军功来维持。而林概自福建迁居吴县之时,不过做到屯田员外郎,仅是正七品的官员,就财势而言,与陈氏不可同日而语。但林概之子林旦、林希相继考中进士,孙林处亦于绍圣四年(1094)登第,②曾孙林光祖考中绍兴十八年(1148)进士。③ 其家族即使在党争酷恶的哲宗、徽宗朝亦得以维持下来。迁徙官僚家族维持地位,主要依靠家族成员的科考、仕宦成就,否则即使迁居时拥有显赫的家族地位,亦会迅速衰落。

家族成员的高官显位,之所以不能保证家族持续兴盛下去,与宋代官员荫补制度直接关联。唐代官员荫补亲族,自六品以上中高级官员才可荫补子、孙或曾孙一到二人,且限于直系家族子弟。④ 宋初官员荫补制度继承自唐代,但太宗朝开始渐趋宽滥,⑤不但有荫补资格的官员品级降到八品,而且荫补范围明显扩大:

> 诸曾任宰相、执政及现任、曾任三少、使相,遇大礼听荫补本宗缌麻以上亲一名,愿补异姓缌麻以上者听(致仕准此,唯不许荫补异姓)。⑥
>
> 臣僚遗表荫补缌麻以上亲,曾任宰相及现任、曾任三少、使相五人;曾任执政官及见任节度使四人;太中大夫以上一人;诸卫上将军承宣使四人;观察使三人。⑦

---

① 袁甫:《蒙斋集》卷一四《袭桂堂记》。
② 梁克家:《淳熙三山志》卷二七《科名》。
③ 不著撰人《绍兴十八年同年小录》。
④ 欧阳修:《新唐书》卷四五《选举》下,1172—1173 页。
⑤ 张希清:《宋代荫补之滥》,载《中日宋史研讨会中方论文选编》,河北大学出版社 1991 年,第 214 页。
⑥ 《庆元条法事类》卷一二《致仕·荐举令》。
⑦ 《庆元条法事类》卷一二《致仕·荐举格》。

缌麻亲,指与官员同高祖之亲,可见宋代荫补比唐代远为宽滥。亦有论者认为,宋代冗官问题主要是荫补过滥造成。① 但是宋代荫补入官的官员子弟,须先经铨试方能授官,与进士出身的官员相比,除授官品低,升迁慢,差遣任职、升迁等方面受到各种限制。宋代对官员任官出身,有严格分类,"祖宗官制,于流品最精,凡迁、改不同制,举进士、门荫、流外及曾任清望、曾犯脏罪之类,色色有别"。② 荫补出身官员,不能直接担任知州、知县、通判等亲民官,需要凭功绩、年龄积累资序,才能担任重要地区亲民差遣,而没有担任亲民官,就无望晋升高级官僚。清望官如台谏官、翰林学士,皆不得除授无进士出身的荫补官。③ 所以荫补出身的官员虽数量占优,却没有多少能登上显位。④ 宋代正是以此防止官僚家族以荫补世代占据要职。如果家族成员接连两代只靠荫补入仕,后代就会因为官品低微而丧失继续荫补的机会,家族地位无法仅仅依靠荫补来维持。

以迁居苏州的章绹为例,他宣和五年(1123)以左朝议大夫、龙图阁直学士致仕。以元丰改制后官制,章绹寄禄官为正六品,⑤龙图阁直学士从三品。⑥ 北宋官员荫补主要有退休时的致仕荫补,三年一次郊祀、或皇帝登基的大礼荫补,官员去世时上书陈请的遗表荫补三种。若章绹以致仕荫补为主,依据庆历以后任子之法,龙图阁直学士致仕,能恩荫包括子、孙和期亲(同父)、大功以上亲(同祖父),荫补官阶相应为:子,荫补为承务郎(从九品,京官);孙和期亲,荫补为登仕郎(政和六年改为修职郎从八品,选人);大功以上亲属,荫补为将仕郎(政和六年改为迪功郎从九品,选人)。⑦ 除承务郎之外,将仕郎和登仕郎分别是文官选人倒数第一、二阶。章绹四子,长子章荛、次子章荷为朝奉郎,为从九品京官,比承务郎高一阶;

---

① 游彪:《宋代荫补制度研究》,中国社会科学出版社 2002 年,第 9 页。
② 陆游:《家世旧闻》卷上。
③ 《宋会要辑稿·选举》九之一七。
④ 苗书梅:《宋代官员选任和管理制度》,河南大学出版社 1996 年,第 68 页。
⑤ 龚延明:《宋代官制辞典》,第 571 页。
⑥ 龚延明:《宋代官制辞典》,第 140 页。
⑦ 龚延明:《宋代官制辞典》,第 688 页。

三子章莱为迪功郎,差遣为添差监临安府酒税。其孙章泽、章潴、章澥、章汋、章浍、章淖、章汧、章洋、章汭、章洞、章滂、章濛、章潭、章潸为迪功郎,章汧为将仕郎(徽宗政和九年改将仕郎为迪功郎,品阶不变①),品秩都是选人第一阶,也就是最低官品,这些子孙应是章缭父子任官期间陆续恩荫的。章缭去世时享年六十四岁,其子当都在壮年,而以其恩荫得官的诸子,仅有一人有实际职务,余人只是有阶官而无职事。宋代官员只有有实际职任,才能参与官僚升迁程序的"磨勘",章氏子弟没有实务差遣,当然也就妨碍其官位晋升。即使唯一得官的章莱,其所得官仅为添差官,此职是宋代正式官员之外的差遣,作为对宗室、失业官员等的优待,仕途前景黯淡。章缭自元祐二年(1087)登第,宣和五年(1123)致仕,任官三十八年,到他去世,子孙还没有一人从选人转为京官。荫补的子孙虽多,却没有人成为高级官僚,致身显位。以章缭子孙的官位,也无资格再荫补后代,至多是以官户身份,优免一些差役。

再以前述郑兴裔为例,淳熙八年(1181),他以武秦军节度使致仕。以绍兴官制,正任节度使为从二品,②以武臣任子法,可以荫补子、孙和期亲(同父)、大功以上亲(同祖父)、小功亲(同曾祖)。子可荫补为武官忠训郎(正九品)、孙和期亲可荫补为成忠郎(正九品)、大功以上亲可荫补为承节郎(从九品)、小功亲可荫补为承信郎(从九品)。郑兴裔去世时,享年七十四岁。其四子,除一人早逝外,长子郑挺,阶至大夫,官为忠州团练使,差遣为知扬州,官位较高;其余二子,郑损阶官为从义郎(正八品),另一子为文官阶官的文林郎(从八品),皆差遣为浙东茶盐干办公事,为监当官。两孙分别为成忠郎(正九品)、保义郎(正九品)。诸子中,郑损后考中进士,成为权相史弥远心腹,任四川制置使。③ 郑氏子弟中唯有进士出身的郑损,方能担任四川制置使这一要职。宋代抑制武臣,对于大臣以武臣转为文臣阶官有严格限制,通常以武官阶官转为文官阶官,皆要降阶。郑损如非考中进士,以其

① 《宋史》卷一五八《选举志四》,第3711页。
② 龚延明:《宋代官制辞典》,第694页。
③ 《宋史》卷四一《理宗本纪一》,第799页。

从义郎的从八品阶官,即使不老于选调恐怕不可能在换文臣阶官之后,还能做到制置使的差遣。

宋代享受荫补亲属范围虽较唐代为宽,但拥有荫补资格的官员向中、高级官员倾斜,低级官员逐步失去荫补后代资格。如大礼荫补和致仕荫补,官员阶官必须达到文臣从七品的带职员外郎、武臣诸司副使的官员以上,方能荫补子孙。遗表荫补则是针对从五品以上的高级官员。荫补范围虽广,官位却普遍较低,而且在升迁、任职诸多方面,对荫补入官者加以限制。特别是限制荫补入仕者担任亲民官,极大限制了荫补官员担任重要差遣。因此对于家族直系成员而言,依靠父祖的官位荫补,他们虽能保有"官户"身份,享受一定程度上的优免赋税特权,但是如果没有实际职任,荫补的官位十分低微,本身晋升机会渺茫,就会丧失继续荫补后世子弟的权利。因此家族子弟参加科举,获得进士出身,才是家族能够长久保有官宦家族地位的关键。

(二) 儒学教育

自唐代以科举取士后,进士出身对官员入仕、升迁的重要性不断加强。科举考试直接对士人的知识结构产生影响,士人的教育自此与科举密不可分。唐代官学教育之所以在开元以后逐步衰落,与学校教授内容与科举考试严重脱节有直接关系。民间私学的教育内容,集中在讲诵经籍、做文章、课诗赋三项,与进士科考试项目帖经、对策、杂文相对应。因此私学取代了国子监,而成为当时教育的主体。①

延至宋代,士人求学多以科考为指归,教育也全面向科考举业倾斜。宋人胡刚中认为:"士所以为公卿大夫之阶,而士必阶于学,……故为公卿大夫者必以学,为公卿大夫之后者必习于学。"②读书是士人致身公卿的唯一途径。多数官僚家族正是这样子承父业、诗礼传家而逐步形成的。

---

① 吴宗国:《唐代科举制度》,第 137 页。
② 袁桷:《延祐四明志》卷一四《学校考》。

宋初科举考试,分诗赋、策、论三场,逐场定去留。真宗天圣之前,诗赋先考,通过诗赋考试,再考策、论,因此判定进士等级主要依据其诗赋水平。诗赋适于自学,所以自唐至宋初,士子大多全无师承。自天圣二年(1024)叶清臣以策论得高第,以儒学大义为主要内容的策论,逐步成为取士的主要标准。宋代的义理之学,不是对诸经的训诂、背诵,而是强调士人对经典的阐发。"古之讲经者,执卷而口说,未尝有讲义也。元丰间,陆师农(佃)在经筵,始进讲义。自时厥后,上而经筵,下而学校,皆为支离漫衍之词。说者徒以资口耳,听者不复问难,道愈散而习愈薄矣。"① 于是出现阐发经义"一人一意,十人十意"、"异义纷呈"的局面。北宋中期以后,虽然考试的主要内容自诗赋转向儒学,带来士人重视经义学习的风气,一些儒学大家授徒讲学,编订的经义被奉为经典,但是形式仍以私人讲学为主,经义也没有统一于一家,所以未能形成官学主导士人教育的局面。② 官僚家族子弟的学习,表现出私学的特点。教育的私学特征,使官学在宋代始终没有成为士人教育的主体,地方官学也就无法以学籍区分土著与客寓。求学与应考,士人皆能于他乡完成。

迁居润州丹徒的泉州人苏颂,学识渊博,经史之外,天文、历算、五行、数术无不精研。③ 这与他少年时代跟随叔父苏绅学习有关。苏绅专精文史,旁及百家,尤长于性理命数,许多大臣都慕名而来。④ 苏颂迁居润州后,更加重视家族子弟的教育,特别注意收集书籍。一次宋神宗问苏颂,为何他学识如此渊博,他回答说:"吾收书已数万卷。自小官时得之甚艰,又亲校手题,使门阀不堕,则此文当益广。"⑤聚集图书的目的就是要子弟读书,接受良好教育。因此苏颂之子苏携,孙苏师德、⑥苏象先,皆以文学辞章,闻于当时。⑦ 家族子

---

① 王应麟:《困学纪闻》卷八《经说》。
② 袁征:《宋代教育》,广东高等教育出版社 1991 年,第 46 页。
③ 曾肇:《曲阜集》卷三《赠苏司空墓志铭》。
④ 苏颂:《苏魏公文集》卷六二《叔父卫尉寺丞景陵府君墓志铭》。
⑤ 苏颂:《苏魏公文集》附录《魏公谭训》。
⑥ 韩元吉:《南涧甲乙稿》卷二○《故中散大夫致仕苏公墓志》。
⑦ 汪藻:《浮溪集》卷二五《故徽猷阁待制致仕苏公墓志铭》。

弟教育,多在家族内完成。

　　袁州人刘立言迁居苏州,"聚书数千卷,覆以重阁,指之示子孙曰:'此先帝以赐先子者也,此先子所以教后嗣者也,吾尝以此事亲,以此事君矣,行年八十,无悔于心者,今以遗汝'"。① 南丰曾氏一支,自曾肇起迁居到丹徒。曾肇兄曾巩,是北宋著名政治家,以文章学术著称,曾肇少年时期跟随曾巩刻苦攻读,博学广闻,富于文采。曾肇在丹徒时,收集大量书籍,他还参与编修《神宗宝训》《英宗实录》,藏书丰富。② 曾肇之子曾统,受家学影响,亦注意搜求典籍。绍兴年间朝廷编修国史,曾氏以"文献故家,藏书素多",提供大量书籍资料。③ 福州人李撰任官苏州之后,定居下来,注意教养子弟。其子李弥大、李弥逊皆以儒学、名节著名于世。李弥逊致仕之后,"无一亩之田,无一金之产,独藏书万余卷"。其孙李琪考中庆元二年(1196)进士,"以上舍魁决科,克继大门";李珏考中嘉定十六年(1223)进士。④ 定居明州的大臣赵粹中,"聚书万卷,手不停披",⑤其子赵𫮃博学好义,文章自成一家。⑥

　　自山阴迁到开封的杜衍,大中祥符年间考中进士。庆历三年(1043)为枢密使,与韩琦、富弼共事,封为祁国公。⑦ 杜衍本人学问卓著,其子杜诜十余岁就能通诵五经。⑧ 杜衍从孙杜缜,"读书昼夜不息,应乡举又试于开封,崇宁中朝廷以舍选取士,君亦入乡校,虽累占优等,卒皆不售",他于是着力教育诸子,"尽其所学授其子师旦,师旦又能克成其志,力学有闻,负笈游上庠,一时名士多馆致之,遂中绍兴二年进士第,盖将大君之门"。⑨ 淄州人姜诜,官至右通议大夫,南渡时迁居到台州。二子姜处度、姜处恭在其去世后,艰难度日。姜处恭在家业衰落的困境下,仍不忘教子孙习举业,二子姜

---

① 刘敞:《公是集》卷三六《伯父宝书阁记》。
② 曾肇:《曲阜集》附录《神道碑》。
③ 不著撰人《京口耆旧传》卷二。
④ 李弥逊:《筠溪集》附录《筠溪李公家传》。
⑤ 楼钥:《攻媿集》卷九八《龙图阁待制赵公神道碑》。
⑥ 罗浚:《宝庆四明志》卷九《叙人》。
⑦ 欧阳修:《欧阳修全集》卷三一《杜祁公墓志铭》。
⑧ 苏舜卿:《苏学士集》卷一五《大理评事杜君墓志》。
⑨ 李光:《庄简集》卷一八《杜府君墓志铭》。

辉、姜鄩均考中进士。① 南渡居于杭州的陆垓,"平居淡然无欲,惟课子侄以
学,掇古人切于立身行已之大者,书而揭之,殆徧屋壁"。②

官僚家族的姻亲多为官宦、士人,家族的妇女能够承担子弟的早期教
育,这是官僚家族的优势所在。处州管师仁,神宗朝曾任枢密使。③ 其孙管
鉴,以荫补入官,任江西路提举常平干办公事,遂定居临川。管氏定居此地
后成为当地大族,管鉴夫人赵氏,始终督促子弟学习,以维持家族声望。④
蔡襄之孙蔡湍迁到常州武进,其妻方道坚出身莆田方氏,知书达理,"教子慈
而不纵,幼课以诗书,长勉以名节"。⑤ 大臣林希的祖母黄氏,祖上皆为官
宦,在林希祖父去世后,承担起家族子弟的教育职责,平日教子弟诗书并予
以考校,学业未精者则补课。⑥

除了重视家族教育,积累藏书之外,一些家族还注意为子弟延揽名师。
如外戚姜浩,"专意教子,不以家务婴其心"。他任职婺州时,延请当时名儒吕
祖谦为子弟教授学业。⑦ 建州浦城人章甫任官后迁到苏州,两子章宪、章悊
跟随名儒杨时学习。⑧ 处州人潘好古"隆于教子,训导严饬,宾礼善士"。⑨ 金
华人潘畤迁居上虞,与吕祖谦、张栻游学。其子潘友恭、潘友端师从朱熹。⑩
迁居婺州永康的章服,延请名士陈亮教导子弟。⑪ 开封人王撝迁居明州,以
所居乡里无名师,请同年余天锡写信给周必大以及洪迈、洪适兄弟,请他们教
导二子修习,宝祐四年(1253)其子王应麟、王应凤同年考中进士。⑫

官员子弟经常有机会随父兄任官各地,结交当地名流。苏颂十岁起跟

---

① 叶适:《叶适集》卷一四《姜安礼墓志铭》。
② 刘宰:《漫塘文集》卷二八《故知和州陆秘书墓志铭》。
③ 王称:《东都事略》卷三〇一《管师仁传》。
④ 罗愿:《罗鄂州小集》卷四《宜人赵氏墓志铭》。
⑤ 杨万里:《诚斋集》卷一二九《太令人方氏墓志铭》。
⑥ 曾巩:《元丰类稿》卷四五《天长县君黄氏墓志铭》。
⑦ 楼钥:《攻媿集》卷一〇八《赠金紫光禄大夫姜公墓志铭》。
⑧ 杨时:《龟山集》卷三五《章端叔墓志铭》。
⑨ 吕祖谦:《东莱集》卷一〇《朝散潘公墓志铭》。
⑩ 朱熹:《晦庵先生朱文公集》卷九四《直显谟阁潘公墓志铭》。
⑪ 陈亮:《龙川文集》卷二六《吏部侍郎章公行状》。
⑫ 袁桷:《延祐四明志》卷五《人物考》。

随父亲在各地任官,得以结交诸多名士。其父苏绅,每到一地就令其从学名家。苏绅在无锡为官时,苏颂学于当地进士华直温、闵从先;苏绅通判洪州时,苏颂又受到当地大儒万君特指导。①

宋代官僚家族教育的特征之一是私人化。家族成员在取得功名之前,大多在家族内部或者通过游学完成学业,即使进学,也多在太学、国子监等中央学府,而少见在地方学校接受科举训练。宋代虽然于仁宗宝元年间,就开始兴办地方学校,但是由于经费难以为继,更重要的是宋代学术强调的义理阐发,不利于形成地方官学的学术权威地位,因此终宋之世,官学也没有能够取代私学成为当时教育的主要场所。② 诸家学术虽然有学派之别,却不会如魏晋时期重视训诂的经学那样,被某个区域的士人群体垄断,加上印刷业发达,即使偏僻的三家村也会有教书匠。如明州人高元之,依靠从市场购得的书籍,废寝忘食苦读,成为四明地区的经学大家,却没有明确师承。③这与魏晋某个地区的经学世家垄断学术,士人讲究师承门第全然不同。为保证家族成员能够持续在科场有所作为,必须提供足够的物质支持,义庄就发挥了为家族就学成员提供资助的作用。④

宋代的地方官学教育并未限制入学者籍贯,学校"养士"与科举"取士",未能紧密结合以限制士人的地区间流动。仁宗庆历年间兴学,虽然没有明确士人必由学校学习,但是在兴学诏令甫一发出就同时要求将各地游学士人"勒归本贯",⑤国家依靠学校取士,进而控制士人的目的显而易见。王安石行三舍法的目的就是要通过学校将士子的教育纳入到国家控制中。举子应举必由学校,而举子应举家状必须言明受业于某州教授,"使人不得自为说",⑥以达到"一道德"的目的,也便于日常考察士人行止,防止士人四处流转。崇观年

---

① 苏颂:《苏魏公集》卷五《累年告老恩旨未俞,诏领祠宫,遂还乡闾,燕闲无事追省平生,因成感事述怀诗五言一百韵示儿孙辈,使知遭遇终始之意,以代家训,故言多不文》)。
② 刘子健:《宋代官学与私学的消长》,载《两宋史研究丛编》,第220—225页。
③ 楼钥:《攻媿集》卷一○三《高端叔墓志铭》。
④ 井上彻著,钱杭译:《中国的宗族与国家礼制》,第18页。
⑤ 《宋会要辑稿·崇儒》二之四五。
⑥ 陈傅良:《止斋文集》卷三九《潭州重修岳麓书院记》。

间蔡京的三舍法,亦是企图以地方学校教育和选拔取代科举取士。两次改革的失败,除了经费难以为继,学校缺乏稳定经济基础外,还在于游学和私人教学是当时的学术教育的主流,在户籍管理相对松弛的宋代,国家即使想将统一科考内容与学校贡举制度结合起来,亦很难做到。取士制度没有与严格的户籍管理相结合,官僚家族不必因迁居担心子弟应试受限,在宋代这样一个科举社会里,为家族地区间流动打开方便之门。

科举和教育对于家族延续的重要性,还可以从一些反例上看出。不少家族在官员去世后,家道中落,复归于贫寒。景祐元年(1034),福建路转运使庞籍上言:

> 昨知临江军,窃见故兵部员外郎直史馆萧贯是新喻县人,本家产业多为人力欺隐,子孙尚幼,乞下军县觉察。①

萧氏为临江军新喻大族,萧贯真宗大中祥符年间考中进士,其兄萧贺、萧贲同年中进士。② 萧氏在当地应不是普通家庭,而萧贯去世后,其产业居然为人侵夺,其时距离萧贯去世未久。一旦没有子弟继续通过科考任官,家族势力就很快衰落。兴化军莆田人徐铎,迁居苏州,熙宁八年(1075)状元及第,官至吏部尚书,其女嫁给户部员外郎钱观复。③ 其子弟无人考中进士,徐氏一代之后就于世无闻。④ 太祖、太宗皇帝生母昭宪太后杜氏,其族人因科场无成,至大观年间已经降同庶民,需要朝廷每月支给钱米;数年之后,朝廷访其后裔,居然"第宅圮坏,贫不自给"。⑤ 科举社会的流动性,不但体现为平民的向上流动,亦有官僚家族沦为平民的向下流动。

宋代少见累世高官之家,却有累世科第之族。宋代官员荫补制度,不能保证这些家族能够像魏晋时期的门阀士族那样世代担任高官,因此宋代几

---

① 《宋会要辑稿·选举》三二之一四。
② 潘自牧:《记纂渊海》卷十一。
③ 刘一止:《苕溪集》卷五一《徐氏安人墓志铭》。
④ 朱翌:《猗觉寮杂记》卷下。
⑤ 周必大:《周益国文忠公集》卷一四一《论杜太后家子孙》。

乎没有一个弈世贵显,与本朝相始终的豪门大族。门阀士族衰落后新的名族特征就是依靠科举崛起和维持。① 宋代常州胡氏,号称东南名族,起自胡宿考中进士,其后代胡宗愈亦以进士入仕,为御史中丞,"子孙昆弟以文学政事杰然见于世者,踵相寻而起"。② 元祐六年(1091),苏颂之孙苏象先考中进士,苏颂得意地对前来道贺的宾客说:"本朝五世登科者,唯衰族尔。"③哲宗朝垂帘听政的高后一族,南渡后散居江南,多是"耦耕斗食,密房抔户,一灯荧荧,挟册呻吟,如布衣寒士,于是将皆为进士,皆以文字科目起其家也"。④ 北宋的后族大名向氏、南宋的四明楼氏家族、无锡尤氏家族、四明史氏家族、袁氏家族都以科举仕进维持家族。⑤ 家族能否稳定发展,家族地位是否得以维持,取决于科举而不是在地方的长期经营。孟氏、姜氏这样的外戚家族,因战乱迁徙后丧失原有家族产业时,家族复振的关键也是家族成员的科举成就。迁徙对宋代官僚家族而言,影响十分有限,这是因为官僚家族兴起和维持的方式,主要是依靠国家官僚体制,而非家族经营的地方势力。

相比于门阀士族的选官方式,科举制度相对公平,它是向平民开放的选官方式。这种向平民开放的选官方式,成为社会普遍接受的晋身途径,促使中唐以来社会从贵族社会向平民社会转化。科举制度促进社会阶层流动,大量平民身份的士人经过科举跻身官场,进入上层;与此相伴,官僚家族若不能在科场有所表现,终究难免日渐衰落,族属四散。

第二节　营置产业与抚恤宗族

(一) 营置产业

宋代官僚家族兴起和维持依靠科举、教育。但没有一定产业,家族成员

---

① 王善军:《唐宋之际宗族制度变革概论》,文载《宋史研究论文集》,1992 年。
② 邹浩:《道乡集》卷三五《胡子正墓志铭》。
③ 苏颂:《苏魏公集》附录《魏公谭训》。
④ 叶适:《叶适集》卷一六《朝请大夫司农少卿高公墓志铭》。
⑤ 黄宽重:《南宋两浙路社会流动的考察》,文载氏著《宋史丛论》,台北新文丰出版公司 1993 年。

的教育,以及婚丧嫁娶的巨大花费,仅依靠俸禄,显然入不敷出。"古者人有恒产,故士不仰于禄",①而仰于俸禄的官僚,要维持家族生计,退居之后免于饥寒,拥有一定数量的"恒产",十分重要。因此很多官员任官之时就忙于"求田问舍",为退居之后维持家族生计作准备。"欲托高人论地券,共期他日老渔舟。归身未到心先到,得此余无一事求。"②

刁衍真宗朝迁入丹徒时,在当地已经有田千顷。至其孙刁约"家世簪缨,故所居颇有园池之胜"。③ 陈升之在丹徒拥有大片地产,宅邸豪奢,"池馆绵亘数百步"。④ 湖州人叶参晚年定居苏州,有"田数十丘,宅百亩。莳竹林,治果园菜畦,烹鸡炮羔"。⑤ 宜兴人蒋堂两知苏州,退职时在苏州已有产业,于是定居于此。⑥ 苏颂之父苏绅,在知无锡时,有田八百顷。⑦ 苏颂为其父营葬丹阳,购得附郭墓田,他自己则居住于丹徒城中。福建人陈襄,未致仕时,"方将营一丘之地,为退居之计"。⑧ 他去世后葬于常州,应是之前已经在此购置田产。

章惇一族与章楶一族分居苏州城南和城北,号为"南北二章"。元祐党争期间,属司马光一党的刘安世,曾连上九章,弹劾章惇强买苏州民田。⑨ 袁州人刘立言,于苏州卸任后,购置田产,定居此地。⑩ 迁居苏州的福清人林希,其子林摅在湖州购置田产,由于荒年歉收,林摅强迫小吏补偿,为士人所耻。⑪

南渡时迁居的家族,因为兵乱,尚不及购置田产。如宣仁高太后后裔,

---

① 游酢:《游廌山集》卷四《宣义胡公墓志铭》。
② 李复:《潏水集》卷一六《托人求田》。
③ 不著撰人《京口耆旧传》卷一。
④ 沈括:《梦溪笔谈》卷二五。
⑤ 宋祁:《景文集》卷五九《故光禄卿叶府君墓志铭》。
⑥ 胡宿:《文恭集》卷三九《宋故朝散大夫尚书礼部侍郎致仕上柱国乐安县开国侯赠吏部侍郎蒋公神道碑》。
⑦ 苏颂:《苏魏公集》附录《魏公谭训》。
⑧ 陈襄:《古灵集》附录《先生行状》。
⑨ 刘安世:《尽言集》卷五《论章惇强买朱迎等田产事》。
⑩ 刘敞:《公是集》卷三六《伯父宝书阁记》。
⑪ 王称:《东都事略》卷一〇三《林摅传》。

南渡之后从开封迁到永嘉,"无田无宅",子孙甚至无钱聘请私塾教师。① 外戚孟忠厚迁到四明时,"箧无留藏,窖无积陈,达甫兄弟瘦僮羸马仅免徒步,视贵豪不万一"。② 动荡的局面一旦结束,官僚们就可以依靠官位、身份,得到大量田产。绍兴年间,高宗将没收朱勔的苏州田宅赐给孟忠厚。朱勔的田产"跨连郡邑,岁收租课十余万石,甲第名园,几半苏州"。③ 孝宗淳熙年间,赐给外戚郑兴裔"百官宅,仍给营造费"。④ 迁居台州的曹耜,在台州城外有松隐园。乾道八年(1172),钱塘江堤防受潮水冲击,需要加固,曹耜一次出钱万缗,石板五千片,⑤其家财力雄厚可以想见。贺允中迁居临海,"买宅郡城,即城外野水营别墅,号小鉴湖"。⑥ 杨存中曾"以楚州宝应县田三万九千六百四十亩并牛具、船、屋、庄客等献纳"朝廷,⑦他给最喜欢的第六女一次"拨吴门良田千亩,以为粥米",⑧其妻赵氏赈济流民"发粟数千斛分济之,全活者甚众,又即田园所在收养百余家"。⑨ 开封人王迷辗转于北方多年后,只身迁居余姚,为官后能于"春夏间,倾困廪所有,下其直以粜,一邑米价赖之以平"。⑩ 没有相当数量的田产,平抑米价恐难办到。

处州人潘好古,在金华"有塘曰叶亚,溉数百顷,独听民取之,不为禁。斥塘下田,以广潴蓄,或献疑以膏腴可惜者,公曰:'乡邻安则吾安矣'。别墅占婺之西湖旁,两塘废不治,公发钱数十万新之,人赖其利"。⑪ 宋理宗赐魏了翁宅邸于苏州,其家族定居此,"有庄田数百顷,号魏家库"。⑫

当然也并非所有士大夫都重视置产。儒家传统道德,始终强调"义"与

---

① 叶適:《叶適集》卷一五《高永州墓志铭》。
② 叶適:《叶適集》卷二五《孟达甫墓志铭》。
③ 王明清:《玉照新志》卷四。
④ 周必大:《周益国文忠公集》卷七〇《武泰军节度使赠太尉郑公神道碑》。
⑤ 楼钥:《攻媿集》卷一〇三《工部郎中曹公墓志铭》。
⑥ 韩元吉:《南涧甲乙稿》卷二〇《资政殿大学士左通议大夫致仕贺公墓志铭》。
⑦ 《宋会要辑稿·食货》三之一四。
⑧ 周密:《齐东野语》卷六《向氏粥田》。
⑨ 孙觌:《鸿庆居士集》卷四一《赵氏墓表》。
⑩ 楼钥:《攻媿集》卷九〇《国子司业王公行状》。
⑪ 吕祖谦:《东莱集》卷一〇《朝散潘公墓志铭》。
⑫ 曹允源:《民国吴县志》卷三九《宅邸》。

"利"对立,即"义利之辨"。购买田产而求利,甚至成为兼并之家,无疑会受到官僚自身道德和其他士人的质疑。北宋中期以后,由于理学的逐渐兴盛,对许多官员任官时坚持操守、不事产业的态度,亦有强化信念的作用。①因此一些官僚家族,不愿求田问舍,兴置产业。宋代士大夫墓志铭中,多以不治产业,来佐证传主生前的清正廉洁,傅楫之子傅宗谅"素贫,耻言利,既死橐中无留赀以归"。② 程卓任官时,不愿治产,"所居增一楼储书,一堂燕坐而已"。③ 李弥逊拒绝张浚赠予的田产,仅有书籍万卷,④其子李松,居官十年不调,"无田以自给,无禄以代耕,一室枵然",还做诗自表:"不作田舍谋,不为子孙计。"⑤蔡戡的祖父更是告诫子孙,田业足以纾贫即可,多置无益。⑥ 陈膏迁居明州,田产不过两顷左右。⑦ 朱翌退居明州,"内外食者四十人,婚姻、宾客,伏腊不论,论其常,一岁钱千二百缗,米百八十斛,拱手端坐,炊烟屡绝"。⑧ 常州人张次元,居常以"籯金不如一经,与多财损智益过"教诲子弟。⑨ 除了儒家传统的"义""利"之争外,科举考试成为社会上升阶梯,将社会价值观也导向了科举。"传家何用富金银,教子何如只一经"。⑩

士大夫对待田产经营的矛盾态度,根源于家族维持的根本在于科考,而非田产。不少士人求田本就为聚书延师,而不是为了聚敛财货。⑪ 产业跨州连县,一旦家族政治生命完结,田产也就不保。如章惇虽在苏州广置产业,宗族百口聚居,但是一朝失势,产业终不免为有力之家所夺。"韩蕲王府,俗称韩家园,即章氏园也,绍兴初,韩王提兵过吴,意甚欲之,章殊不悟,

---

① 梁庚尧:《南宋的贫士与贫宦》,见《宋代社会经济史论集》,第412页。
② 孙觌:《鸿庆居士集》卷三四《宋故左承议郎权发遣和州军州事傅公墓志铭》。
③ 卫泾:《后乐集》卷一八《故特进资政殿大学士程公墓志铭》。
④ 李弥逊:《筠溪集》附录《筠溪先生家传》。
⑤ 袁燮:《絜斋集》卷一六《李太淑人郑氏行状》。
⑥ 杨万里:《诚斋集》卷一二七《故承事郎通判镇江府蔡公墓志铭》。
⑦ 斯波义信:《江南经济史研究》,第146页。
⑧ 罗濬:《宝庆四明志》卷八《朱翌》。
⑨ 邹浩:《道乡集》卷四〇《故朝请郎张公行状》。
⑩ 葛立方:《韵语阳秋》卷一八。
⑪ 陶晋生:《北宋士族》,第314页。

即以随军转运橄之,章窅迫为献,其家百口,一日散之。"①章氏家族的衰败,
应当是很多官僚家族败落的缩影。

(二) 抚恤宗族

由于唐宋间社会政治、经济格局的变化,社会流动性扩大,士大夫阶层
开始有一种明显的不稳定感。强调重建宗法制度,是士大夫们保护自己社
会地位的一种努力。② 抚恤宗族既是儒家伦理教化的内在要求,亦是官僚
家族们强化家族凝聚力的方式之一。对于迁居于外的官僚家族,显得更为
重要。

北宋大臣范仲淹曾对子弟说:"吾吴中宗族甚众,于吾固有亲疏。然以
吾祖宗视之,则均是子孙,固无亲疏,吾安得不恤其饥寒?且祖宗积德百年
始发于吾,得至大官,若独享富贵而不恤宗族,异日何以见祖宗于地下,亦何
颜以入家庙乎?"③范仲淹虽然长期生活在颍昌,但正是他依靠自身地位保
证了苏州范氏宗族的稳定发展。④ 与范仲淹家族相似,两浙地区许多迁居
家族对于亲族的扶助,也往往是在迁居地和原住地同时展开的。

(1) 收养亲族

官僚家族迁居之后,在新的地区通过聚集贫寒家族成员,周济族人,为
贫困族人提供婚嫁费用等方式,聚集亲族。有些迁居官僚本身并不富裕,甚
至因为照顾亲族而经济困窘。抛开墓志铭作者刻意虚构的因素外,依然能
够反映出凝聚家族成为士大夫为官之后的道德伦理实践。"敬宗收族"以重
建家族伦理,是士大夫努力建立家族的出发点。因此迁徙官僚家族在新的
地域还没有具备一定经济实力时,就开始了接济家族成员的活动,甚至因此
陷入贫困,举债度日。

---

① 张德夫:《隆庆长洲县志》卷一三《宅邸》。
② 包伟民:《唐宋家族制度嬗变原因探析》,文载《暨南史学》第三辑。
③ 赵善璙:《自警篇·赈族》,第 76 页。
④ 远腾俊隆:《北宋士大夫的寄居与宗族——乡里与移住者的信息交流》,文载《宋代社会の
空間とコミュニケーション》。

钱塘人杜衍本为遗腹子,家世贫寒,仕宦初期经常接受外家相里氏的接济,位登宰辅之后,定居于宋城。杜衍声望日隆,定居钱塘的杜氏家族中一些原本没有往来的亲属,逐渐因贫困前来投靠。杜衍为亲族子弟科考、婚姻、丧葬提供资助,以至于俸禄无余,"至其归老无屋以居,寓于南京驿舍者久之"。① 苏颂在嘉祐二年(1057)任集贤校理,之后迁太常博士,虽然"馆职常苦俸薄",②仍奉养本族、母族无生计者数十人。③ 李撰迁居苏州,抚养福州亲族中寡妇、孤儿,为其买田、筑屋。④ 陈升之从子陈豫,接济福建迁徙而来的亲族,"收恤宗族,有秀公(陈升之)之风"。⑤ 谢绛在邓州以俸禄周济家族中贫苦无依者近百余口,平日亲族居住于其家者就有四十多人,士绅不解其家何以人口如此之多,直到他去世时,才得知其亲族孤儿皆养于其家。⑥他去世后,其子谢景初继续帮助贫困的亲族。⑦ 常州宜兴人蒋堂,两度在苏州任职,在当地购置田产,定居此地。但是到其孙蒋彝时,家道已经中落,蒋彝却仍旧照顾亲族,聚食其家,"时上有老亲,孤女满室,食指几数百,……方是时,家实贫甚,假贷阅日"。⑧ 福建人章甫迁居时,其兄欲分产别籍。章甫将所有田业尽归兄家,"且立券与之约,毋得辄典卖,而其后兄弟之子有破其产者,卒赖此以为生"。⑨ 高宗朝大臣胡舜陟,兄弟四人中唯幼弟胡舜俞无官,胡舜陟将祖产尽归幼弟,以为生计。⑩ 南宋人王万枢在金坛,"弟万宝场屋困踬,养生送死悉仰于公,嫁其女犹己女。从弟有同寓里者,属虽疏视之如亲,教养其子十年犹一日。伯姊之子早孤,今表表自立,公实成之"。⑪ 钱

① 张方平:《乐全集》卷三九《秦国太夫人相里氏墓志铭》。
② 陆游:《老学庵笔记》卷四。
③ 邹浩:《道乡集》卷三九《故观文殿大学士苏公行状》。
④ 杨时:《龟山集》卷三一《李子约墓志铭》。
⑤ 孙觌:《鸿庆居士集》卷三五《宋故右中奉大夫致仕赠少师陈公神道碑》。
⑥ 王安石:《临川先生文集》卷九〇《尚书兵部员外郎知制诰谢公行状》。
⑦ 范纯仁:《范忠宣集》卷一三《朝散大夫谢公墓志铭》。
⑧ 程俱:《北山小集》卷三〇《朝散郎直秘阁赠徽猷阁待制蒋公墓志铭》。
⑨ 杨时:《龟山集》卷三五《章端叔墓志铭》。
⑩ 罗愿:《胡待制传》,见录于程敏政辑《新安文献志》卷七八。
⑪ 刘宰:《漫塘集》卷二八《故知吉州王公墓志铭》。

即家族迁居常州后，为亲族子弟建房置地。① 名臣蔡襄之子蔡伸，居官"不汲汲于财利，随有辄散亲旧之贫者，悉力赒给，久闲益落莫，居之晏如，捐舍之日，囊无余赀，鬻田以葬"。② 蔡伸之子蔡湍，"其家贫甚"，却未因贫困放弃照顾宗族，供养亲族"众指数百"。③

官员对家族成员的经济资助，除了提供日常费用，还有婚丧嫁娶、求学等等各种费用。常州人张次元，"女兄归都官员外郎蔡天球，惟一女；女弟归著作郎石约，惟一子宽民，尚幼，皆丧其夫，取以归，俾无愁叹终其身，又择名士以归其女，今朝进郎通判庐州凌浩，则其婿也，择师友以成宽民，其后中进士第"。④ 处州人潘好古"季弟好仁卒，未几又丧其壮子，公收其遗孤教养之，甚有恩意"。⑤ 福建人陈侗，"姑女适人而夫死，聚养视之，更配良氏。于人之婚丧不能举者，略皆为办之"。⑥

自范仲淹于苏州兴办义庄，接济族人以来，士大夫纷纷效仿，一些迁居官僚家族也有兴办义田等家族共有产业者。义庄、家族墓田等族产，成为宋元以降宗族组织尊祖睦宗、团结族人的物质基础。⑦ 钱即家族从开封迁到常州后，以俸禄买田，建立义庄。⑧ 王遂退闲之后，与好友刘宰于金坛创制社仓，"又悉所余，买圩田二百亩，以为经久之利焉"，⑨使社仓能长期维持。徽宗郑皇后族孙郑兴裔，南渡时迁到余杭，其祖父郑翼之临终时，将家产分给子孙。郑兴裔表示愿以此田设立义庄，以周济族人。其建立的义庄在十年后仍发挥作用。⑩ 迁居明州的陈居仁，临终嘱咐其子："今日无可憾者，惟

① 杨时：《龟山集》卷三三《钱忠定公墓志铭》。
② 蔡戡：《定斋集》卷一四《大父行状》。
③ 杨万里：《诚斋集》卷一二七《故承事郎通判镇江府蔡公墓志铭》。
④ 邹浩：《道乡集》卷四〇《故朝请郎张公行状》。
⑤ 吕祖谦：《东莱集》卷一〇《朝散潘公墓志铭》。
⑥ 刘爚：《故朝奉大夫权知陕州军府事陈君墓志铭》，载《永乐大典》卷三一四五，第1881页。
⑦ 王善军：《宋代族产初探》，文载《中国经济史研究》1992年第3期。井上彻则强调很多义庄的功能主要是支持家族成员应举，抚恤贫寒的功能是次要的。
⑧ 杨时：《龟山集》卷三三《钱忠定公墓志铭》。
⑨ 不著撰人《京口耆旧传》卷七。
⑩ 周必大：《周益国文忠公集》卷七〇《武泰军节度使赠太尉郑公神道碑》。

先茔之碑未立,义庄规矩未备,汝曹其图之。"①开封人郑准,南宋初迁居昆山,亲族散在江淮者逐渐聚集,郑准"彷佛范文正义庄,买田给膳"。②

　　迁居以后聚集宗族,对迁徙官僚而言,更像是家族重建。传统家族形成的一个重要条件是同姓共居。虽然在宋代,家族形态以同姓散居各地为特征,但是散居较多也是在同州县,或者相邻的州县。除了靖康南渡之外,官员于承平之时迁徙,不会举族而迁,而只以家庭形式迁徙。官僚在新的区域定居之后,家族其他房支才会陆续前来,形成以迁居官员家庭为核心的家族。如前文所述的杜衍,本是杭州人,家族成员原聚居于杭州,而在杜衍自开封致仕后,家族就从杭州迁到开封。谢绛及诸子迁到河南南阳后,能聚食四十多人,其家族其他房支成员必然不少。其他迁居家族皆是如此。家族凝聚,依靠官员的力量,而不是在原籍长久经营形成,是迁徙官僚家族形成的特有现象。每个家族在新的聚居地定居,意味着家族在祖居地世代定居形成的祖坟、田业可能因为家族核心成员迁居外地,而逐渐败落。曹勋定居临海,"每引领乡关,邈隔南北,慨念松楸,久无洒扫计,湮没于草莽中",③因此请求于临海建坟寺,使"魂魄有归,实泉下之幸"。④ 陈升之、苏颂等大臣,父母葬于丹徒,祖父以上的坟墓远在福建,就无暇扫墓。仙游人傅楫葬于常州,家族一支尚留居仙游,只能兴建道院以祭。⑤ 依靠祭祀活动联系起来的一些疏远的族人,因此与官僚们脱离宗族联系。家族成员的官宦背景,是家族能够凝聚、逐渐成形的关键因素。

　　与土著家族有所不同的是,迁徙官僚家族,通常与祖居地的家族保持联系,予以经济资助。谢绛家族在迁到邓州之后,"有田在苏杭,岁入千斛,悉留以给宗族之在南者"。⑥ 王安石自其父开始,本支已经迁到建康(今江苏

---

① 楼钥:《攻媿集》卷八九《华文阁直学士奉政大夫致仕赠金紫光禄大夫陈公行状》。
② 凌万顷:《淳祐玉峰志》卷中《氏族》。
③ 曹勋:《松隐集》卷三三《显恩寺记》。
④ 曹勋:《松隐集》卷三三《跋功德寺赐额石刻》。
⑤ 王迈:《臞轩集》卷五《仙游县傅氏金石山福神道院记》。
⑥ 范纯仁:《范忠宣集》卷一三《朝散大夫谢公墓志铭》。

南京),王安石及子王雱皆葬于建康,这一支仍与临川家族保持来往。① 苏颂家族在福建留有亲族,建炎年间,镇江地区陷入战乱时,苏颂子苏携一度回到泉州安家,②陈居仁家族迁出莆田后,把莆田的产业留给亲族,定居明州以后,仍接济在福建的亲族,"莆中宗族生事、死葬无不被赐。从弟翟,仕于南而殁,其兄雅方教育其孤,而雅又亡,公取其季以来,爱之犹子也,遂联入太学。兄子肇,颇友爱而贫无以自存,公以叩益公,益公为感动,遂官之。公又命诸子斥田二顷,略用范文正公义庄规矩,以给宗姻"。③ 王彦融家族迁徙到金坛之后,因其孙王遂仕途顺利而发展起来,而祖居地的族人,却生计艰难,王氏族人有子弟丧父,无所依靠,王遂的母亲蔡氏,命王遂任职江州时将其接来,教育成人,以恩荫补官,后经吏部铨选试,得任馆阁。④ 徽州人俞献卿、俞献可兄弟为真宗、仁宗朝大臣,其孙俞希旦、俞希言迁居丹徒。俞氏在钱塘购有地产,钱塘地方官将田判给俞希言之子俞康直,俞康直以俸禄勉强自给,不愿接受,而以其田给族人。⑤ 吴越钱氏,在归宋之后大多迁居到开封地区,如钱惟演等人皆葬于开封,其部分家族成员则因有赐田而留居于常州。钱垂范一支,北宋中期迁居到常州,应与当时家族在常州形成一定规模有关。四明袁氏家族,北宋时有袁慤考中进士,在开封祥符县为官,之后定居祥符。南渡后,袁氏又迁回到四明。能迁回四明,和家族在四明尚有其他支系有关。⑥ 自福建迁居苏州的朱江,家族日渐势大,却不忘遣子回到福建祭祀祖墓,对家乡旧族"岁时又捐金帛资给之"。⑦ 范仲淹定居颍昌后,不但经常与苏州宗族书信往来,还将子侄等人派往苏州与当地族人居处,宗族形成弹性的网络关系。⑧

---

① 周煇:《清波杂志》卷一二,第 514 页。
② 汪藻:《浮溪集》卷二五《故徽猷阁待制致仕苏公墓志铭》。
③ 楼钥:《攻媿集》卷八九《华文阁直学士奉政大夫致仕赠金紫光禄大夫陈公行状》。
④ 刘宰:《漫塘集》卷三四《故吉州王使君夫人蔡氏行状》。
⑤ 不著撰人《京口耆旧传》卷二。
⑥ 姚勉:《雪楼集》卷二〇《故同知处州路总管府事袁府君神道碑铭》。
⑦ 蔡勘:《定斋集》卷一五《中大夫致仕朱公墓志铭》。
⑧ 远藤隆俊撰,郭万平译:《北宋士大夫的寄居与宗族》,收录于平田茂树《宋代社会的空间与交流》,河南大学出版社 2008 年。

（2）荫补亲族为官

如前所述,荫补入仕由于差遣、晋升方面多有限制,对于官僚家族的直系子孙而言,并不是利于维持家族长保地位的入仕途径;但是荫补任官之后获得官户身份,不但身份改变,地位提高,亦能部分免除差役,对于官僚亲族中毫无背景的平民而言,总是有利,因此官僚家族还以荫补亲族子弟为官的方式,加强家族成员的凝聚力。

北宋迁居开封的唐询,遇大礼、郊祀有荫补机会,先推及族人,后及子孙,以至其去世时,自己的二子、七孙尚未以恩荫任官。① 曾肇之孙曾协迁居杭州,其子曾炎荫补子弟,先及两个从子。② 苏颂本可以父职荫补得官,但他决意科考,荫补得官机会推给亲族。③ 北宋大臣章得象,自福建迁居开封,为相之后,荫补族人为官,因他推恩而入仕者有章粢、章惇、章望之等人,部分甚至是疏远旁支。④ 北宋学者陈襄为官,"三遇大礼不奏子弟以官,欲其自立也,而追念伯父尝有功吾门,其后未有仕者,故于知制诰年,先奏其孙良夫郊社斋郎"。⑤ 吴越钱氏后裔钱即,自开封迁居到常州,"常遇郊恩,舍其子孙,先官犹子"。⑥ 以龙图阁直学士致仕的叶份,"以恩命及中外亲族者,凡九人"。⑦ 北宋大臣陈豫,以中奉大夫致仕,以恩荫先及兄弟子孙,特别是兄弟中尚未得官者。⑧ 福建人蔡伸,"自正郎七经郊恩,及致仕遗泽,任子孙七人,又官龙图(指兄蔡由)二孙载、咸,以报儿时教育之德,其笃于友爱如此"。⑨ 南宋大臣赵粹中,有荫补子弟的机会,亦是先及亲族和外家。⑩

---

① 沈辽:《云巢编》卷八《翰林唐公祠堂记》。

② 楼钥:《攻媿集》卷九七《集英殿修撰致仕赠光禄大夫曾公神道碑》。

③ 邹浩:《道乡集》卷三九《故观文殿大学士苏公行状》。

④ 章得象先世三代为父章奂、祖章士庶、曾祖章仁嵩,五子为约之、介之、修之、徽之、释之。见宋祁《景文集》卷五九《文宪章公墓志铭》。章粢上世为父章访,祖章频。见孙觌《鸿庆居士集》卷三三《宋故左朝请大夫直龙图阁章公墓志铭》。

⑤ 陈襄:《古灵集》附录《先生行状》。

⑥ 杨时:《龟山集》卷三三《钱忠定公墓志铭》。

⑦ 李弥逊:《筠溪集》卷二四《龙图阁直学士右通奉大夫致仕叶公墓志铭》。

⑧ 孙觌:《鸿庆居士集》卷三五《宋故右中奉大夫致仕赠少师陈公神道碑》。

⑨ 蔡戡:《定斋集》卷一四《大父行状》。

⑩ 楼钥:《攻媿集》卷九八《龙图阁待制赵公神道碑》。

官僚将荫补机会推及旁系疏族,常受到士夫赞扬,亦被作为官员生前敦睦亲族的事例写入墓志铭。之所以为人称赞,大约出于两个原因:其一,荫补子孙虽然对官员较为容易,但毕竟会减少本房子弟的任官机会,先人后己,有谦恭之道。其二,荫补亲族疏远者,使之有俸禄官位,和周济贫困之家,举办义庄、义田一样,是将任官利益均及其他家族成员,具有厚风俗,化人伦的重要意义。"舍兄弟、叔侄而专任子孙,非所以广亲爱之道。"①"广亲爱"是士大夫们扩大宗族联系,凝聚宗族情感的必然要求,而荫补就成为一种凝聚家族的方式。

当然正如前文所述,荫补仅仅为家族成员提供了官户身份,使其能享受优免部分税役的优待。宋代官员荫补官品的高低,除了与官员本身的职位有关外,荫补对象与官员的亲疏关系也是因素之一。大体而言,一个官员荫补子弟的官品,越是血缘关系近,所能荫补的官品就会在许可范围内越高。因此通过疏亲而得以入仕的官员,其品级不高。

宋代新兴的家族,绝大多数都是依靠家族成员为官凝聚起来。除了个别义门之外,家族的兴衰与官僚们的仕途密切相连。营置产业和抚恤宗族,都是官僚维持家族地位的手段。但与科举和教育相比,营置产业的规模和扩大家族的能力,与官僚的官位直接相连,官僚家族如果子弟仕宦无成,不能维持官僚地位,田产终不免易主,宗族亦难以维系。

第三节　政争与家族维持

官僚家族依靠科举仕进维持,家族兴衰系于宦业,因而受到整个朝廷政治势力兴衰的影响。一个官僚往往因为政治立场的选择,引起家族命运的急遽变化,对于离开乡里的迁徙官僚家族而言更是如此。

浦城章氏,自章得象为相之后,族人章粢、章惇皆以其恩荫入仕,又相继

---

① 范镇:《上仁宗论荫补旁亲之滥》,见录于赵汝愚《宋朝诸臣奏议》卷七四,第 810 页。

考中进士,得以位至侍从。章氏"雄俊魁磊,豪杰伟异之人出于是,宰相郇公(章得象)、申公(章惇)、枢密秦公(章楶)仍世为宰相,高牙巨毂,尊显三朝,百余年间,章氏之有籍于朝廷者,或以文章擅天下,或以才能任事于时,比比有为"。①

迁居苏州的章楶一支,与居于苏州之南的章惇一支,并称为"南北章"。章楶自其父章访时迁到此地,以族叔章得象而荫补得官后,又以礼部试第一,进士及第,初官差遣知开封府属县陈留县。陈留地处京畿,号为繁巨,章楶却于任内表现不俗,任满考课为"最"。之后历知陕西提举常平、京东转运判官、提点湖北刑狱、成都转运使。元祐年间,章楶以龙图阁直学士知庆州(治所在今甘肃庆阳)。当时宋夏息兵休战,将葭芦、安疆等沿边四个堡砦弃置不守。章楶认为西夏不会因为得到堡砦而罢兵,必然会再度进犯,因此主动率兵出击,他令折可适设伏兵于洪德城,一举击溃西夏进犯之军,斩首千余级。章楶于西夏前线任官四年,着意于边备,平夏城之役令西夏短期无力再对宋边境发起大规模攻势。章楶以此功擢为枢密直学士,进阶太中大夫。②

章楶有七子,以章综、章绛最为知名。章综元祐二年(1087)试国子监为第一,章绛熙宁九年(1076)考中进士。其他诸子皆以荫补入仕。章综曾在其父幕府内担任主管机宜文字之职,协助其父参与对西夏作战,积累相当丰富的治边经验。他在任陕西转运判官时,向当路官员提出很多行政建议,且行之有效。此时的章氏父子,仕途平稳,家族势力稳定发展。但是,章综后来选择的政治立场,使家族遭受严重打击。

章综之姐嫁给随州人刘逵为妻,并因此结好。刘逵最初党附蔡京,以此晋升同知枢密院之职,但在蔡京罢相后,他图谋反复,欲彻底击垮蔡京,遂为蔡京所恶,成为其痛恨的政敌。章综与刘逵是姻亲,又与之政见相同,因此受到蔡京迫害。蔡京为相后,本欲将章氏子弟收为己用。一次造访章府时,

---

① 孙觌:《鸿庆居士集》卷三三《宋故左朝奉大夫提点杭州洞霄宫章公墓志铭》。
② 《宋史》卷三二八《章楶传》,第 10590 页。

蔡京暗示章绛,欲以他主持对西夏战事,章绛对以"越人善泅,其子方晬,其母浮之水上,而责以父之能,未有不溺死者也。战,危事也,当属能臣,非某兄弟所敢知也",蔡京"始不悦",①更因章、刘姻亲之故,决意打击章氏子弟,"必欲覆章氏"而后快。② 他诬告章综弟章缒于苏州私自铸钱,兴起大狱,以此株连章氏亲友,牵连甚广,章氏子弟因此案被一网打尽。章缒被处以刺面流放沙门岛的重刑,章综被贬温州,章综贬秀州,章绾贬睦州,章缤贬永州,子侄辈被贬谪十余人。③ 经过此番打击,章氏在官场一蹶不振,两代积累的官声、人脉毁于一旦。政和年间蔡京罢政,章绛被重新任用为京东东路提点刑狱,但本路转运使为蔡京亲党余深,章绛遂决意退闲,请祠居于苏州。④此后章综虽因丰富的军政经验而被徽宗启用,但是政治主张始终不被采纳,也在不久后投闲,不复仕进。⑤

章综、章绛兄弟出身名门,又是进士出身,富有治边经验,本是仕途顺遂,有望超过乃父。但是,因不愿党附权相蔡京而遭受的政治迫害,几乎使章粢家族就此彻底衰落。当年被贬的十余子弟,唯有章粢之曾孙章杰,宣和六年(1124)考中进士,一度任福建路转运判官。⑥ 除此之外,章氏子弟于科场、仕途再无可称道之处。

章惇一门与章粢家族的命运颇为相似。章惇中进士后,历任知商州商洛县,雄武军节度推官等职,受欧阳修赏识,被推荐入京试馆职,任著作佐郎。王安石对章惇尤为器重,变法开始时召其为编修三司条例官。章惇赴湖南经制少数民族事务,表现出众,被提拔入朝,为知制诰,元丰三年(1080)拜为参知政事,在北宋政坛崭露头角。司马光主政时期,章惇作为王安石新党的骨干,受到朝臣连章弹劾,贬任知汝州,处境艰难。章惇家族自此陷入党争漩涡。

---

① 孙觌:《鸿庆居士集》卷三三《宋故左朝请大夫直龙图阁章公墓志铭》。
② 孙觌:《鸿庆居士集》卷三三《宋故左朝奉大夫提点杭州洞霄宫章公墓志铭》。
③ 《宋史》卷三二八《章粢传》,第 10591 页。
④ 孙觌:《鸿庆居士集》卷三三《宋故左朝奉大夫提点杭州洞霄宫章公墓志铭》。
⑤ 孙觌:《鸿庆居士集》卷三三《宋故左朝请大夫直龙图阁章公墓志铭》。
⑥ 陆心源:《宋史翼》卷四〇。

哲宗亲政后的"绍述"之政,成为这位新政主将命运的转折。重新上台之后,章惇恢复了元祐年间被废黜的新政,并对新政中某些弊病作出改进,以利推行。章惇为首的变法派得势之后,开始重复元祐年间旧党故事,对保守派官员展开报复。虽然他本人一度迟疑不决,但是随着曾布、蔡卞等人的推波助澜,打击保守派运动愈演愈烈。这成为章惇名列《宋史·奸臣传》的主要原因。哲宗亲政未久,年仅二十五岁就因病驾崩。在究竟以何人入继大统的问题上,章惇与其他宰执产生分歧。他认为轻佻无行的赵佶入继大统,宣告了他政治生涯的彻底结束:章惇连遭贬谪,一直贬到雷州司户参军。他去世后,徽宗于大观三年(1110)下诏复特进、申国公爵号,政和三年(1113)赠太师,追封魏国公,不料绍兴五年(1135),高宗下诏,以其诋诬宣仁太后之罪,追贬为昭化军节度副使,禁止章惇子孙入朝为官。①

章惇有六子,其中章择中元丰八年(1085)进士,章授、章持中绍圣四年(1098)进士。②《宋史》本传称其"四子连登科",章惇不以自己的权位为诸子谋美官,因此唯有三子章援在朝为秘书省校书郎,余子皆在州县任职,甚至在他独相期间也未能升任高官。章氏因此颇为士林称道。章惇若能保有禄位,安然归老,以诸子之进士出身,循序渐进,家族即使不能成为豪门,亦不至迅速衰落。但陷入党争的章氏家族,即使于政治斗争中几度沉浮没有彻底瓦解,但最终高宗禁止章惇子弟入朝为官,等于宣告章惇后裔政治生命终结,自此章氏在南宋政坛销声匿迹。章氏家族在苏州虽有丰厚田产,却因为家族于政坛彻底失势,在南宋初为韩世忠一纸官文,尽行干没,家族随之一日星散。③

金坛王万枢家族的命运,亦随南宋党争而起落。庆元元年(1195),王万枢任建康通判,其二子王遂、王逢参加漕试。王遂在应试策文中,抨击韩侂胄专权,引起韩党大臣李沐的注意。李沐以王万枢二子冒贯应试,上书弹劾。王遂、王逢二人被剥夺发解资格,王万枢以及当职考官刘大临皆被

---

①　《宋史》卷四七一《章惇传》,第 13713 页。
②　楼钥:《攻媿集》卷七〇《跋元丰八年进士小录》。
③　张德夫:《隆庆长洲县志》卷一三《宅第》。

罢官。① 六年之后王遂才考中进士。王遂出仕后,由于其反韩立场,仕途很不得意,不久王万枢、王逢两人相继去世,王遂因此回到金坛为父守制,同时也是避开韩侂胄势力的迫害。他服除之际,恰逢韩侂胄因政变被杀,韩氏势力倒台。在反韩大臣卫泾的提拔下,王遂任楚州教授。王遂是岳麓学派代表人物游九言的及门第子,因此在自表为道学之士的史弥远主政期间,王遂得以在淮西等地任职。不料"一侂胄死,一侂胄生",史弥远独擅朝纲比之韩氏更甚,与真德秀等道学名士交好的王遂,因此再度陷入党争的漩涡之中。直到郑清之取代史弥远上台,王遂才被任为谏官。王遂在任上弹劾史弥远党羽莫泽、郑损等大臣,并痛斥史弥远之侄史嵩之"唯知以货贿遗外裔"的畏惧态度。但是好景不长,"端平入洛"失败,郑清之失势,史嵩之入朝为相。王遂预感到再无机会施展抱负,于是致仕退居乡里,教授子弟。王遂致休后,其家族再无子弟成为名宦,自此无闻于南宋政坛。

　　另外一些官僚家族,以"不立党援"的政治态度,置身党争之外,求得家族平稳。

　　五世登科的苏颂家族,自苏颂而下,第一代苏携、苏嘉、苏京皆有声名。第二代苏象先登第,苏孟容官至右修职郎。② 苏师德以中散大夫致仕,"子男三人,长(苏)玭也,今为承议郎新通判明州;琏早世;瑑某官。……孙男七人,渭,迪功郎常州晋陵县主簿;溱,将仕郎"。③ 家族绵延五代,与苏氏始终不参与党争有关。熙宁变法中,吕惠卿曾许以执政的高位来笼络苏颂,欲使其为己所用,但苏颂不为所动。他为官"论断持平,务循故事。避远权宠,不立党援。进退人才,弗专己意",④因此得以在绍圣年间元祐党人遭到攻击时,免遭贬逐之祸。

　　仙游人蔡襄,为北宋仁宗朝名臣。其子蔡旻迁居常州,有三子,蔡由中大观三年(1110)进士,蔡佃中崇宁二年(1102)进士,蔡伸中政和五年

---

① 《宋会要辑稿·选举》五之一五。
② 陆心源:《宋史翼》卷四《苏嘉传》。
③ 韩元吉:《南涧甲乙稿》卷二〇《故中散大夫致仕苏公墓志铭》。
④ 曾肇:《曲阜集》卷三《赠苏司空墓志铭》。

(1115)进士。蔡氏兄弟家学深厚,辞章擅名一时,时号"三蔡"。崇观年间,同为福建人的权相蔡京欲与蔡氏通谱,以结亲族之好。但是蔡氏兄弟不愿附丽,对蔡京的提议冷淡以对,反而与当时受新党打击的元祐党人来往甚密。蔡佃还曾因星变上书徽宗,论宰相非其人,矛头直指蔡京。蔡京虽欲惩治,到底通谱之举在前,不便大肆贬谪。① 南渡之后,秦桧独相,权倾朝野。蔡伸因与秦桧在太学同舍,又是同年登第,因此秦桧颇有见用之意,但是蔡伸仍不为所动,只任浙东安抚参谋官,任满即请宫观官退闲。蔡伸早年以文辞见称,且武艺娴熟,长于韬略,可谓文武双全。他本欲在朝廷施展抱负,但是目睹元祐以来士大夫于党争夹缝之中朝不保夕的状况,他还是选择了较为恬淡的仕进态度,因此蔡氏子孙虽然未能显达,也不至于因党争罹祸。蔡伸之子蔡湍以承事郎通判镇江府;蔡洸历户部侍郎,户部、吏部尚书,出为徽猷阁学士,以中大夫提举隆兴府玉隆万寿宫致仕;蔡流以从事郎监潭州南岳庙致仕;蔡渭以承直郎为贵州军事推官。蔡湍的二子蔡戡,考中乾道二年(1166)进士,历官内外,屡任要职,他处事稳妥,在荆湖前线以务实态度经理防务,而不参与当时激烈的和战争论,使江防得以改善。蔡戡在结束数十年仕宦生涯后,以宝谟阁直学士致仕,退居家乡,安然养闲。此时韩侂胄已经登上南宋政治舞台,即将拉开又一次大规模党争的序幕。② 蔡戡曾回顾家族发展历程,对于祖父蔡伸不求干进的态度十分赞赏,他在《大父行状》中评价道:

> 自政和以来,至绍兴末,四五十年之间,士大夫朝辞穷阎,暮登禁地,非蔡党即秦客。公前以通谱之亲,后以同舍之旧,少贬以济道,其谁不然。公独抱节,穷而益坚,老而弥壮,卒以不偶,自今视之,其一时附丽之徒,烟灭灰冷,视公何如也?③

---

① 周必大:《周益国文忠公集》卷六二《中大夫蔡公神道碑》。
② 陆心源:《宋史翼》卷一四《蔡戡传》。
③ 蔡戡:《定斋集》卷一四《大父行状》。

政和年间蔡京独相,绍兴年间秦桧独相,都是宋代政治较为混乱之时,党同伐异之风,席卷士林,以至于家族荣辱,系于官员党附何派。蔡伸的恬淡态度,方使蔡氏绵延数代,到蔡戡时能显于一时。没有像其他攀附权贵的家族,虽然短暂荣显,却终究难免"烟灭灰冷"的凄凉结局。

元祐党争之后,两宋历次大规模政治斗争中落败一方多不免家族散落。崇宁年间迫害元祐党人,"异时元臣故老之子若孙、门生、故吏、昏姻之家,皆被禁锢",①其子孙恐祸及身,"率秘其阀阅不敢传"。② 而蔡京失势之后,死于流放途中,其子蔡攸先贬永州,再贬雷州,不久被赐死,蔡京"若子若孙,悉皆编制,家财没于府库,土地悉归县官,不复有蔡氏矣"。③ 南渡之后,高宗下诏令蔡京与梁师成、谭稹等同党"子孙更不收叙"。④ 赵鼎为相之后,多擢用元祐党人的子孙,而禁止新党官员的子弟担任谏官、翰林学士等要职。到秦桧专权时,赵鼎不但本人遭贬,还祸及三代。赵鼎被贬后,知道秦桧必置自己于死地,于是绝食自杀,希图以此保全家人,⑤但其子赵汾仍未免被捕下狱的命运。对于迫害政敌及其家族的做法,绍兴年间任监察御史的刘长源以为:"系元符以前人臣子孙皆可用,臣恐其失于官人以世,而其人未必皆贤;系崇宁以后子孙皆不可用,臣恐其失近于罚人及其嗣,而其人未必皆愚。"⑥"罚人及其嗣",将党派政治斗争的影响,延伸到官僚的家族成员,成为许多家族在政治斗争中没落的重要原因,而这也种下了党祸绵延、报复不止的祸根。

宋代官僚家族依靠子弟科考入仕兴起,并以此维持家族地位,因此家族命运的兴衰与政治起伏始终相连。士人自科举考试开始,就以同年、师徒、同僚等方式,建立自己的官场关系网,这是官员改官、升迁所必需的。但是党祸来临之时,这些关系却可能成为官员遭受政治打击的因由。南宋杨万

---

① 孙觌:《鸿庆居士集》卷三四《宋故左承议郎权发遣和州军州事傅公墓志铭》。
② 汪藻:《浮溪集》卷二六《朝请郎龙图阁待制知亳州赠少师傅公墓志铭》。
③ 杨士奇:《历代名臣奏议》卷一四一《用人》。
④ 《宋史》卷二四《高宗本纪一》,第 443 页。
⑤ 李心传:《建炎以来系年要录》卷一五六,绍兴十七年八月癸卯,2537 页。
⑥ 李心传:《建炎以来系年要录》卷一〇四,绍兴六年八月己未,第 1700 页。

里痛陈党祸弊害时说:"臣闻天下有无形之祸,借非权臣,而借于权臣;扰非盗贼,而扰于盗贼;强非夷狄,而强于夷狄,其惟朋党之论乎,……族亲,党也;交游,党也;荐引,党也,欲陷一士,止于一士而已矣,至举而名之,以党则族亲也,交游也,所荐引也,可一网而尽矣。臣窃观近日以来朋党之论何其纷如也!有所谓甲宰相之党,有所谓乙宰相之党;有所谓甲州之党,有所谓乙州之党;有所谓道学之党,有所谓非道学之党,是何朋党之多欤!且天下士大夫孰不由宰相而进者?进以甲宰相,一日甲罢则尽指甲之人,以为甲之党而尽逐之;进以乙宰相,一日乙罢,则又尽指乙之人,以为乙之党,而尽逐之。"①"欲陷一士,不止于身",官僚陷入党争,家族随之被祸,是宋代政治变动对于家族影响深远的原因之一。

家族命运系于政治斗争,是魏晋以来的门阀士族,转变为唐宋官僚家族的结果。魏晋时期的门阀士族,拥有着经营深厚的地方财势,拥有大量地产和依附人口,以经术传家,拥有文化优势,因此承平时期的朝廷政治斗争,不会危及整个家族,甚至朝代更迭也不足以影响家族地位。南朝萧道成将废宋帝自立,出身琅琊王氏的尚书左仆射王延之,竟然保持中立,无所去就。②这是因为国家权力尚无法伸张到地方,而是依靠强大的地方家族势力,稳固国家统治基础。延至隋唐易代之时,士族仍是朝廷的政治基础。唐高祖对本家及臣僚的世家背景,颇为自得,就是明证。③随着国家力量不断强大,士族赖以维系自身地位的政治、经济优势,逐步控制在国家手中。家族丧失地方基础,只能依靠科举和仕宦成就,维持家族地位,政治斗争的胜负,对于家族命运具有决定性影响。唐代"牛李党争"中官僚家族的兴衰,正是反映出门阀士族已经逐渐转变为官僚家族。这也是宋代官僚家族的命运与政治风云联系在一起的根本原因。

宋代迁徙官僚家族与魏晋门阀相比,是脱离了地方社会的家族。家族兴起和维持主要依靠家族成员的科举成就。为了保证家族持续取得功名,

---

① 杨万里:《诚斋集》卷六九《己酉自筠州赴行在奏事十月初三日上殿第一札子》。
② 《南齐书》卷三二《王延之传》,第585页。
③ 王溥:《唐会要》卷三六《氏族》。

官僚都重视家族子弟教育。科举和教育是家族维持的关键。为了保证家族的各种支出,多数家族注意营置田产。田产营置同样与官僚家族的地位维持有关,多数家族迁居地、田产所在地与官员任官地区重合,说明官位对购置田产有重要影响。但是宋代官僚家族单靠田产经营,却不足以维持家族声望。若丧失官僚地位,家族子弟仕宦不继,家道中落,必然使田产易主,所谓"千年田换八百主",就是描述此类现象。一个官僚在任官后,虽然迁出祖居之地,亦可以逐渐以自己家庭为核心,通过资助贫寒族人,荫补亲族子弟任官的方式,将任官后获得的利益,均及疏族,扩大家族规模。正如柳立言所说,唐代是家族提携个人,宋代是个人成就家族。①

迁徙官僚家族因此在新的地域聚集形成。家族的归属地域,因为官员迁徙而改变。家族得以在不同地域流动。社会的地域性流动无疑增大了。官僚家族迁徙,使家族逐步成长的势头刚初步显现就转徙他处,不能在一个固定的地区积累力量,从而形成一个稳定的地方势力阶层。迁徙流动,弱化了家族的地域归属感和地域认同感。地方社会的秩序因此彻底为官方势力所主导,而这反过来又使官僚家族这一拥有官方身份的家族,可以依靠自身的官僚身份,参与地方事务,从而在迁居后能够顺利融入地方社会。

---

① 柳立言:《何谓"唐宋变革"》,文载《中华文史论丛》2006 年第 1 期。

第三章　迁徙官僚家族的婚姻

古代社会自家族形态出现以来，婚姻就是家族永久延续的根本。所谓"婚姻者合二姓之好，上以事宗庙，下以继后世"。① 婚姻的目的就是保证家族延续和宗庙祭祀不至断绝。唯有家族血脉不断，方能世代传承，保宗庙血食不绝。

家族婚姻出现之初，就有阶层之别。贵贱不婚，乃是社会普遍遵循的婚姻原则。② 六朝门阀士族，士庶悬隔，为保家族血统纯正，士族十分重视婚姻门第。婚姻对于家族的意义，不下于累世显宦，"故论南朝对待知识分子之政策时，政治方面从'宦'字着眼，社会方面则是以'婚'为中心推论之"。③ 士族择偶，于门第极为看重。如南朝大族陈郡谢氏，其家族可考婚家，皆是琅琊王氏、陈郡袁氏、太原王氏、琅琊诸葛氏等世家大族。④北朝门阀士族亦是以门第互为婚姻，山东的崔、卢、李、郑，关中的韦、杜、杨、李，河东的裴、柳等世家互为婚姻。即使入主中原的鲜卑拓跋氏，为了使北方门阀士族为己所用，也努力将鲜卑勋贵塑造成门阀，孝文帝带头纳中原大族卢、崔、郑、王等姓女为嫔，为其诸弟聘李、郑等大姓女。⑤

---

① 《礼记·婚义》。

② 瞿同祖：《中国法律与中国社会》，中华书局2003年，第181页。

③ 周一良：《南朝境内各种人及政府对待之政策》，载氏著《周一良集》第一卷，辽宁教育出版社1998年，第95页。

④ 吴成国：《从婚姻论东晋门阀制度的盛衰》，文载《江汉论坛》1997年第9期。

⑤ 牟发松：《从社会与国家关系看唐代的南朝化倾向》，载氏著《社会与国家视野下的汉唐社会变迁》，华东师范大学出版社2006年。

隋唐时期,世家大族虽在政治、经济等方面有所衰落,但国家政治的基础仍然是这些世家大族。社会上层家族的婚姻,仍然重视门第。如隋代受封为越国公的杨素,其子杨玄纵娶崔儦之女为妻。崔儦"字岐叔,清河武城人也。祖休,魏青州刺史。父仲文,齐高阳太守,世为著姓"。他自恃清河崔氏门第显赫,"亲迎之始,公卿满座,素令骑迎儦,儦故敝其衣冠,骑驴而至。素推令上座,儦有轻素之色,礼甚倨,言又不逊。素忿然拂衣而起,竟罢座。后数日,儦方来谢,素待之如初"。① 崔儦虽与杨氏结亲,仍轻视其门第。唐代一些新兴官僚家族和富户,竞相与旧士族结亲,旧门阀士族社会声望仍然不减。太宗、高宗两朝皆下诏禁止婚姻攀附旧士族,②以贬抑旧门阀,提升本朝显宦社会地位。但是宰相李敬玄"前后三娶,皆山东士族。又与赵郡李氏合谱,故台省要职,多是其同族婚媾之家"。③ 随着科举出身的官员成为晋升高官的主流,国家以赋税、府兵统御地方社会,门阀士族的社会基础已经逐步消失,以至于一些门阀士族以门第多求聘财,可见其家族门第已经同于财货,用于交易了。经历唐末、五代战乱,"山东士族,陵迟殆尽,门第之别,始不复为时所重"。④ 门阀士族婚姻关系所体现的狭隘门第、地域观念,为新的婚姻观念所取代,即以官宦、科举成就作为家族婚姻的首要标准。

地方社会秩序在魏晋门阀贵族社会向科举主导的平民社会转变中,领导力量发生变化。随着世家大族的没落,继起的官僚们,向往的不再是地方领袖,而是中央的高官。如魏晋时期士人以乡评进取,重视地方经营与"养望",宋时已经为科考举业,游学四方所取代。地方社会的主导,是官方力量。因此迁居官僚在迁居地,往往可轻易与当地家族结成婚姻关系而不会为当地所排斥。

---

① 《隋书》卷七六《崔儦传》,第 1733 页。
② 《新唐书》卷九五《高俭传》,第 3841 页;《旧唐书》卷八二《李义府传》,第 2769 页。
③ 《旧唐书》卷八一《李敬玄传》,第 2755 页。
④ 陈鹏:《中国婚姻史稿》,中华书局 2005 年,第 66 页。

第一节 迁徙官僚家族婚姻对象的地域特征

(一) 北宋迁徙官僚家族

(1) 苏州地区

苏州是北宋迁入家族比较集中的区域,以下对迁入苏州家族的婚姻对象作一考察,以反映其地域特点。

首先考察章綮家族。章綮家族自父亲章访起自建州迁居苏州。传世文献中,章綮以下姓名可考四代。第一代章綮,初娶和氏,封为秦国夫人。和氏亲属关系不可考。

章氏第二代章综,先后娶王氏姊妹,为宋初大臣王溥的曾孙。① 王溥为并州人(今山西太原),曾任后周中书侍郎,入宋后为司空,封祁国公。孙王贻永、王贻正、王贻孙。② 王氏兄弟三人中,以王贻永仕途最为显达,曾一度任枢密使兼侍中。③ 开封有王贻永之宅,可见王溥家族当是迁居开封地区,④这与当时士大夫迁居方向一致。因此章综的婚姻对象是开封人。章综弟章绛,娶何氏,为屯田员外郎何辟非之女。⑤ 何辟非,建州浦城人,曾任处州遂昌县令。⑥ 章氏兄弟其他诸人婚姻无考。章氏女嫁给刘逵,刘逵为随州人(今湖北随县),元丰八年(1085)进士高科,大观四年(1110)知杭州。⑦

章氏第三代姓名可考者,章综三子章莞、章荷、章莱(章莱也考中进士),⑧章绛二子章芹、章芑。五人所娶何地何姓,未能考定。章综有二女,

---

① 孙觌:《鸿庆居士集》卷三三《宋故左朝请大夫直龙图阁章公墓志铭》。
② 王称:《东都事略》卷一八《王溥传》。
③ 曾巩:《隆平集》卷四《王溥传》附。
④ 李濂:《汴京遗迹考》卷九。
⑤ 孙觌:《鸿庆居士集》卷三三《宋故左朝奉大夫提点杭州洞霄宫章公墓志铭》。
⑥ 夏玉麟:《嘉靖建宁府志》卷一五《选举》。
⑦ 周淙:《乾道临安志》卷三《牧守》。
⑧ 王昶:《金石萃编》三编,宋一一《慈恩寺塔题名》。

长女嫁给右宣议郎秀州嘉兴县丞陈文尉,次女嫁进士何显祖,皆无事迹可考。章绰有五女,其墓志铭中未载明女婿为何人。常州晋陵人孙觌娶章氏女为继室,为章绹之女。①

章氏第四代,章绹孙章泽、章潽、章澥、②章汋、章浍、章淖、章汻、章洋、章汭、章洞、章溽、章蒙、章潭、章潽,章绰孙章承道、章渭寿、章汉寿,婚姻皆不可考,唯有一女嫁给苏州人龚明之的叔父龚况。③ 龚况出身苏州名族,崇宁五年(1106)考中进士,官终祠部员外郎。④

再考察同在苏州的章惇家族。章惇与章楶是同辈,时号"南北章",自建州迁入苏州的时间也大体一致。章惇初娶名臣余靖之女,余靖为韶州人(今广东韶关);⑤继娶张氏,封嘉兴郡夫人,未知出于何地。⑥ 章惇之妹嫁给陈州人黄好谦。⑦ 章惇诸子章援、章持、章授、章择婚姻不可考,孙章杰、章潜、章泳、章深、章解、章洽、章梓⑧婚姻无考。章持之女嫁给庐州人柳城。柳城任官后迁居苏州,后寓居衢州。⑨

章惇、章楶是家族自福建迁居的第一代。章惇之妻是名臣余靖之女;章楶娶和氏,和姓大臣多出自京畿地区。⑩ 章惇之妹嫁给陈州人陈好谦。可见章氏家族姻亲的地域分布,开封及其附近地区占有重要部分。章氏第二代姻亲的所属地域,只有章楶家族保留一些记载,章绹姻亲是在开封地区居住的王氏,章绰之妻是建州浦城人。章氏第三代以下,可考的姻亲皆是苏州

① 孙觌:《鸿庆居士集》卷三三《宋故左朝请大夫直龙图阁章公墓志铭》。

② 楼钥《攻媿集》卷七〇《跋元丰八年进士小录》:"章公择,申公(章惇)子也,实为同年生,其孙澥与钥同登隆兴元年进士科。"而据章绹墓志铭,章澥应为章绹之孙。

③ 龚明之:《中吴纪闻》卷五《章户部》。

④ 龚明之:《中吴纪闻》卷五《起隐子》。

⑤ 欧阳修:《欧阳修全集》卷二三《赠刑部尚书余襄公神道碑铭》。

⑥ 王安礼:《王魏公集》卷二《妻广平郡君程氏可永嘉郡夫人章惇妻定安郡君张氏可嘉兴郡夫人制》。

⑦ 王明清《挥麈录》前录卷四载黄寔为章惇外甥,则章惇之妹嫁给黄寔之父黄好谦。黄寔两女皆嫁给苏轼。

⑧ 章定:《名贤氏族言行类稿》卷二六。

⑨ 孙觌:《鸿庆居士集》卷三三《宋故左中奉大夫致仕柳公墓志》。

⑩ 昌彼得《宋人传记资料索引》第二册所载和姓皆是开封、濮州两地,第1489页。

土著家族或者迁居此地之家族。

再考察一下李余庆家族。李余庆仁宗天圣前后知常州,卸任后定居此地,家族自福建连江迁到两浙地区。李余庆娶龚氏,事迹无考。

李余庆有五子,李处常、李谊、李诚、李处道、李处厚。① 李处常娶司封员外郎、苏州人范亢之女。② 李处道娶苏州人龚宗元之女。③ 龚氏是苏州大族,龚宗元之父龚识端拱元年(988)中进士,是两宋时期苏州第一名进士。④ 龚宗元考中天圣五年(1027)进士。⑤ 李处厚娶杭州人谢涛之女。⑥ 谢涛以文学著称于时,中淳化三年(992)进士,曾任两浙转运使,以吏部郎中、直昭文馆知越州。谢氏是杭州衣冠大族,谢涛之子谢绛一支迁居邓州。⑦ 李余庆之女嫁给福州长乐人潘萃。⑧ 潘萃的父亲潘衢,中大中祥符元年(1008)进士,⑨曾通判黄州(今湖北黄冈),卸任后定居此地。

李处道有三子:李据、李抗、李援,事迹不可考。李处常之子李撰,娶处州人朝散郎柳珣之女。⑩ 李处道有三女,分别嫁给赵僎、何颉、陈任。何颉,黄州人,自号樗叟,颇有诗名。⑪ 陈任、赵僎事迹不可考。

至第三代,李余庆家族以李撰一支最盛。李撰有六子:李弥性、李弥大、李弥纶、李弥中、李弥正、李弥逊。⑫ 李弥大官至工部尚书。⑬ 李弥正终朝散大夫、吏部郎中。⑭ 李弥逊赠敷文阁待制。⑮ 李弥逊娶端明殿学士、仙

① 王安石:《临川先生文集》卷九四《朝奉郎守国子博士知常州李公墓志铭》。
② 杨时:《龟山集》卷三一《李子约墓志铭》。
③ 王鏊:《正德姑苏志》卷五七《游寓》。
④ 范成大:《吴郡志》卷二五《人物》。
⑤ 龚明之:《中吴纪闻》卷二《曾大父》。
⑥ 欧阳修:《欧阳修全集》卷三五《渤海县太君高氏墓碣》。
⑦ 欧阳修:《欧阳修全集》卷六二《太子宾客分司西京谢公墓志铭》。
⑧ 黄庭坚:《山谷集》别集《潘处士墓志铭》。
⑨ 梁克家:《淳熙三山志》卷二六《科名》。
⑩ 杨时:《龟山集》卷三一《李子约墓志铭》。
⑪ 潘自牧:《记纂渊海》卷一二。
⑫ 杨时:《龟山集》卷三一《李子约墓志铭》。
⑬ 《宋史》卷三八二《李弥逊传附李弥大传》,第11777页。
⑭ 梁克家:《淳熙三山志》卷二八《科名》。
⑮ 李弥逊:《筠溪集》附录《筠溪李公家传》。

游人蔡襄孙女为妻。他曾为蔡襄孙蔡枢作祭文"念我结友,爰自弱冠,联姻
于门,并策汉殿"。① 两家为世交。李弥逊另有妻叶氏,是否为继室不可
考。叶氏为南剑州人叶份之女。李弥逊曾为叶份、及其子叶某(字子宁)
作祭文,"惟尚书公友敬所推,君之有子,我实妻之"。② 叶份家族自其祖父
叶棐恭起就迁居苏州。其伯父叶唐稷为名士,累官至朝议大夫。③ 李撰有
两女,长女嫁进士张延之,次女嫁从仕郎、庐州舒城县尉陈温舒,两人事迹
无考。

李氏第四代保留有记载的只有李弥逊之子李松。李松娶福州郑昺之
女。④ 郑昺,绍兴二十七年(1157)进士,累官枢密院编修官,官终京西转运
判官。⑤ 李弥逊的姻家还有莆田林震,他为林震所写祭文有"幸庶几公之有
子,予托姻好于松萝"之句。⑥ 林氏为莆田大族,林震中崇宁二年(1103)进
士,是大臣林冲之从子。⑦ 李松有两子:李珏,宝谟阁学士,太中大夫、江淮
制置使兼知建康府、江东安抚使,兼行宫留守司公事;李琪,朝奉郎,守国子
司业,兼玉牒所检讨官,两人婚姻不可考。李松三女,一女出家,另两人分别
嫁给乡贡进士陈景杰与免解进士刘砥。刘砥,福州长乐人,为刘世南长子,
乾道二年(1166)与兄刘砺考中童子科,师从朱熹。⑧ 李松有孙四人:李修、
李任、李似、李亿,四人婚姻无考。李松孙女五人,至其去世时两人出嫁,分
别嫁给承直郎叶棠与奉议郎、浙西常平司干办公事何处智。叶棠,仙游人,
孝宗朝枢密使叶颙之孙,绍定初为浙东提举。⑨

分析李余庆家族的姻亲对象,可以发现官僚迁居后的姻亲,主要是当地
的家族,特别是迁居官僚的第一、二代,多与迁入地士人家族联姻。李余庆

① 李弥逊:《筠溪集》卷二三《祭蔡子强学士文》。
② 李弥逊:《筠溪集》卷二三《祭叶子宁文》。
③ 程俱:《北山小集》卷三〇《宋故朝议大夫新知秀州军州事叶公墓志铭》。
④ 袁燮:《絜斋集》卷一六《李太淑人郑氏行状》。
⑤ 梁克家:《淳熙三山志》卷二一《牧守》。
⑥ 李弥逊:《筠溪集》卷二三《祭林时勇舍人文》。
⑦ 《宋史》卷四四九《林冲之传附林震传》,第13222页。
⑧ 黄宗羲:《宋元学案》卷六九《沧州诸儒学案》上,第2318页。
⑨ 陈耆卿:《赤城集》卷一〇《浙东提举叶侯生祠记》。

本人娶龚氏,所属地域不可考。第二代李处道、李处厚、李处常皆娶苏州、杭州土著家族之女。李处道一支后来迁居到武昌,其一女即嫁给黄州人何颉。① 李氏第三代李弥逊一度因生计所迫,迁回福建,因此李弥逊子、女与福建大族郑氏、林氏结亲。

　　自福建迁入苏州的张沔,娶魏氏,系新安人、太尉魏羽之女。② 其子张诲,娶孙氏,系扬州人、定武军节度使孙长卿之女;③张讽,娶刘氏,新喻人、北宋史学家刘攽之姐。④ 张沔有五女,其中四女分别嫁给国子博士刁维,随州节度推官章中正,进士陈坯,驾部员外郎边球,还有一女先嫁太常寺太祝胡湘,后改嫁屯田郎中石元之。刁维是丹徒人,刁氏为当地大族,其父刁湛官至朝请大夫,兄刁约、刁绎皆进士出身。⑤ 边球为楚丘人边肃之孙。⑥ 边肃之子边调,其女嫁给山阴人陆珪,在陆珪墓志铭中,称其为"昆陵边氏"。⑦ 石元之是新昌人,天圣五年进士,父石待旦、伯父石待举皆中进士。⑧ 胡湘是湘乡人,曾任湘乡县令。⑨

　　张诲有四女,其中可考三女分别嫁给著作佐郎褚理、李士衮、太庙斋郎晁端复。褚理、李士衮里籍不详。晁端复是济州巨野人,其从兄晁端礼、晁端仁皆是北宋知名的文学家。⑩ 张讽有七女,其中四人分别嫁给太常寺奉礼郎沈辽、著作郎郭茂恂、试将作监主簿苏亨节、太庙斋郎卢道原。沈辽是钱塘人,与沈遘、沈括并称为"沈氏三先生"。⑪ 郭茂恂是东平须城人,父郭源,嘉祐二年(1057)进士,治平中为太常博士,累官职方员外郎。⑫ 卢道原

---

① 　张耒:《柯山集》卷五〇《李参军墓志铭》。
② 　沈遘:《西溪集》卷一〇《长寿县太君魏氏墓志铭》。
③ 　陆佃:《陶山集》卷一五《寿安县君王氏墓志铭》。
④ 　刘敞:《公是集》卷五一《先考益州府君行状》。
⑤ 　张方平:《乐全集》卷三九《朝请大夫守太子宾客判南京留守司御史台陇西李公墓志铭》。
⑥ 　汤宝尹:《宣城右集》卷七《书牙城公宇记后序》。
⑦ 　苏颂:《苏魏公集》卷五九《国子博士陆君墓志铭》。
⑧ 　徐嵩:《乾隆绍兴府志》卷三一《进士》。
⑨ 　刘攽:《彭城集》卷三四《送胡因甫宰湘乡序》。
⑩ 　王德毅:《宋代澶州晁氏族系考》,文载《宋史研究集》第三二辑。
⑪ 　《沈氏三先生文集》附录《沈睿达墓志铭》。
⑫ 　苏颂:《苏魏公集》卷五九《职方员外郎郭君墓志铭》。

祖居德清,祖父卢革致仕后定居苏州,父卢秉官至龙图阁直学士。①

张氏第二代姻亲多在苏州、常州地区,如丹徒刁氏、自楚丘迁居苏州的边氏,刘氏亦是迁居常州者,此外还有越州新昌石氏。张氏第三代姻亲则是钱塘沈氏和迁居苏州的卢氏。

自福建迁入的陈绛,官至右司谏,致仕后定居苏州,其姻亲不详。二子陈说之、陈动之同中天圣八年(1030)进士,②两人姻亲不详,只知道陈动之的妻子姓方,为苏州人。③陈动之有两子,陈侗、陈睦。陈侗初娶呼延氏,里籍不详;继室刘氏,里籍不详。陈侗有四子:陈彦恭、陈彦方、陈彦廉、陈彦称。陈彦恭娶刘氏,系北宋著名谏官刘挚之女。刘挚祖居东光,其父刘居正葬于须城,因而成为须城人。④其他三子姻亲不详。陈侗有四女,分别嫁给林定、呼延发、梁宽、刘方山。林定、呼延发里籍不详,后者可能是其母族人。刘方山为临江军新喻人,系刘攽之子。梁宽为新喻人,熙宁六年进士,崇宁三年入党籍。⑤

陈彦恭有四子:陈高,陈袤、陈裒、陈袭。陈裒娶金华人时汝翼之女,⑥余者姻亲不详。陈彦恭三女分别嫁给北海簿杨符、右承事郎梁庭诲、迪功郎彭煇,三人里籍不详。

陈氏联姻对象可考者来自三地:郓州须城、临江军新喻、婺州金华。前文已经述及,刘邠叔父、兄刘敞皆曾定居或置田产于苏州、常州附近,⑦与陈氏的联姻可能与此有关。

自楚丘迁入苏州的边珣,娶陆氏,系山阴陆氏之女。⑧边珣之妹嫁给山阴人陆珪为妻。⑨边珣有两子,边裕、边祁,婚姻情况不详。边珣有三女,其

---

① 范成大:《吴郡志》卷一七《桥梁》。
② 郝玉麟:《福建通志》卷三三《选举》。
③ 刘攽:《故朝奉大夫权知陕州军府事陈君墓志铭》,《永乐大典》卷三一四五,第1881页。
④ 苏颂:《苏魏公集》卷五四《秘书丞赠太师刘公神道碑》。
⑤ 陆心源:《元祐党人传》卷四。
⑥ 吕祖谦:《东莱集》卷一二《金华时君德辅墓志铭》。
⑦ 刘敞:《公是集》卷三六《伯父宝文阁记》。
⑧ 陆佃:《陶山集》卷一四《通直郎边公墓志铭》。
⑨ 苏颂:《苏魏公集》卷五九《国子博士陆公墓志铭》。

中两人分别嫁给朝散大夫黄裳、奉议郎陆传。黄裳,福建南剑州人,元丰五年状元,累迁端明殿学士。①陆传,山阴人,是陆珪三子。前述边氏还与迁居苏州的张氏家族联姻。边珣有孙男四人:边知微、边知章、边知白、边知常,四人婚姻情况不详。

（2）润州

迁入润州的有刁衍、陈升之、苏颂等家族。

陈升之家族自福建迁至润州,其子陈阅、陈闳,孙陈憬婚姻皆无考。陈升之两传而绝,以侄儿陈豫子嗣为后。②陈豫先娶徐氏,系徐奕之孙,朝散郎徐师甫之女;继室冯氏,左通奉大夫充徽猷阁待制冯躬厚之妹。③徐氏出身何地不可考。冯躬厚为福建剑浦人,权相蔡京外甥。④陈豫四子:陈机、陈模、陈桴、陈桶,婚姻情况不详。长女嫁武学生翁寰,次嫁朝奉郎、知南雄州黄达如,次嫁朝奉郎、宗子学博士李弼,次嫁朝奉郎朱械。黄达如为建阳人。⑤朱械为扬州天长县人,绍兴八年(1138)进士,父朱英,元丰年间进士,⑥曾祖朱寿昌以孝闻名。⑦

陈氏第四代陈嘉言,娶京西运判直秘阁姚邵次女。⑧姚邵不详是何地人,有同辈与丹阳大族诸葛氏结亲。⑨

陈氏家族第五代,有陈岩、陈岐、陈訚、陈岍、陈峰、⑩陈屾、陈崹、陈崵、陈应午、陈岎、陈景周。⑪陈屾娶丹徒大族孙大成之女,孙氏父祖三代皆以儒学闻名。⑫陈氏第六代,有陈箟、陈箕、陈节,婚姻情况不详。陈升之家族

① 陆心源:《宋史翼》卷二六《黄裳》。
② 杜大珪编:《名臣碑传琬琰集》下集卷一五《陈成肃公升之传》。
③ 孙觌:《鸿庆居士集》卷三五《宋故右中奉大夫致仕赠少师陈公神道碑》。
④ 章定:《名贤氏族言行类稿》卷六〇《冯躬厚》。
⑤ 夏玉麟:《嘉靖建宁府志》卷一三《科举》。
⑥ 邵时敏:《嘉靖天长县志》卷四《科举》。
⑦ 王称:《东都事略》卷一一七《朱寿昌传》。
⑧ 刘宰:《漫塘集》卷三三《陈府君行述》。
⑨ 刘宰:《漫塘集》卷三一《故溧阳县尉陈修职墓志铭》。
⑩ 孙觌:《鸿庆居士集》卷三五《宋故右中奉大夫致仕赠少师陈公神道碑》。
⑪ 刘宰:《漫塘集》卷三三《陈府君行述》。
⑫ 刘宰:《漫塘集》卷三三《孙府君行述》。

的姻亲,可考者不多,以姻亲地域分布分析,第二代冯氏为福建人,第三代朱氏为扬州人,第四代诸葛氏为丹阳大族,第五代孙氏为丹徒大族。扬州与陈氏迁居的润州隔江相望,丹徒、丹阳是润州属县。陈氏的姻亲中居于迁居地者亦是重要部分。

苏颂葬其父苏绅于丹徒,家族遂迁居于此。苏颂是丹徒苏氏家族始迁祖。苏颂先娶凌氏,后娶辛氏。凌氏是余杭人凌景阳之女,凌景阳官至龙图阁直学士。① 凌景阳曾任三司勾当公事,苏绅曾任三司盐铁判官,可能是因此凌、苏两家有联姻之举。② 凌氏早逝,"贵公大族争欲继室,祖父悉谢之。向传范为南都留守,祖父在幕中,请妻尤迫。及纳币辛氏,辛外祖为驾部员外郎,略无声援,士论美之"。③ 辛氏为参知政事辛仲甫曾孙,其家族"先世著籍汾阳,自晋公以大臣谢事留京师,及薨,葬许州之长社,而子孙遂占数"。④ 苏颂之妹,长妹先适亳州司法参军、河南人吕昌绪,三年而寡,四年后嫁给张斯立。⑤ 吕昌绪是吕蒙正之孙。苏颂仲妹嫁给襄邑(今河南睢县)人宋拯。⑥ 苏颂及其诸妹,主要的姻亲对象多居于京畿一带。

苏颂有六子:苏熹、苏嘉、苏駉、苏诒、苏京、苏携。⑦ 苏京娶欧阳氏,为庐陵人欧阳修之孙、欧阳发之女。⑧ 苏熹先娶辛氏,即辛仲甫重孙,⑨又娶郓州人、职方员外郎郭源明之女。⑩ 苏诒娶福清人林希之女。⑪ 苏携初娶元氏,为杭州人太子少保元绛之孙,后娶晋江人、资政殿学士曾孝序之女,曾氏去世之后,又以其妹为继室。⑫ 前章已述林希家族自其父林概起迁居苏州。

---

① 凌迪知:《万姓统谱》卷五六。
② 苏颂:《苏魏公集》附录《魏公谭训》。
③ 苏颂:《苏魏公集》附录《魏公谭训》。
④ 苏颂:《苏魏公集》卷五八《职方郎中辛公墓志铭》。
⑤ 苏颂:《苏魏公集》卷六二《万寿县令张君夫人苏氏墓志铭》。
⑥ 苏颂:《苏魏公集》卷五六《寿州霍丘县主簿宋君墓志铭》。
⑦ 曾肇:《曲阜集》卷三《赠苏司空墓志铭》。
⑧ 张耒:《柯山集》卷四九《欧阳伯和墓志铭》。
⑨ 黄庭坚:《山谷外集》卷八《辛夫人墓志铭》。
⑩ 苏颂:《苏魏公集》卷五九《职方员外郎郭君墓志铭》。
⑪ 李焘:《续资治通鉴长编》卷四九六,哲宗元符元年三月戊辰,第 11802 页。
⑫ 汪藻:《浮溪集》卷二五《故徽猷阁待制致仕苏公墓志铭》。

曾孝序祖籍晋江,在任监泰州海盐仓之职后,定居泰州。① 欧阳修家族从庐州迁到颍昌,在此定居。

苏颂有三女,分别"适婿朝议大夫李孝鼎,婿朝散郎刘琯,襄州录事参军贾收"。② 刘琯不知籍贯何地。李孝鼎为李徽之子、参知政事李迪之孙。李迪其先赵郡人,后徙居濮州(河南濮阳)。③ 贾收,乌程人,有诗名,与苏轼交好。④ 苏氏第二代的姻亲,欧阳氏、辛氏、李氏、郭氏定居河南地区,元氏、曾氏、贾氏、林氏在两浙、江南东路一带。

苏氏第三代,至苏颂去世时,"孙男十九人,象先,奉议郎;处厚,承事郎;德舆、行冲、季辅皆承奉郎;长庆,余庆,公绰,彦伯,道孙,简求,陶孙,伯孙,朝孙,叔孙,文孙,镇孙,季孙,公孙,葛孙"。上述诸孙之名可能多为乳名,见于记载者还有苏师德、苏孟容,当是成年后改名,故未列入墓志铭中。

苏象先娶毕从古之女。⑤ 毕从古是河南人,祖居代州(今山西代县),其父毕士安真宗朝官至参知政事,迁居开封地区。⑥ 毕从古之子毕仲游、毕仲衍以文学知名,皆是北宋名臣。苏师德初娶欧阳氏,为欧阳修曾孙;继室方氏,朝请郎方元修之女。⑦ 方元修,桐庐人,政和年间监大观库,后通判浚州。⑧ 苏氏第三代有女十二人,"婿宣德郎李德严,知相州录事王琮,天平军节度推官朱邦彦,湖州武康尉王骙,明州定海主簿吕无忌,郊社斋郎曾恁"。⑨ 曾恁,南丰人,曾巩之孙。⑩ 其余五人事迹不详。

苏氏第四代,至苏颂去世时有男八人,但考其姓名,皆是"某孙"之类的乳名,姓名无法考实。唯有苏携之孙苏箴,苏师德之子苏玭、苏璪三人姓名

①　《宋史》卷四五三《曾孝序传》,第 13319 页。
②　邹浩:《道乡集》卷三九《故观文殿大学士苏公行状》。
③　张方平:《乐全集》卷三六《大宋故开府仪同三司太子太傅致仕赠司空侍中谥文定李公神道碑铭》。
④　谈钥:《嘉泰吴兴志》卷一七《贤贵事实》,宋元方志丛刊本。
⑤　苏颂:《苏魏公集》卷六二《寿昌太君陈氏墓志铭》,第 956 页。
⑥　毕仲游:《西台集》卷一六《丞相文简公行状》。
⑦　韩元吉:《南涧甲乙稿》卷二〇《故中散大夫致仕苏公墓志》。
⑧　凌迪知:《万姓统谱》卷四九。
⑨　曾肇:《曲阜集》卷三《赠苏司空墓志铭》。
⑩　施宿:《嘉泰会稽志》卷一九《杂纪》,宋元方志丛刊本。

可考。苏玭娶常氏,为南宋名臣常同之女。常同本为临邛人,后迁居至苏州,亦娶方元修之女,与苏师德为连襟。① 苏师德有四女,长女嫁给朝请大夫、直显谟阁吕正巳,次女嫁迪功郎舒康老。两人事迹不详。

苏氏第五代,男七人:苏渭、苏溱、苏温、苏汭、苏河、苏濂、苏湜、苏洞,②婚姻皆不详。一女嫁给进士徐邦杰,杭州人,淳熙五年(1178)进士。③

苏颂家族婚姻对象集中于河南、两浙地区,前者是北宋政治中心,后者是家族聚居地区。

北宋从两浙迁出的家族婚姻对象有何地域特征,以下加以考察。

谢绛家族自杭州迁到邓州(今河南南阳)。谢绛初娶夏侯氏,"济州巨野人,尚书驾部员外郎讳晟之子,翰林侍读学士、尚书户部侍郎谯公讳峤之孙,赠太子太师讳浦之曾孙"。④ 夏侯峤本为幽州人,高祖时迁到巨野,太宗朝考中进士,咸平年间曾任执政。⑤ 夏侯氏去世之后,谢绛继娶高氏,宣城人,其父高惠连官至兵部郎中。⑥

谢绛有四子,谢景初、谢景平、谢景回、谢景温。⑦ 谢景初娶胥氏,为翰林学士胥偃之女。⑧ 胥偃祖籍丹徒,曾任知开封,胥偃之妻即谢景初的姑母。⑨ 谢景平娶尹氏,为工部员外郎、河南人尹洙之女。⑩ 谢景温娶唐氏,为参知政事江陵人唐介之女。⑪ 谢景回年仅十九岁染疾卒,尚未娶妻。⑫ 谢绛有五女,长女嫁上虞县令王存。王存,丹阳人,庆历六年(1046)进士,累官户部尚书。⑬

---

① 汪应辰:《文定集》卷二〇《御史中丞常公墓志铭》。
② 陈振孙:《直斋书录解题》卷二〇。
③ 张淏:《宝庆会稽续志》卷六《进士》,宋元方志丛刊本。
④ 王安石:《临川先生文集》卷九九《仙源县太君夏侯氏墓碣》。
⑤ 《宋史》卷二九二《夏侯峤传》,第9758页。
⑥ 欧阳修:《欧阳修全集》卷三六《渤海县太君高氏墓碣》。
⑦ 欧阳修:《欧阳修全集》卷三六《渤海县太君高氏墓碣》载有四子,而谢绛墓志铭则载有三子,见王安石:《临川先生集》卷九〇《尚书兵部员外郎知制诰谢公行状》。
⑧ 范纯仁:《范忠宣集》卷一三《朝散大夫谢公墓志铭》。
⑨ 黄庭坚:《山谷外集》卷二二《湖州乌程县主簿胥君夫人谢氏墓志铭》。
⑩ 韩琦:《安阳集》卷四七《故崇信军节度副使检校尚书工部员外郎尹公墓表》。
⑪ 王珪:《华阳集》卷五七《正奉大夫行给事中参知政事赠礼部尚书谥质肃唐公墓志铭》。
⑫ 王安石:《临川先生文集》卷九八《谢景回墓志铭》。
⑬ 杜大珪编:《名臣碑传琬琰集》中集卷三〇《王学士存墓志铭》。

次女嫁给李处厚,前文已经述及,李处厚家族自福建迁居苏州,是苏州人。谢氏第二代姻亲,以河南、两浙地区为主。

谢景初有四子:谢忱,曾知海州怀仁县;谢愔,郓州长寿主簿;谢悰,蔡州汝阳主簿;谢悱,假承务郎,其父去世时尚无差遣。谢愔娶孙氏,为资政殿学士兼侍读孙永之女。孙永自祖父孙冲起迁居洛阳,为洛阳人。① 其他三人姻亲不详。谢景初有四女,长早夭,次女适湖州乌程主簿胥茂谌,三女嫁宣德郎黄庭坚。胥茂谌,丹阳人,是胥偃之孙、胥元衡之子,谢、胥两家世代结亲。② 黄庭坚是江西人,北宋著名文学家。谢景回、谢景平皆无子嗣。

谢氏第四代,谢元、谢曾、谢基,事迹、姻亲不详。

考察谢氏迁居以后的姻亲对象,居于河南地区者占主要部分。河南地区作为北宋的政治中心,是士大夫迁移的主要目的地。谢氏从杭州迁到河南邓州,亦是出于靠近政治中心的目的,因此姻亲对象主要以河南地区家族为主。谢氏家族姻亲集中的另一地区是两浙地区,世代联姻的胥氏、唐氏、王氏皆是两浙地区的家族。

自余杭迁出的陆氏家族,自龙图阁直学士右谏议大夫陆诜开始定居开封,陆氏遂为开封人。③ 陆诜最初与张氏结亲,张氏系邓国公张士逊之孙、户部尚书张友直之女。④ 张士逊祖居光化军,致仕后定居河南府,去世后葬于开封府登封县,张氏遂为开封人。⑤ 但张氏未出嫁而亡,张、陆两家联姻未成。陆诜后娶王氏,系太常少卿王田之女。王田为开封人,同知枢密院王博文之子,为开封大族。⑥

陆诜之子陆师闵娶范氏,系光禄卿、赠开府仪同三司范仲谟之女。范氏为秀州华亭人。⑦ 陆诜之女嫁给周敦颐,周敦颐为道州人,但自幼跟随舅父

---

① 苏颂:《苏魏公集》卷五二《资政殿学士通议大夫孙公神道碑》。
② 曾巩:《元丰类稿》卷四二《胥君墓志铭》。
③ 晁说之:《景迂生集》卷一九《承议郎陆公墓志铭》。
④ 胡宿:《文恭集》卷三八《宋故朝散大夫尚书工部郎中充天章阁待制兼集贤殿修撰知越州赠工部侍郎张公墓志铭》。
⑤ 宋祁:《景文集》卷五七《张文懿公士逊旧德之碑》。
⑥ 苏颂:《苏魏公集》卷五六《太常少卿王公墓志铭》。
⑦ 晁说之:《景迂生集》卷一九《文安县子硕人范氏墓志铭》。

郑向游宦各地。① 郑向为开封陈留人,累迁龙图阁直学士。陆氏第二代姻亲分别在两浙、开封一带。

陆师闵有四子:陆方彦、陆孚彦、陆惇彦、陆钦彦。陆惇彦娶荣氏,安武军节度推官荣存道之女。② 荣氏出身何地不详。陆师闵有四女,分别嫁给承议郎、监在京左藏库岑穰,奉议郎韩琥,朝请郎、权发遣兴化军府王杰,朝请郎晁咏之。岑穰为济州人,元符二年(1009)因与邹浩交好而被免官。③ 王杰、韩琥事迹不详。晁咏之,济州巨野人,为巨野大族,其父晁端彦、兄晁说之皆有文名,其姻亲皆是出于京东路,且岑穰、晁咏之彼此相熟,曾作诗唱和。④ 陆氏家族的姻亲,以长江以北地区居多,特别是第一代陆诜,姻家皆居于京畿,第二代亦有出自开封附近者,第三代可考姻亲则是在京东地区。

两浙区域内迁徙的家族,以蒋堂家族、滕甫家族为个案进行分析。

宜兴人蒋堂,致仕后定居苏州,遂为苏州人。蒋堂娶钱氏,事迹不详。蒋堂三子:蒋长源、蒋群玉、蒋长生。蒋长源娶李氏,出身何地不详。⑤ 蒋堂有四女,长"适刑部郎中知制诰邵必,次适都官员外郎王景芬,次早卒,次适处州青田县尉宋宽"。⑥ 邵必,祖籍河朔,后迁居丹阳,宝元元年(1038)考中进士。⑦ 王景芬,常州武进人,景祐年间进士。⑧ 宋宽里籍不详。

蒋氏第三代有蒋续、蒋彝两人。蒋续幼年丧父,由祖父蒋堂抚养长大,因此蒋堂去世时,他请求为之服斩衰之礼,朝廷以蒋堂有子,不合礼法而止,⑨其婚姻情况不详。蒋彝是蒋长源之子,娶梅氏,系朝散郎、秘阁校理梅灏之女。⑩

---

① 朱熹:《朱子语类》卷九四,《朱子全书》第 17 册,第 3152 页。而潘兴嗣《周茂叔墓志铭》载陆氏为职方郎中陆参之女,见吕祖谦《宋文鉴》第 2008 页,未知孰是。

② 晁说之:《景迁生集》卷一九《承议郎陆公墓志铭》。

③ 李焘:《续资治通鉴长编》卷五一八,哲宗元符二年十一月乙亥,第 12323 页。

④ 周必大:《二老堂诗话·陶渊明山海经诗》。

⑤ 程俱:《北山集》卷三十《朝散郎直秘阁赠徽猷阁待制蒋公墓志铭》。

⑥ 胡宿:《文恭集》卷三九《宋故朝散大夫尚书礼部侍郎致仕赠吏部侍郎蒋公神道碑》。

⑦ 俞希鲁:《至顺镇江志》卷一八《科举》。

⑧ 尹继善:《江南通志》卷一一九《选举志》。

⑨ 胡宿:《文恭集》卷三九《宋故朝散大夫尚书礼部侍郎致仕上柱国乐安县开国侯赠吏部侍郎蒋公神道碑》。

⑩ 程俱:《北山小集》卷三〇《朝散郎直秘阁赠徽猷阁待制蒋公墓志铭》。

梅灏是苏州人,熙宁六年(1073)考中进士。① 蒋氏第四代蒋嗣康、蒋嗣宗、蒋嗣昌事迹不详。

东阳人滕甫(字元发)迁居苏州,娶李晋卿之女。李晋卿为宋州楚丘人,系参知政事李昌龄之子。李昌龄之女嫁给名臣范仲淹、郑戬,家族势力雄厚。②

滕甫有三子:滕祜、滕祁、滕裕。滕祜曾任池州知州,建炎年间叛军张遇进攻池州,滕祜弃城而逃。③ 滕甫三子姻亲皆不详,又有五女,长女嫁给朝请郎、知楚州何洵直,次女、五女皆嫁秘书省正字王炳,三女嫁太学博士王涣之,四女嫁南京通判张恕。④ 何洵直,常州人,治平二年(1065)进士,⑤曾任太常博士,参与神宗朝修订礼制之事。⑥ 王涣之,常州人,登元丰二年(1079)进士第,元祐中入党籍,崇宁年间起复,知杭州,累官至中奉大夫、宝文阁直学士。⑦ 王涣之家族自其父王介起迁居于丹徒,王涣之、兄王汉之,皆葬于丹徒。⑧ 张恕,应天府宋城人,系北宋名臣张方平季子,与苏轼等名士交好,崇宁元年以直秘阁知苏州。

滕甫有六孙,但姓名、事迹皆不详。滕甫的曾孙女嫁给绩溪人汪三锡。其子汪晫为当地名士,教授乡里,门人私谥为"康范先生"。⑨

滕甫之妻李氏、婿张氏来自河南地区,另外两个女婿王氏、何氏皆是在两浙地区,且是距离迁居地苏州较近的常州、丹徒。

从上述北宋迁居官僚家族的姻亲对象的地域分布可以看出以下特征:

第一,迁居官僚家族重视与开封地区家族的姻亲联系。比如苏颂家族与李徽之家族、欧阳修家族联姻,滕甫与张方平家族、宋州李昌龄家族联姻,

---

① 范成大:《吴郡志》卷二八《进士题名》。
② 吴曾:《能改斋漫录》卷一八。
③ 《宋史》卷二四《高宗本纪一》,第450页。
④ 苏轼:《苏轼全集》卷八九《故龙图阁学士滕公墓志铭》。
⑤ 《宋会要辑稿·选举》四之二〇。
⑥ 李焘:《续资治通鉴长编》卷三〇二,神宗元丰二年二月辛亥,第7357页。
⑦ 程俱:《北山小集》卷三〇《宝文阁直学士中大夫致仕王公墓志铭》。
⑧ 程俱:《北山小集》卷三四《延康殿学士中大夫赠正奉大夫王公行状》。
⑨ 汪晫:《康范诗集》附录《行状》。

章粢与定居开封的王溥家族、和姓家族联姻,章惇与陈州人陈好谦联姻。说明开封地区聚集的政治、文化资源,对迁居的官僚家族有很强吸引力。通过姻亲关系与政治中心开封地区保持关系,应是家族选择姻亲时考虑的因素之一。

第二,姻亲中都有迁居地或附近的家族。迁居苏州的章粢、章惇家族都有与苏州及其邻近地区家族联姻的记载,比如章粢家族的姻亲有苏州的龚识家族、晋陵的孙觌家族。李余庆家族与迁居地联姻方面表现尤为明显。苏颂家族与两浙地区的林氏、贾氏联姻。迁出两浙地区的谢氏家族、陆氏家族,其姻亲中有定居开封、河南府的家族如欧阳修家族、尹洙家族、孙冲家族。在两浙地区内迁居的家族,也重视与迁居地家族的联姻,蒋堂家族与定居苏州的梅灏家族、定居丹徒的邵必家族联姻。滕甫与常州的何洵直家族、迁居丹徒的王涣之家族联姻。与迁居地家族联姻,是迁居官僚家族在当地扎根的手段之一。通过联姻方式,可以与当地的士大夫群体结成比较稳固的利益关系,为迁居官僚家族的发展奠定基础。而迁居官僚家族能够与迁居地家族成功建立姻亲关系,亦说明家族能够凭借官位融入当地社会。

第三,与迁出地区家族保持一定的联姻关系。迁出的家族,与迁出地家族保持联姻,是官僚家族姻亲关系的特点。章粢已迁出福建,仍与福建官僚何辟非联姻。章绛娶何辟非之女为妻。李余庆亦与祖居地福建士人潘衢结亲。陈升之从子娶剑浦人冯躬厚之女。苏颂之子苏携娶晋江人曾孝序之女。皆是自福建迁出官僚家族,与迁出地的家族进行联姻的事例。迁出两浙的谢绛家族与丹徒胥偃家族、江陵唐介家族联姻,陆诜家族与苏州范仲谟结亲,是迁出两浙的家族与两浙家族联姻的例子。与祖居地的家族联姻,可能是因家族迁出之后,家族在当地仍有各种利益,家族遂以联姻的方式,保持在祖居地的影响。

(二) 南宋迁徙官僚家族

南宋迁入两浙地区的官僚家族,多是因为战乱而自北方迁入的,亦有部分在南宋政局稳定后,自别路迁入。

首先考察孟氏家族。洺州孟氏,南渡时迁居苏州。孟氏始迁祖孟忠厚,为哲宗孟皇后之兄,封信安郡王。孟忠厚娶王氏,乃"故三司使盐铁判官、秘书阁校理、赠太师、中书令、兼尚书令、汉国公讳准之曾孙,故紫金光禄大夫、尚书左仆射、兼门下侍郎、岐国公、赠太师讳珪之孙,故左正议大夫、显谟阁待制、赠特进、讳仲嶷之女"。王氏祖居华阳,王氏之父王仲嶷葬于苏州,王氏遂为苏州人。①

孟忠厚有三子:孟克、孟当、孟雍。孟当后改名为孟嵩,娶仲氏。仲氏扬州人,"曾祖迪功郎彦明,祖赠正奉大夫将之,父曰并,字弥性,左朝请大夫、淮东安抚司参议官,有俊名绍兴中"。② 孟雍娶陈氏,新蔡人,南渡后定居袁州宜春。陈氏的父亲陈公璟,官宣德郎,任官未久,即请祠归乡。③ 孟忠厚一女嫁给扬州高邮人吴棫。吴棫精通音韵、考异,为当时名士。

孟嵩有五子:孟夔、孟曾、孟猷、孟导、孟翔。孟夔、孟曾早卒,姻亲不详。④ 孟猷娶吕氏,出身、里籍不详。⑤ 孟导娶丁氏,出身亦无考。⑥ 孟嵩一女嫁朝奉郎、知真州李大理。李大理本为端州(今广东肇庆)人,其祖父李积中以直言获罪,入元祐党籍,编管江西,家族遂迁到江西。其兄李大性为南宋孝、光两朝名臣。⑦ 淳熙三年(1176)杨万里举荐李大理,称其"学问博洽,吏事通明"。⑧

孟嵩有孙五人:孟继勋、孟继华、孟继显、孟继勤、孟继勇。孟继显考中嘉定元年(1208)进士,任官不久就病故。⑨ 孟继勇曾任仁和县令。⑩ 五人

---

① 孙觌:《鸿庆居士集》卷四〇《秦国夫人王氏墓志铭》。
② 叶适:《叶适集》卷一三《孟氏夫人墓志铭》。
③ 杨万里:《诚斋集》卷一三二《西和陈使君墓志铭》。
④ 楼钥:《攻媿集》卷一〇八《直秘阁孟君墓志铭》。
⑤ 叶适:《叶适集》卷二二《故运副龙图侍郎孟公墓志铭》。
⑥ 叶适:《叶适集》卷二五《孟达甫墓志铭》。
⑦ 《宋史》卷三九五《李大性传》,第 12084 页。
⑧ 杨万里:《诚斋集》卷一一四《淳熙荐士录》。按李大理自端州四会(肇庆四会)迁江西,而清代所修《广东通志》卷三一载李大理为四会人,绍兴三年进士,《江西通志》卷五十载其为新建人,中乾道五年郑侨榜。笔者以为当以《江西通志》为是。
⑨ 叶适:《叶适集》卷二二《故运副龙图侍郎孟公墓志铭》。
⑩ 潜说友:《咸淳临安志》卷五一《县令》。

婚姻皆不详。

孟氏家族可考姻亲出自苏州、扬州、袁州、抚州五地,以江浙地区居多。

吴越钱氏后裔钱端礼,本定居开封,南渡后迁居宁海。钱端礼系枢密使钱惟演重孙。祖父钱景臻官至安武军节度使,娶仁宗之女明懿大长公主。父钱忱,潼川军节度使,娶余杭人唐介之女,封雍国公。① 钱端礼先娶李氏,为中奉大夫、显谟阁直学士李庄之女,赠文安郡夫人;再娶高氏,封郓国夫人。② 李庄绍兴三十二年(1162)以右中奉大夫、显谟阁直学士知明州。③ 秀州海盐人鲁詧与钱象祖有姻亲之好,④但详情不得而知。

钱端礼有一子,名当,婚姻事迹不详。钱端礼之孙钱象祖,以恩荫入仕,历任刑部郎中、知抚州,累迁工部侍郎、知临安府,由吏部侍郎同知枢密院,嘉定元年(1208)拜左丞相。钱端礼孙女四人,其一嫁给孝宗长子赵愭。孝宗即位时,赵愭除少保、永兴节度使,封邓王,乾道元年(1165)被立为太子,但三年后去世,年仅二十四岁,谥庄文。⑤ 其他三人分别嫁给修职郎、监行在车辂院吴修年,迪功郎、福州侯官县主簿王铎,承务郎、知常德府桃源县许轸。吴修年里籍不详,推测为温州人。⑥ 王铎,字子木,台州临海人,乾道八年(1172)进士,官终监行在药局。⑦ 许轸里籍不详。钱端礼曾孙三人:钱云、钱泽、钱应孙。钱应孙娶董氏,里籍不详。

钱端礼家族姻亲可考者两家,一为台州人,另一为宗室。

南渡后迁入明州的姜氏,始迁者为姜浩。姜浩祖居开封,其妻朱氏为钦宗朱皇后侄女,他以此荫补入官。迁居明州之后,姜浩将其妹嫁给汪大雅,与明州大族汪氏联姻。⑧ 从妹嫁给魏杞,魏杞中绍兴十二年(1142)进士,孝

---

① 陈耆卿:《嘉定赤城志》卷三四《仕进》。
② 楼钥:《攻媿集》卷九二《观文殿学士钱公行状》。
③ 罗浚:《宝庆四明志》卷一《郡守》。
④ 周必大:《周益国文忠公集》卷三四《直敷文阁致仕鲁公墓志铭》。
⑤ 《宋史》卷二四六《庄文太子传》,第8732页。
⑥ 温州人吴表臣有子名吴邵年、吴松年,吴修年可能为吴表臣之子。吴邵年登绍兴十八年进士第五甲七十名,其兄弟三人,吴修年可能为其弟,见《绍兴十八年同年小录》。
⑦ 陈耆卿:《嘉定赤城志》卷三三《进士》。
⑧ 楼钥:《攻媿集》卷一〇八《赠金紫光禄大夫姜公墓志铭》。

宗朝以宗正少卿为金朝通问使,以减岁币为士人称道,还朝迁参知政事、兼枢密院使。魏氏祖籍寿州寿春,南渡迁居到明州,遂为明州人。①

姜浩有六子:姜模、姜椷、姜朴、姜桐、姜柄、姜林。姜柄娶魏氏,"丞相文节公母弟、知宁国府泾县栬之女"。② 魏文节即魏杞,姜浩从妹嫁给魏杞为妻。③ 姜浩其他诸子婚姻不详。

姜浩有六女,"长适故朝奉大夫、知泰州司马俨,次适武节郎、新东南第四副将绍兴府驻扎董璆,次适奉议郎、知嘉兴府海盐县事史弥谨,次适国子进士楼溱,次适建昌军新城县主簿王深,一早亡"。④ 司马俨,夏县人,为北宋名臣司马光从曾孙,曾任婺州通判。⑤ 司马氏司马伋一支南渡后迁居会稽,当为司马俨兄弟辈,⑥司马俨亦可能迁居会稽一带。董璆里籍不详。史弥谨,明州人,史浩之侄,庆元五年(1199)进士。⑦ 楼溱应为明州楼氏,楼钥子侄辈。⑧ 王深里籍不详。

姜浩孙男十八人:姜炳、姜煜、姜煁、姜焕、姜光、姜燮、姜焯、姜爔、姜炜、姜煓、姜熠、姜煌、姜燔、姜焴、姜磷、姜煟、姜爁、姜炎,诸人姻亲关系不详。孙女九人,分别嫁"修武郎、新监湖州在城都酒务宋克明,太学生汪祥,进士陆构,迪功郎、辰州司户参军司马遂,奉议郎、知江州彭泽县事赵希蓁,迪功郎、新临安府仁和县主簿黄梦与,史挺之,承信郎、新监抚州户部赡军酒库王坚,迪功郎、新严州淳安县主簿赵希恼"。宋克明、陆构、汪祥、王坚里籍不详。司马遂系司马俨之子。⑨ 史挺之,明州人,为史弥高之子。⑩ 赵希蓁、赵希恼当为宗室。

---

① 罗浚:《宝庆四明志》卷九《先贤事迹下》。
② 楼钥:《攻媿集》卷一〇六《知钟离县姜君墓志铭》。
③ 楼钥:《攻媿集》卷一〇八《赠金紫光禄大夫姜公墓志铭》。
④ 楼钥:《攻媿集》卷一〇八《赠金紫光禄大夫姜公墓志铭》。
⑤ 孙应时:《烛湖集》卷十《司马氏七子字说》。
⑥ 陆游:《渭南文集》卷三九《孺人王氏墓表》。
⑦ 罗濬:《宝庆四明志》卷十《进士》。
⑧ 包伟民:《宋代明州楼氏家族研究》,文载《大陆杂志》第94卷第5期。
⑨ 孙应时:《烛湖集》卷十《司马氏七子字说》。司马俨七子:遂、道、述、遂、逢、近、迅。
⑩ 黄宽重:《宋史丛论》,第95页。

　　姜浩曾孙十八人:姜埏、姜垓、姜填、姜垕、姜垫、姜墅、姜埆、姜奎、姜坡、姜墊、姜增、姜堂、姜墅、姜基、姜墉、姜壁、姜至、姜坚,其姻亲不详。曾孙女二十人,其中可考者四人分别嫁进士何冲、朱中庸、顾大声,国子进士赵时古。赵时古应是宗室,余者里籍不详。

　　邛州临邛人常同,南渡迁居嘉兴。常同初娶滕氏,滕友之女。滕友,宋城人,坐上书入元祐党籍,其子滕康南渡时拥戴高宗,诏令、册文多出其手,滕友因此得赠太师。滕康娶常同之妹为妻。滕氏南渡后定居苏州。① 常同后娶方氏,系方元修之女。方元修,桐庐人,政和年间监察大观库,后通判浚州。②

　　常同有八子:常裕、常裡、常祎、常裖、常裨、常袜、常袄、常衿。常裖娶南宋名臣李纲之女。李纲祖居邵武,自父李夔起迁居秀州。③ 余子婚姻不详。常同两女,分别嫁给苏玭、方导。前文已经述及,常同与苏玭之父苏师德同娶方元修之女,为连襟。方导,是方元修之孙,敷文阁学士、通议大夫方滋之子,以恩荫入仕,官至淮南安抚司参议官。④ 苏、方两家皆是迁居苏州附近者。常同有孙男十人:叔孙、御孙、季孙、浚孙、昌孙、颗孙、盈孙、汉孙、诜孙、林孙,孙女四人,姻亲不详。常氏可考姻家皆定居在苏州一带。

　　简州人刘光祖,以外祖父贾晖遗泽入仕,乾道五年(1169)进士及第,累官殿中侍御史。刘光祖号称"铁面御史",为光宗及宰相赵汝愚赏识,⑤后定居德清。刘光祖初娶谢氏,谢氏里籍不详;再娶李氏,为成都人李大年之女。李大年以承议郎致仕,其子李嘉问、李嘉猷乾道二年(1162)同中进士。⑥ 邛州人魏了翁娶杜氏,杜氏之母与刘光祖之妻为姐妹。⑦

---

①　汪藻:《浮溪集》卷二六《滕子济墓志铭》。
②　凌迪知:《万姓统谱》卷四九。
③　李纲:《梁溪集》附录《行状》。
④　楼钥:《攻媿集》卷一〇六《参议方君墓志铭》。
⑤　《宋史》卷三九七《刘光祖传》,第 12397 页。
⑥　魏了翁:《鹤山先生大全文集》卷八一《承议郎通判叙州李君墓志铭》。
⑦　魏了翁:《鹤山先生大全文集》卷八一《永康通判杜君墓志铭》。

刘光祖有四子：刘端之、刘靖之、刘翊之、刘竑之，姻亲不详。女七人，可考者两人分别嫁给李南、谢汝能。李南，苏州人，绍熙元年（1170）进士。① 谢汝能，永嘉人，官至迪功郎。② 孙男五人：刘仲言、刘仲房、刘仲襄、刘仲文、刘仲益。刘光祖曾孙刘曾森，娶文氏，青神人杨栋外孙。③

自四川地区迁出的常、刘两家，都与两浙地区家族联姻。特别是常氏家族，姻亲可考者皆为定居两浙地区的家族。刘氏家族后世仍保持与四川地区家族联姻。

南宋人陆寘，祖居山阴，为山阴陆氏家族一支，其父陆佃官至尚书左丞。陆寘建炎年间迁居到明州。陆寘娶史氏，为明州史氏之女。④ 这可能是陆寘迁居明州的原因。

陆寘两子陆沅、陆洸有墓志铭传世。陆沅以恩荫得免解试礼部，为省元，娶卢氏，比陆沅长十二岁，但里籍不详。陆洸是陆寘第四子，以恩荫入仕，累官中奉大夫。陆洸娶林氏，系吏部侍郎林保之女。⑤ 林保是明州人，政和二年（1112）考中进士，累官至右中奉大夫。林保有七女，其中一女嫁陆流。陆流其名从水，可能亦是陆寘之子。⑥ 陆寘一女嫁给崇安人刘子翚。⑦ 刘子翚以恩荫入仕，通判兴化军，因父去世成疾，辞官归乡。⑧ 另一女嫁给明州人汪大定。汪氏是明州大族，其父汪思温官至太府少卿。其兄汪大猷，历任吏部郎中等职，官终敷文阁待制，赠少师。汪大定以恩荫入仕，官至朝请大夫、知江州。⑨

陆氏第三代，男子姓名可考者十人。陆沅六子：陆梓、陆格、陆之瑞、陆橦、陆檍、陆之祥。陆洸三子：陆桂、陆椿、陆棣。皆婚姻关系不详。另有名

① 范成大：《吴郡志》卷二八《进士题名》。
② 王十朋：《梅溪集》跋。
③ 黄仲元：《四如集》卷四《架阁通直刘公墓志铭》。
④ 陆游：《渭南文集》卷三四《陆郎中墓志铭》。
⑤ 陆游：《渭南文集》卷三五《奉直大夫陆公墓志铭》。
⑥ 周必大：《周益国文忠公集》卷六八《左中奉大夫敷文阁待制特进林公神道碑》。
⑦ 刘子翚：《屏山集》卷九《陆氏孺人墓表》。
⑧ 《宋史》卷四三四《刘子翚传》，第12871页。
⑨ 楼钥：《攻媿集》卷一〇三《知江州汪公墓志铭》。

陆森者,亦为陆宲之孙,娶汪大定之女。① 陆沆之女嫁文林郎、监淮东总领所籴场楼钧,以其姓名估计,当为四明楼氏,与楼钥同辈。② 陆洸长女嫁迪功郎、平江府司户参军詹骐,次女嫁从政郎、监楚州盐城县盐场耿开。③ 耿开绍熙年间曾任宁海县尉。詹骐里籍、事迹不详。④ 陆洸还有一女嫁史蒙卿。⑤ 史蒙卿系出四明史氏,父史宥之,累官湖北提刑,知常德府,祖史弥巩累官江东提刑。⑥

陆氏第四代姓名可考者有:陆炳、陆焕、陆炎、陆熺、陆爕、陆熨、陆焯、陆焯、陆燀、陆炜、陆燠,姻亲不详。陆洸孙女嫁文林郎、新监台州支盐仓宋安雅,里籍不详。

陆宲家族婚姻对象可考者主要集中于明州地区。陆氏与明州盛族史氏、楼氏世代联姻,林氏、汪氏也是明州大族。

南宋人潘宗回自处州迁居金华,娶叶氏,里籍不详。潘宗回之子潘好古,初娶孙氏,系左朝奉大夫孙凤之女。孙凤,元丰二年(1079)进士,其籍贯《嘉靖建宁府志》载为建宁人,⑦《光绪处州府志》载为处州丽水人,⑧未知孰是。再娶陈氏,系左奉议郎某之女,里籍不详。

潘宗回有孙男六人:潘景珪、潘景参、潘景宪、潘景愈、潘景泌、潘景良。潘景珪曾任知临安府,因结交权相汤思退受谏官弹劾。⑨ 潘景参曾任利州路转运司管勾帐司。⑩ 潘景愈曾追随吕祖谦学习。潘景泌事迹不详。潘景良娶吕祖谦之女。⑪ 潘景宪先娶邢氏,系故龙泉主簿邢邦直之女。吕祖谦

① 楼钥:《攻媿集》卷一〇三《知江州汪公墓志铭》。
② 陆游:《渭南文集》卷三四《陆郎中墓志铭》。黄宽重《宋代四明士族人际网络与社交文化活动——以楼氏家族为中心》所列楼氏世系,楼钥同辈兄弟名皆从金,载《宋史研究集》第 32 辑。
③ 陆游:《渭南文集》卷三五《奉直大夫陆公墓志铭》。
④ 陈耆卿:《嘉定赤城志》卷六《公廨》,宋元方志丛刊本。
⑤ 陈著:《本堂集》卷九二《江阴教授史君妻陆氏墓志铭》。
⑥ 《宋史》卷四二三《史弥巩传》,第 12637 页。
⑦ 夏玉麟:《嘉靖建宁府志》卷一五《科举》,天一阁明方志丛刊本。
⑧ 潘绍诒:《光绪处州府志》卷一六《科举》,中国地方志集成。
⑨ 李心传:《建炎以来系年要录》卷一八七,绍兴三十年十二月丙午,第 6138 页。
⑩ 赵师秀:《清苑斋诗集·送潘景参赴利州帐干》。
⑪ 吕祖俭:《东莱吕太史年谱》淳熙三年三月二十一日,第 233 页。

曾为邢邦用、邢邦杰作祭文,则邢邦直当为其兄弟。邢氏为青州人,绍兴年间迁居到临安。① 邢氏去世后,潘景宪娶朱氏为继室。朱氏系朱翌之女。② 朱翌,祖居舒州,政和八年(1118)进士,绍兴年间为中书舍人,秦桧以其不附己,贬韶州,后招还,定居明州。③

潘宗回有四女,长女先嫁右承奉郎、两浙东路安抚司主管机宜文字汤矼,再适右通直郎、新知太平州芜湖县苏诵;次适将仕郎赵善蔚;次适右迪功郎、新监行在太平惠民局王注。汤矼,处州青田人,系南宋初权相汤思退之长子,以恩荫入仕,历官右承务郎、承奉郎、监潭州南岳庙,主管台州崇道观。汤思退罢相之后,废居丽水,汤矼于是自婺州返乡照顾父亲,因此染疾病逝,时年二十三岁。④ 苏诵,系北宋名臣苏辙曾孙,右朝议大夫苏迟之孙,中散大夫苏简之子。苏迟建炎二年(1128)知婺州,卸任之后定居婺州。苏迟一支为婺州人。⑤ 赵善蔚系宗室,定居何地不详。王注,里籍不详。

潘宗回有孙男五人:潘自厚、潘自得、潘自觉、潘自晦、潘自牧。潘自牧修有《记纂渊海》,娶赵氏,系宗室女,其祖父赵不息,为太宗六世孙,绍兴二十七年(1157)考中进士,累官右监门卫大将军、惠州防御,赠开府仪同三司,封崇国公,葬于临安。⑥ 父赵善临,朝奉郎、知池州。⑦ 其他四人姻亲不详。

潘宗回有孙女七人,其婿姓名可考者三人:朱塾,徽州婺源人,为朱熹之长子,以恩荫入仕,绍熙二年去世,赠中散大夫。⑧ 另两婿苏彪、邢文郁,里籍不详。

潘宗回曾孙潘问学、潘问礼,事迹、姻亲不详。

潘氏迁居金华后,与当地吕氏、苏氏结亲,并因为与吕祖谦家族的关系,与朱熹结亲。潘氏与本地家族联姻的同时,姻亲中亦有居于临安的宗室、定

---

① 吕祖谦:《东莱集》卷八《祭邢邦用文》、《祭邢邦杰文》。
② 吕祖谦:《东莱集》卷一三《潘叔度妻朱氏墓志铭》。
③ 袁桷:《延祐四明志》卷四《朱翌》,第6198页。
④ 张孝祥:《于湖集》卷二九《汤伯达墓志》。
⑤ 金生杨:《眉山苏氏家族与学术》,文载《宋代四川家族与学术论集》,第162页。
⑥ 叶适:《叶适集》卷二六《故昭庆军承宣使知大宗正事赠开府仪同三司崇国赵公行状》。
⑦ 叶适:《叶适集》卷二四《夫人王氏墓志铭》。
⑧ 朱熹:《晦庵先生朱文公文集》卷九四《亡嗣子圹记》。

居于会稽的邢氏、明州的朱氏,与处州的汤思退家族联姻,则被时人视作交结权贵之举。① 说明潘氏迁居金华后,重视与本地家族和政治中心临安地区家族的姻亲关系。

丹阳人洪拟,南渡之后迁居台州。洪拟登绍圣四年(1094)进士,以徽猷阁直学士、左通议大夫致仕,谥文宪。② 洪拟娶邓氏,里籍不详。③

洪拟三子:洪光祖,娶王氏,里籍不详。④ 洪兴祖,初娶丁氏,系永嘉人丁志夫之长女。丁志夫绍圣元年(1091)进士,授台州宁海尉,后任司农寺丞,再除国子监丞,积官至朝请大夫。⑤ 洪兴祖再娶葛氏,中奉大夫葛师望之女。葛师望,江阴人,中绍圣四年(1097)进士,历知广德、吴县,积官至中奉大夫。⑥ 洪怀祖,娶盛氏,系余杭人盛圣之女,国子司业盛侨之孙。⑦ 盛侨卸任后定居苏州,盛氏遂为苏州人。⑧

洪拟之孙姓名可考有八人:洪藏、洪蘧、洪芹、洪谒、洪荟、洪艺、洪薰、洪蘩。洪蘩娶曾氏,系临川人、吉州教授曾发之女。⑨ 洪氏亦与明州楼氏联姻,楼钥之妹嫁给洪拟之孙,未知嫁给何人。⑩ 洪拟孙婿翁浩、钱起、曹耜。翁浩为苏州人,钱起为丹阳人,事迹不详。曹耜祖居真定,父曹勋,宣和六年(1124)赐同进士出身。靖康之变,曹勋和徽宗一起被掳往北方,他在途中逃脱,并到相州宣布徽宗令赵构入继大统,因此官至昭信军节度使。曹勋致仕后定居临海。⑪

洪拟曾孙姓名可考者有:洪伯景、洪仲杲、洪昭孙、洪叔旦、洪会孙、洪晧孙、洪曾孙、洪晚孙,事迹、姻亲皆不详。曾孙女六人,其一嫁给陈仲达,建州

---

① 李心传:《建炎以来系年要录》卷一八七,绍兴三十年十二月丙午。
② 不著撰人《京口耆旧传》卷四。
③ 程俱:《北山小集》卷二三《妻宜人封令人》。
④ 楼钥:《攻媿集》卷一〇一《洪子忱墓志铭》。
⑤ 许景衡:《横塘集》卷一九《丁大夫墓志铭》。
⑥ 葛胜仲:《丹阳集》卷一四《中奉大夫葛公墓志铭》。
⑦ 楼钥:《攻媿集》卷一〇〇《盛夫人墓志铭》。
⑧ 沈与求:《龟溪集》卷一二《朝请大夫盛公行状》。
⑨ 楼钥:《攻媿集》卷一〇一《洪子忱墓志铭》。
⑩ 楼钥:《攻媿集》卷一〇〇《盛夫人墓志铭》。
⑪ 楼钥:《攻媿集》卷一〇三《工部郎中曹公墓志铭》。

延平人,事迹不详。

洪拟家族姻亲可考者,定居台州的曹氏亦为迁居家族,与其联姻属于与当地家族联姻。盛氏、葛氏、翁氏、钱氏集中于苏州、常州一带。洪氏家族联姻对象集中于江南的中心地区。

南宋迁居官僚家族姻亲对象的地域特点是:

第一,官僚家族的姻亲对象,主要出自两浙地区。这一方面是北宋灭亡后,北方沦为敌境,家族与北方地区联姻没有可能;另一方面,两浙地区是江南地区的政治、经济中心,特别是杭州、苏州等地,对士大夫有强大的吸引力。

第二,南宋迁居官僚家族,其部分姻亲对象亦是迁徙官僚家族。如常同姻亲滕氏,是南渡时迁自宋城。姜浩家族的姻家司马氏,是南渡时迁到两浙的司马光后裔。潘宗回的姻亲苏氏,是眉山苏氏后裔,南渡时迁到金华;孙氏,可能是自福建地区迁到丽水;曹氏自真定迁居宁海。

第三,迁徙官僚家族普遍与迁居地家族联姻,显示家族已融入迁居地社会。

学者陈鹏认为:"亘中国婚姻史之全部,自天子以至士大夫,其婚姻之缔结,多属政治行为,稽其形态,约分为四,曰内政,曰外交,曰朋党,曰仕宦。"[1]官宦之家,互为婚姻,无非出于朋党、仕宦目的。魏晋以来的士族,以门第相高,其婚姻的标准是家族门第。虽然世家大族以郡望自表,姓氏皆与地名相连,如清河崔氏、赵郡李氏等等,但世家大族得以维持在当时社会的地位,依靠的是世代官宦和家学、礼法,其中隐含的是某个家族的血缘、身份等级。南朝侨居南方的士族,陈郡谢氏、琅琊王氏、兰陵萧氏,因为在侨居地重建家族的乡里基础,因此成为南朝北迁士族中,少数得以维持的世家大族,但是他们仍旧保持家族的婚姻范围,不轻易与南方土著联姻。[2] 东晋侨姓大族坚持"南北不婚"的门第观念,拒绝与南方吴姓士族通婚。南京出土

---

[1] 陈鹏:《中国婚姻史稿》,第30页。

[2] 中村圭尔:《关于南朝贵族地缘性的考察》,文载《南京晓庄学院学报》2005年第4期。

的东晋至刘宋的墓志铭 29 方,记载士族婚姻 70 桩,仅有 6 桩涉及南北士族通婚。① 侨姓大族谢、王之所以能够保持地位,不与吴姓大族通婚,就在于他们保持了自己宗族的乡里结构不变,能够在迁居地重建家族势力,使迁居地成为谢、王家族的势力范围。而普通侨姓庶族,没有宗族基础和文化优势,因此也缺少门第观念,与当地庶族通婚相当普遍,却无法与吴姓士族联姻。② 这是因为迁居者很难融入吴姓世家大族占据优势的地方社会,因而或者挟官位兼并田产、凝聚宗族,维持家族声望;或者为求自存,放弃门第之见,沦为庶族。

魏晋时期的世家大族,建立家族的乡里社会基础,大多需要长期的积累过程,才能形成所谓的"望",如"望族"、"姓望"等等,这都代表了地方社会对于某个家族地位的认可,进而服从这个家族的领导,形成以这个家族为中心的乡土社会。家族在地方社会上的政治、文化优势,保证了其在整合、动员社会力量方面,始终能够发挥作用。世家大族的形成是一个政治、文化资源在某个固定区域内不断积累、沉淀的过程。但是随着国家力量将地方资源纳入国家控制范围,世家大族无法依靠从前的方式维持,转而成为官僚家族,并普遍向政治中心地区迁居。他们因为任官而彻底脱离乡里,"地望系数百年之外,而身皆东西南北之人"。③ 世家大族得以维持门第婚姻的社会基础,已经被破坏。世家大族的封闭婚姻圈,到安史之乱前后,已经被打破。家族婚姻对象开始向两京地区的家族集中。④

正如本文分析家族迁居特征时所述,官僚家族的迁居地多与官员任职地区有关,官员能够很快与当地家族联姻,相信官位起到重要作用。这反映出官方力量对于宋代地方社会的支配作用,官僚家族因此能够融入迁居地。延至明代,政府规定,致仕官员必须回乡居住,⑤这就限制了官员迁徙到任官地以及与任官地家族联姻。清代则规定凡在职官员,都不能于现任处购

---

① 秦冬梅:《论北方士族与南方社会融合》,文载《北京师范大学学报》2003 年第 5 期。
② 李伯重:《东晋南朝江东文化的融合》,文载《历史研究》2005 年第 6 期。
③ 贾至:《议杨绾条奏贡举疏》,《全唐文》卷三六八。
④ 陈弱水:《从〈唐咺〉看唐代士族生活与心态的几个方面》,文载《新史学》第 10 卷第 2 期。
⑤ 吴宗国:《中国官僚政治制度研究》,第 441 页。

买田产,又规定:府、州、县亲民官,以及子孙弟侄家人,不得娶所部民妇为妻。官员致休、解退后,原则上必须回原籍居住,少数想留居任所,登录入籍者,若品衔不高的一般职官,要由该地方官报明督抚备案;如果是一二品大员,或品衔虽然不高,但是身份特殊者,必须上报朝廷,否则会受到相应处分。这造成官员婚姻对象主要集中于本乡本土的现象。①结合明、清两代严格的户籍编订制度和科举必由学校的规定,能够看出宋代正处于从贵族政治主导的社会向国家主导的平民社会过渡的特征。这个转变过程反映在婚姻对象方面,就是迁居家族能够很快与迁居地的其他土著、迁徙家族联姻,从而融入当地主流社会,而既非像魏晋时期被地方望族所排斥,亦不似明清时期国家以政令、制度防止官僚在任官地与当地家族联姻。

官僚家族的婚姻的地域特征说明,宋代社会正处于地域社会的形成过程中,地方精英自身的政治、经济、文化积累尚不能实现主导平民社会秩序的目的,因此官方力量在这一过程中,始终发挥主导作用。

第二节　家族婚姻的门第

由于传世资料的限制,分析迁居官僚家族的姻亲情况受到一些限制,无法充分反映家族姻亲的社会地位。因此本文选取官僚家族之婿进行统计,因为宋代墓志铭中,通常会记载家族之婿的官位、学衔,其内容相对充分,以此能反映出宋人择婿的某些特点,便于展开分析。

本文收集的迁居官僚家族之婿有 227 人,其中有官者(包括进士)210人,占官僚家族之婿的 92%。官员是官僚家族之婿的主体,反映出官僚家族选择姻亲时重视现实的仕宦状况,而不像魏晋时期的门阀贵族,以门第相高。如刁衍的孙婿胥偃以翰林学士知开封府(表 3 - 1)、苏颂的曾孙婿吕正己为显谟阁直学士(表 3 - 1);王遂之婿楼钥、潘時之婿史弥远(表 3 - 3),皆

---

① 郭松义:《伦理与生活——清代的婚姻关系》,第 159 页。

是南宋政坛的重要人物。

与门阀士族依靠门第就可以得到高官不同,宋代官员选拔主要依靠科举制度,是否科第出身,是官员能否致身显位的关键因素之一。因此重视与官员结为姻亲,必然重视姻亲对象是否以读书举业,学衔成为墓志铭中记载的女婿、孙婿们的信息的重要一项。

宋代科举考试,分为三个阶段,地方府州的发解试、礼部试、殿试。北宋雍熙二年(985)开始,考试政策调整,殿试阶段不再黜落士子。因此宋代依据科举考试形成了三种不同名称的士人:通过礼部试的进士、通过发解试的"贡士"或"乡贡进士"、未能通过解试的"士人"。除了进士之外,"乡贡进士"、"免解进士"、"贡士"皆不是正式学衔。①

获得进士出身的士人,通常被看作是前途远大之人,因此多成为官僚家族选婿的对象,出现所谓"榜下择婿"的情况。本文所列官僚家族之婿,有进士出身可考者50人,而实际进士出身者,可能更多。一些家族之婿进士出身者不止一人,刁衍家族之婿,进士出身者四人(表3-1),张昷之家族之婿进士出身者三人(表3-1),章粢家族之婿进士出身者三人(表3-1),黄子游家族之婿三人为进士(表3-2)。这反映出进士出身是家族择婿的重要标准。常州人钱观复,为吴越钱氏后裔,因其先祖有田在常州,因此定居这里。熙宁九年(1076)状元福建人徐铎,迁居常州。当时蔡京权倾一时,又与徐铎是同乡,因此为子求亲,徐铎认为"吾女当妻士人",遂拒绝蔡京,而选择当时刚自太学释褐的钱观复为婿。② 迁居苏州的楚丘人边友和,其女嫁给明州人袁燮。其时袁燮尚贫,生活困顿,边友和看重的是袁燮勤于读书,因此对其女说:"为汝择对,惟以嗜学。"③后袁燮中淳熙八年(1181)进士。

宋代是科举社会,平民子弟即使没有家族背景,也能通过考中进士,跻身社会上层。科举起家,是一个家族从寒素成为名族的关键。一个士人即使现在没有考中进士,毕竟存在考中的可能。与此相连,是否读书举业,就

① 龚延明、祖慧:《宋代科举概述》,见《宋登科记考》,江苏教育出版社2005年。
② 刘一止:《苕溪集》卷二三《安人徐氏墓志铭》。
③ 袁燮:《絜斋集》卷二一《夫人边氏圹志》。

是"士"与"庶"判别的主要标准,判别士族,由魏晋时期的门第,转变为是否接受过儒学教育。科举社会形成的这种新的士庶关系,深刻影响宋代士民的价值观念,反映在官僚家族择婿方面,就是以是否为士人作为选择无官平民为婿的重要标准。

本文所列家族之婿,有9人是通过地方发解考试,但尚未中进士者。宋代通过发解考试的士人,没有正式的学衔,也不能如明清的举人那样拥有任官的资格,亦无法直接获得参加下次礼部试的资格。而自福建迁出的李余庆,其墓志铭载其曾孙婿陈景杰为"乡贡进士",刘砥为"免解进士"(表3-1)。陈膏的墓志铭载其孙婿石桀、王垄皆是"乡贡进士"(表3-1)。郭琼的墓志铭说三个孙婿吴洵武、刘绘、陈稹皆是"乡贡进士"(表3-3)。迁居苏州的盛侨,其墓志铭载其两个孙婿,皆以"贡士"为头衔(表3-3)。"乡贡进士"、"贡士"之类的头衔,突显了此人曾经参加了地方发解考试。显然在时人看来,这些士人已经拥有一种身份,而这是无官士人们最值得夸耀的身份,因此被记录在墓志铭中。参加过科举考试,就拥有一种身份,这种身份反映出以科举为中心的社会评价标准已经建立。

无官、无进士出身,也没有参加发解试的家族之婿,在墓志铭中被称作"士人"。富严家族之婿五人,姓名无考,"皆为士人"(表3-1)。胡舜陟妹婿叶文仲、郑邦彦皆为士人(表3-3)。皮璨三个女婿曹经、宿拱之、张奎亦皆为士人(表3-3)。所谓士人,指的就是读书、应举的平民。宋代的司法中,判断某人是否为士的标准,是看其是否能作诗,①也就是是否接受过长期的儒学教育。如果自家之婿,没有任何官位、学衔值得一书,就称作"士人"或者"士族"。

官僚家族择婿从官员和进士,逐步扩展到无官、无出身的平民,特别是"贡士"、"乡贡进士"成为头衔被写入墓志铭,说明科举社会下,曾经参与进士考试的士人,即使没有获得出身,也拥有了一种身份。宋代通过解试的士

---

① 《名公书判清明集》卷一一《引试》,第402页。

人,甚至可以参与地方事务、担任摄官等等。① 这是科举社会形成新的士庶关系的反映。这种区别于贵族社会的士庶关系,依靠的是科举考试和国家官僚体系,庶民只要通过接受儒家经典的教育,参加科举考试,就能跻身"士"的行列,因此是开放性的。

科举社会形成的士人阶层,没有门第障碍,因此在印刷术推广应用和私人讲学的知识普及中迅速壮大。这样一个区别于没有知识的庶民的社会集团,之所以没有能够在宋代成为地方社会主导力量,源于两个方面的限制。首先,地方士人虽然数量逐步扩大,但是由于户籍管理松弛和游学风气,他们缺乏地域认同意识。特别是宋代官员致仕多不回乡,仅仅依靠未曾任官的士人,无法形成担负地方社会秩序维持职责的基层力量。第二,许多官员定居于任所,依靠任官期间积累的文化、经济资源,成为当地的社会领袖。这虽然有助于以他们为中心,聚集社会力量,建立地方秩序,但是这些官员并非本地出生,其新形成的家族可能与土著家族发生利益冲突,不利于形成本地区的利益认同感,因此无法形成具有一定规模的地方社会势力。

表3-1 北宋迁入两浙地区官僚家族之婿

姓 名	迁徙时间	迁出地	迁入地	婿
刁 衍	真宗朝	昭信军(治所在今江西赣县)	润州丹徒(今江苏镇江)	婿:屯田员外郎梁昱② 孙婿③:翰林学士、知开封府胥偃(进士),太子宾客李宥(进士),某官蔡仲卿,某官刘缅,某官施元长(进士),④某官孙锡(进士⑤)
陈升之	仁宗朝	建州建阳(今属福建)	润州丹徒	不详

① 李弘祺:《宋代的举人》,文载《国际宋史研讨会论文集》,第304页。
② 王安石:《临川先生文集》卷九三《虞部郎中刁君墓志铭》
③ 张方平:《乐全集》卷三九《朝请大夫守太子宾客陇西刁公墓志铭》。
④ 梁克家:《淳熙三山志》卷二五《秩官》。
⑤ 王安石:《临川先生文集》卷九七《宋尚书司封郎中孙公墓志铭》。

（续　表）

姓　名	迁徙时间	迁出地	迁入地	婿
张昷之	仁宗朝	扬州(今江苏扬州)	常州(今属江苏)	婿:京西提点刑狱宋任,广东路转运使、秘阁校理蔡抗(进士①),秘书郎田沆,著作佐郎蔡天球(进士②),新乡令石约,大理评事吕希哲③ 孙婿:进士方希纯,承奉郎吕切问,郊社斋郎崔颂④
陈　豫	英宗朝	建州建阳(今属福建)	润州丹徒	婿:武学生翁亶,朝奉郎、知南雄州黄达如,朝奉郎、宗子学博士李弼,朝奉郎朱械⑤(进士⑥) 曾孙婿:进士张持⑦
陈汝奭	仁宗朝	泉州晋江(今属福建)	润州丹徒	不详
富　严	仁宗朝	开封(今属河南)	苏州(今属江苏)	五孙女皆嫁士族⑧
陈　绛	仁宗朝	建州莆田(今属福建)	苏州	孙婿:某官林定,进士呼延发,某官梁宽⑨ 曾孙婿:北海簿杨符,右承事郎梁庭海,迪功郎彭焯⑩

① 张方平:《乐全集》卷四〇《赠尚书礼部侍郎蔡公墓志铭》。
② 刘挚:《忠肃集》卷一三《屯田员外郎蔡君墓志铭》。
③ 蔡襄:《端明集》卷四〇《光禄卿致仕张公墓志铭》。
④ 邹浩:《道乡集》卷三七《夫人严氏墓志铭》;卷四〇《故朝请郎张公行状》。
⑤ 孙觌:《鸿庆居士集》卷三五《宋故右中奉大夫致仕赠少师陈公神道碑》
⑥ 邵时敏:《嘉靖天长县志》卷四《科举》。
⑦ 刘宰:《漫塘集》卷三三《陈府君行述》。
⑧ 程俱:《北山小集》卷三一《宋故右迪功郎监潭州南岳庙富君墓志铭》。
⑨ 刘攽:《故朝奉大夫权知陕州军府事陈君墓志铭》,载《永乐大典》卷三一四五,第1881页。
⑩ 汪藻:《浮溪集》卷二七《赠左大中大夫致仕陈君墓志铭》。

（续　表）

姓　名	迁徙时间	迁　出　地	迁　入　地	婿
李余庆	英宗朝	福州（今福建福州）	平江（今江苏苏州）	孙婿:进士张延之,从仕郎、庐州舒城县尉陈温舒① 曾孙婿:乡贡进士陈景杰,免解进士刘砥② 重孙婿:承直郎叶棠,奉议郎、浙西常平司干办公事何处智(同上注)
陈　襄	神宗朝	福州侯官（今福建侯官）	常州宜兴（今江苏宜兴）	婿:苏州录事参军傅楫(治平四年进士③),宣德郎方蒙,承奉郎孙之敏④
米　芾	神宗朝	襄州襄阳（今湖北襄阳）	润州丹徒	不详
章　惇	仁宗朝	建州浦城（今福建浦城县）	苏州	妹婿:黄好谦,特奏名⑤ 孙婿:柳瑊,进士⑥
章　窦	仁宗朝	建州浦城（今福建浦城县）	苏州	婿:进士刘随 孙婿:右宣议郎、新秀州嘉兴县丞陈文尉,进士何显祖 曾孙婿:龚况⑦(进士⑧)

---

① 杨时:《龟山集》卷三一《李子约墓志铭》。
② 袁燮:《絜斋集》卷一六《李太淑人郑氏行状》。
③ 汪藻:《浮溪集》卷二六《朝请郎龙图阁待制知亳州赠少师傅公墓志铭》。
④ 陈襄:《古灵集》附录《先生行状》。
⑤ 王明清:《挥麈录》前录卷四载黄寔为章惇外甥,则章惇之妹嫁给黄寔之父黄好谦。黄寔两女皆嫁给苏轼。黄好谦,嘉祐二年特奏名,见《嘉靖建宁府志》卷一五。
⑥ 孙觌:《鸿庆居士集》卷三三《宋故左中奉大夫致仕柳公墓志铭》。
⑦ 龚明之:《中吴纪闻》卷五《章户部》
⑧ 龚明之:《中吴纪闻》卷五《起隐子》。

（续　表）

姓　名	迁徙时间	迁出地	迁入地	婚
苏　颂	仁宗朝	泉州同安（福建同安）	润州丹徒	婿:朝议大夫李孝鼎,朝散郎刘管,襄川录事参军贾收 孙婿:宣德郎李德严,知相州录事王琮,天平军节度推官朱邦彦,湖州武康尉王骥,明州定海主簿吕无忌,郊社斋郎曾恁① 曾孙婿:朝请大夫、直显谟阁吕正巳,迪功郎舒康老② 重孙婿:进士徐邦杰③
张　汸	仁宗朝	建州浦城（今福建浦城）	苏州	孙婿:著作佐郎褚理,陇西李士衮,太庙斋郎晁端复,④太常寺奉礼郎沈某,著作郎郭茂恂,试将作监主簿苏亨节,太庙斋郎卢道原⑤
徐　奭	仁宗朝	建州建安（今福建建瓯）	苏州	不详
林　概	英宗朝	福州福清（今福建福清）	平江	曾孙婿:武秦军节度使郑兴裔⑥
钱垂范	神宗朝	开封（今河南开封）	平江府毘陵（今江苏昆山）	孙婿:从政郎、江宁府溧阳县丞胡朝⑦
边　珣	神宗朝	应天楚丘（今河南滑县）	苏州	婿:朝散大夫梁黄裳（进士⑧）,奉议郎陆传⑨曾孙婿:袁燮（进士⑩

---

①　邹浩:《道乡集》卷三九《故观文殿大学士苏公行状》。
②　汪应辰:《文定集》卷二〇《御史中丞常公墓志铭》。
③　张淏:《宝庆会稽续志》卷六,第7160页。
④　沈辽:《云巢编》卷九《张司勋墓志铭》。
⑤　沈辽:《云巢编》卷一〇《宋太子中舍张传师墓志铭》。
⑥　周必大:《周益国文忠公集》卷七十《武秦军节度使赠太尉郑公神道碑》。
⑦　杨时:《龟山集》卷三三《钱忠定公墓志铭》。
⑧　陆心源:《宋史翼》卷二六《黄裳》。
⑨　陆佃:《陶山集》卷一四《通直郎边公墓志铭》。
⑩　袁燮:《絜斋集》卷二一《夫人边氏圹志》。

（续　表）

姓　名	迁徙时间	迁 出 地	迁 入 地	婿
俞康知	神宗朝	徽州(今安徽歙县)	润州丹徒	不详
章　甫	神宗朝	建州(福建建瓯)	平江府吴县(今江苏吴县)	婿:宣教郎、知舒州宿松县事孙实,朝散郎、直秘阁广东路提举常平等事王舜举,奉议郎、主管亳州明道宫吕弼中①
郑　穆	神宗朝	福州侯官(今福建侯官)	常州无锡(今江苏无锡)	婿:杨子令,张溥,左宣德郎林敷②
叶棐恭	神宗朝	南剑州(今福建南坪)	平江	孙婿:凤翔府麟游县令孙术③
蔡承禧	哲宗朝	抚州(江西抚州)	润州丹徒	婿:范世基,邹璠④
傅　楫	哲宗朝	兴化军仙游(今福建仙游)	常州宜兴	无女
黄　挺	哲宗朝	建州浦城(今福建浦城)	苏州	孙婿:从事郎胡总⑤
莫表深	哲宗朝	邵武军(今福建邵武)	常州	婿:宣教郎、知袭庆府邹县事朱岳,迪功郎、信州州学教授江文中⑥

① 杨时:《龟山集》卷三五《章端叔墓志铭》。
② 范祖禹:《范太史集》卷四三《宝文阁待制郑公穆墓志铭》。
③ 程俱:《北山小集》卷三〇《宋故朝议大夫新知秀州军州事叶公墓志铭》。
④ 苏颂:《苏魏公集》卷五六《承议郎集贤校理蔡公墓志铭》,第853页。
⑤ 沈与求:《龟溪集》卷一二《黄直阁墓志铭》。
⑥ 杨时:《龟山集》卷三三《莫中奉墓志铭》。

(续　表)

姓　名	迁徙时间	迁出地	迁入地	婿
蔡　旻	徽宗朝	兴化军仙游(今福建仙游)	常州武进(今江苏武进)	孙婿:武翼郎、知楚州辛坚之,从政郎、徽州黟县令祖嗣昌,通直郎、知明州奉化县向士迈,朝奉大夫、知潮州潘渊明,承议郎、主管台州崇道观张克成,进士刘澄① 曾孙婿:进士邹彦谦,儒林郎、监秦州角斜盐场孙敏问,朝散大夫、知信州张梭,承奉郎、监隆兴府籴纳食张元涣,文林郎、定江军节度推官胡鉴孙②
陈　膏	徽宗朝	兴化军莆田(今福建莆田)	明州(今浙江宁波)	孙婿:绍兴府乡贡进士石榘,王埜③
宋　靖	徽宗朝	徐州彭城(今江苏徐州)	常州	婿:太原府祈县令姜思谦④
王彦融	徽宗朝	江州(今江西九江)	金坛(今江苏金坛)	孙婿:文林郎、安庆府观察推官赵汝觊,承议郎、监行在榷货务都茶场许溪,迪功郎、嘉兴府海盐县主簿卫洵(进士)⑤ 曾孙婿:刘汝进⑥

---

①　周必大:《周益国文忠公集》卷六二《中大夫蔡公神道碑》。

②　杨万里:《诚斋集》卷一二九《太令人方氏墓志铭》。

③　楼钥:《攻愧集》卷八九《华文阁直学士奉政大夫致仕赠金紫光禄大夫陈公行状》。

④　邹浩:《道乡集》卷三六《宋子直墓志铭》。

⑤　刘宰:《漫塘集》卷三四《故吉州王使君夫人蔡氏行状》。

⑥　不著撰人《京口耆旧传》卷七《王遂传》。

表 3-2　南宋迁入两浙地区家族之婿

姓　名	迁徙时间	迁　出　地	迁　入　地	婿
姜　浩	建炎年间	开封(今河南开封)	明州(今浙江宁波)	婿:朝奉大夫、知泰州司马俨,武节郎、新东南第四副将绍兴府驻札董璆,奉议郎、知嘉兴府海盐县事史弥谨(进士①),国子进士楼潆,建昌军新城县主簿王深② 孙婿:迪功郎、新黄州黄冈县尉司马遂③
胡舜陟	建炎年间	绩溪(今安徽绩溪)	湖州(今浙江湖州)	妹婿:士人叶文仲,郑邦彦④
高本之	建炎年间	开封(今河南开封)	永嘉(今浙江温州)	孙婿:修职郎、建昌军教授包履常(进士⑤)⑥
孟忠厚	建炎年间	开封(今河南开封)	常州无锡(今江苏无锡)	婿:吴械 孙婿:朝奉郎、知真州李大理⑦
吕好问	建炎年间	开封(今河南开封)	婺州(今浙江金华)	不详
王　縡	建炎年间	开封浚仪(今河南开封)	明州(今浙江宁波)	不详
向　从	建炎年间	开封(今河南开封)	明州(今浙江宁波)	孙婿:王苍舒⑧

---

① 罗濬:《宝庆四明志》卷一〇《进士》。

② 楼钥:《攻媿集》卷一〇八《赠金紫光禄大夫姜公墓志铭》;卷一〇六《知钟离县姜君墓志铭》。

③ 楼钥:《攻媿集》卷一〇六《知钟离县姜君墓志铭》。

④ 汪藻:《朝散郎致仕胡君墓志铭》,载程敏政《新安文献志》卷九一。

⑤ 真德秀:《真文忠公集》卷四五《朝奉郎通判平江府事包君墓志铭》。

⑥ 叶适:《叶适集》卷一六《高夫人墓志铭》。

⑦ 楼钥:《攻媿集》卷一〇八《直秘阁孟君墓志铭》。

⑧ 楼钥:《攻媿集》卷一〇七《王夫人墓志铭》。

(续 表)

姓 名	迁徙时间	迁出地	迁入地	婿
巩庭芝	建炎年间	郓州(今山东东平)	婺州(今浙江金华)	曾孙婿:右监门卫大将军善輻,进士高槐,上饶知县张友常,山县县尉周维新①
柳珹	建炎年间	庐州(今安徽合肥)	衢州(今浙江衢州)	不详
常同	建炎年间	邛州(今四川邛崃)	秀州(今浙江嘉兴)	婿:吏部郎中苏玭,淮南安抚司参议官方导②
杨存中	建炎年间	代州(今山西代县)	临安(今浙江杭州)	婿:右宣教郎、直秘阁、通判湖州刘正平,左宣教通直郎、新浙东安抚司主管机宜文字孙俶杰,右从事郎、监行在文思院上界吴儇,右迪功郎、新太平州芜湖县尉赵汝勤,右承务郎、监潭州南岳庙周杞,将仕郎郭云③
陈思恭	建炎年间	熙州狄道(今甘肃临洮)	临安(今浙江杭州)	不详
麋错	建炎年间	海州朐山(今江苏连云港)	苏州	不详
钱端礼	建炎年间	开封(今河南开封)	台州临海	孙婿:孝宗长子赵愉,④修职郎、监行在车辂院吴修年,迪功郎、新福州侯官县主簿王铎,承务郎、知常德府桃源县许轸⑤

---

① 叶适:《叶适集》卷四八《巩仲至墓志铭》。

② 蔡戡:《文定集》卷二〇《御史中丞常公墓志铭》。

③ 孙觌:《鸿庆居士集》卷四一《杨国夫人赵氏墓表》。

④ 《宋史》卷二四六《庄文太子传》,第8732页。

⑤ 楼钥:《攻媿集》卷九二《观文殿学士钱公行状》。

姓　名	迁徙时间	迁出地	迁入地	婿
姜诜	绍兴年间	淄州长山(山东邹平)	台州临海	孙婿:知华亭县陈陶监杂卖场门赵汝鉴,签判南康军詹怀祖,①济南吕蒙②
曹勋	绍兴年间	开封(今河南开封)	天台(今浙江天台)	孙婿:洪拟之孙③
赵浚	绍兴年间	密州(今山东高密)	明州(今浙江宁波)	孙婿:迪功郎、前温州司法参军辛劝,修职郎、监嘉兴府澉浦镇税曾晏,承事郎、知滁州清流县魏岘④
贺允中	绍兴年间	蔡州(今河南汝南)	台州临海(今浙江临海)	婿:右朝请大夫、直秘阁朱商卿孙婿:进士林宪,谢宗经,韩桧⑤
曾几	绍兴年间	河南府(今河南洛阳)	越州山阴(今浙江绍兴)	婿:右朝散郎、知吉州吕大器孙婿:从事郎、衢州江山县丞李孟传,通直郎、新通判扬州军州事朱辂,宣义郎、新浙东提举常平司干办公事詹徽之,从政郎、新婺州金华县丞邢世材(进士⑥),宣教郎、干办行在诸军审计司叶子强,修职郎吕祖俭,文林郎、湖州长兴县丞丁松年,迪功郎、前明州慈溪县主簿王中行,迪功郎、监衢州比较务张震⑦

---

① 叶适:《叶适集》五二《朝奉大夫知惠州姜公墓志铭》。
② 叶适:《叶适集》卷一四《姜安礼墓志铭》。
③ 楼钥:《攻媿集》卷一〇三《工部郎中曹公墓志铭》。
④ 楼钥:《攻媿集》卷九八《龙图阁待制赵公神道碑》。
⑤ 韩元吉:《南涧甲乙稿》卷二〇《资政殿大学士左通议大夫致仕贺公墓志铭》。
⑥ 吕祖谦:《东莱集》卷八《邢邦用墓志铭》。
⑦ 陆游:《渭南文集》卷三二《曾文清公墓志铭》。

（续　表）

姓　名	迁徙时间	迁 出 地	迁 入 地	婿
黄子游	绍兴年间	陈州宛丘(今河南淮阳)	明州奉化(今浙江奉化)	婿:进士吴铎之,进士陈经① 孙婿:进士郑枢②
谢克家	绍兴年间	蔡州上蔡(今河南上蔡)	台州临海(今浙江临海)	不详
王　迷	绍兴年间	陈州宛丘(今河南淮阳)	明州余姚(浙江余姚)	妹婿:进士楼钥③
刘光祖	绍兴年间	简州(今四川简阳)	湖州德清(今浙江德清)	婿:华阳县主簿李南,进士谢汝能④
魏　杞	绍兴年间	寿州寿春(安徽寿县)	明州鄞县(今浙江宁波)	不详
林　仰	绍兴年间	福州长溪(今福建侯官)	台州临海	婿:迪功郎王旁⑤
崔敦诗*	孝宗朝	通州静海(今江苏南通)	常州常熟(江苏常熟)	不详
徐　定	孝宗朝	泉州晋江(今福建晋江)	永嘉(今浙江温州)	婿:进士陈度,迪功郎、徽州黟县尉张炳,进士万与权⑥ 孙婿:儒林郎赵希吉,从事郎郑俦⑦

———————

① 周必大:《周益国文忠公集》卷三三《朝请大夫致仕赐紫金鱼袋黄公子游墓志铭》。
② 楼钥:《攻媿集》卷一〇三《奉议郎黄君墓志铭》。
③ 楼钥:《攻媿集》卷九〇《国子司业王公行状》。
④ 真德秀:《真文忠公集》卷四三《刘阁学墓志铭》。
⑤ 刘一止:《苕溪集》卷五〇《通判安肃军林君墓志铭》。
⑥ 叶适:《叶适集》卷一四《徐德操墓志铭》。
⑦ 魏了翁:《鹤山先生大全文集》卷八六《大理少卿赠集英殿修撰徐公墓志铭》。

（续　表）

姓　名	迁徙时间	迁出地	迁入地	婿
陈宗召	孝宗朝	福州福清（今福建福清）	常州武康（今浙江武康）	不详
程大昌	宁宗朝	徽州（今安徽翕县）	湖州安吉	婿:承直郎、监行在文思院都门郑汝止,奉议郎、新知湖州武康县丁大声①

表 3-3　两浙地区内迁徙家族之婿

姓　名	迁徙时间	迁出地	迁入地	婿
蒋　堂	仁宗朝	常州宜兴（今江苏宜兴）	苏州	婿:刑部郎中、知制诰邵必（进士②）,都官员外郎王景芬（进士③）,处州青田县尉宋宽④
卢　革	仁宗朝	湖州德清（今浙江德清）	苏州	不详
滕　高	仁宗朝	婺州东阳（今浙江东阳）	苏州（今江苏苏州）	婿:朝请郎、知楚州何洵直（进士⑤）,秘书省正字王炳,太学博士王涣之（进士⑥）,南京通判张恕⑦
邹　某	仁宗朝	杭州钱塘（今浙江杭州）	常州（今江苏常州）	不详

---

① 周必大:《周益国文忠公集》卷六二《龙图阁学士宣奉大夫赠特进程公神道碑》。
② 俞希鲁:《至顺镇江志》卷一八《科举》。
③ 《江南通志》卷一一九《选举志》。
④ 胡宿:《文恭集》卷三九《宋故朝散大夫人赠吏部侍郎蒋公神道碑》。
⑤ 《宋会要辑稿·选举》二之一一。
⑥ 程俱:《北山小集》卷三〇《宝文阁直学士中大夫致仕赠正议大夫王公墓志铭》。
⑦ 苏轼:《苏轼全集》卷八九《故龙图阁学士滕公墓志铭》。

（续　表）

姓　名	迁徙时间	迁 出 地	迁 入 地	婿
葛　源	仁宗朝	处州（今浙江丽水）	润州丹徒（今江苏镇江）	不详
沈　播	神宗朝	苏州吴兴（今浙江吴兴）	镇江（今江苏镇江）	孙婿：朝奉郎、通判宿州事章仲山，奉议郎钱青箱，陈州观察推官熊侔，承务郎刘旦①
郭　璪	神宗朝	秀州海盐（今浙江海盐）	常州宜兴（今江苏宜兴）	婿：乡贡进士吴洵武，刘绘，陈稹，尚书吏部侍郎霍端友（进士②），上舍陆友端③
盛　侨	哲宗朝	严州建德（今浙江建德）	苏州（今江苏苏州）	孙婿：登仕郎朱德延，迪功郎钱均，贡士陈琦，贡士吴景信，太学博士钱圻，④洪光祖⑤
潘宗回	徽宗朝	处州松阳（今浙江丽水）	婺州（今浙江金华）	婿：右承奉郎、两浙东路安抚司主管机宜文字汤𬓗，右通直郎、新知太平州芜湖县苏诵，将仕郎赵善蔚，右迪功郎、新监行在太平惠民局王注⑥
卫　阒	徽宗朝	秀州嘉兴（今浙江嘉兴）	苏州昆山（今江苏昆山）	婿：右迪功郎、新差监真州在城都商税务孙伯彪⑦ 孙婿：承直郎、新差充两浙路转运司催促籴买官曾耆年，从政郎、前濠州州学教授周南，修职郎、扬州州学教授朱晞颜（进士⑧），进士顾复⑨

---

① 王安礼：《王魏公集》卷七《故朝奉郎权发遣秀州军州兼管内劝农事轻车都尉借紫沈公墓志铭》。
② 孙觌：《鸿庆居士集》卷四二《宋故通议大夫守吏部侍郎致仕赠宣奉大夫霍公行状》。
③ 程俱：《北山小集》卷三一《朝议大夫郭公宜人周氏墓志铭》。
④ 沈辽：《龟溪集》卷一二《盛公行状》。
⑤ 楼钥：《攻媿集》卷一〇〇《盛夫人墓志铭》。
⑥ 吕祖谦：《东莱集》卷一〇《朝散潘公墓志铭》。
⑦ 卫泾：《后乐集》卷一七《先祖考太师魏国公行状》。
⑧ 刘宰：《漫塘文集》卷二九《故湖州通判朱朝奉墓志铭》。
⑨ 卫泾：《后乐集》卷一八《先考太师鲁国公墓铭》。

（续　表）

姓　名	迁徙时间	迁出地	迁入地	婿
胡　峄	徽宗朝	婺州(今浙江金华)	平江(今江苏苏州)	婿:著作郎王苹(赐出身①),进士张句一②
陆　寘	建炎年间	越州山阴(浙江绍兴)	明州(今浙江宁波)	婿:通判兴化军刘子翚,③朝请大夫汪大定④ 孙婿:文林郎、监淮东总领所籴场楼钧,⑤迪功郎、平江府司户参军詹骐,从政郎、监楚州盐城县盐场耿开 曾孙婿:文林郎、新监台州支盐仓宋安雅⑥
蒋　猷	建炎年间	润州金坛(今江苏金坛)	明州(今浙江宁波)	婿:右从政郎龙游丞吴恢,右从事郎同安尉王悦⑦
潘　畤	绍兴年间	越州上虞(今浙江上虞)	婺州(今浙江金华)	婿:太常寺主簿史弥远(进士)⑧
洪　拟	绍兴年间	润州丹阳(今江苏镇江)	台州宁海(今浙江宁海)	孙婿:翁浩,钱起 曾孙婿:陈仲达⑨

① 王苹:《王著作集》卷五《墓志铭》。
② 陈长方:《唯室集》卷三〇《胡先生墓志铭》。
③ 刘子翚:《屏山集》卷九《陆氏孺人墓表》。
④ 楼钥:《攻媿集》卷一〇三《知江州汪公墓志铭》。
⑤ 陆游:《渭南文集》卷三四《陆郎中墓志铭》。
⑥ 陆游:《渭南文集》卷三五《奉直大夫陆公墓志铭》。
⑦ 汪藻:《浮溪集》卷二七《徽猷阁直学士左宣奉大夫致仕赠特进显谟阁直学士蒋公墓志铭》。
⑧ 朱熹:《晦庵朱文公文集》卷九四《直显谟阁潘公墓志铭》。
⑨ 楼钥:《攻媿集》卷一〇〇《盛夫人墓志铭》。

表3-4 两浙地区迁往别路家族之婿

姓　名	迁徙时间	迁　出　地	迁　入　地	婿
皮　璨	真宗朝	钱塘(今浙江杭州)	开封(今河南开封)	婿:曹经、宿拱之、张奎皆士人①
谢　绛	仁宗朝	杭州钱塘(今浙江杭州)	邓州(今河南南阳)	婿:上虞县令王存(进士②),大理寺丞李处厚③ 孙婿:湖州乌程主簿胥茂谌,宣德郎黄庭坚(进士④)
陆　诜	仁宗朝	杭州钱塘(今浙江杭州)	开封(今河南开封)	婿:周敦颐 孙婿:承议郎、监在京左藏库岑穰,奉议郎韩琥、朝请郎、权发遣兴化军府王杰,朝请郎晁咏之⑤
李用和	仁宗朝	钱塘(今浙江杭州)	开封(今河南开封)	不详
袁　毂	仁宗朝	明州(今浙江宁波)	祥符(今河南开封)南渡迁回	不详
管　鉴	孝宗朝	处州(今浙江丽水)	抚州(今江西抚州)	婿:忠翊郎赵彦逮,将仕郎吕浩,进士游仲钧,国学进士张椿,将仕郎赵崇僎⑥

---

① 尹洙:《河南集》卷一五《故宣德郎守大理寺丞累赠司封员外郎皮公墓志铭》。
② 杜大珪编:《名臣碑传琬琰集》中集卷三〇《王学士存墓志铭》。
③ 王安石:《临川先生文集》卷九〇《尚书兵部员外郎知制诰谢公行状》。
④ 黄庭坚:《山谷外集》卷八《黄氏二室墓志铭》。
⑤ 晁说之:《景迂生集》卷一九《文安县子硕人范氏墓志铭》。
⑥ 罗愿:《罗鄂州小集》卷四《宜人赵氏墓志铭》。

第四章　迁徙官僚家族与地方社会

　　血缘组织是古代社会最初的社会组织，以血缘关系联系的人们，聚居于某个特定地区，形成聚族而居的社会。由一个家族逐步扩展，逐步形成地方的土著势力。秦汉虽然以编户整顿乡里，但是家族作为地方社会基本组织的形态，并未遭到破坏。地方的豪门大族，既是朝廷高官，亦是乡党领袖。

　　东汉是家族势力凌驾于地方政府之上局面形成的重要时期。汉末清议兴起之后，地方大族品评人物，进而影响朝廷取士。是否得到乡里肯定，逐渐成为士人进入仕途的关键。① 延至魏晋，士族依托九品中正制度，把持选官权力。许多大族子弟幼年在地方接受家族教育，成年后多在本郡担任低级官吏，之后游宦京师，担任高官，致仕后返回乡里，为家族积累更多的政治、文化资本。

　　唐代以科举取士，取士权归于中央政府，州郡一级主持发解试，选拔士人。通过发解试的士人，并没有获得学衔和任官资格，身份与平民并无太大差异。这逐步消解了地方家族势力干预取士的能力。地方家族，特别是担任高官的家族，逐步向中央的两京地区集中，对地方事务缺少影响力；而地方势力也由于缺少充分的政治、文化积累，无法形成东汉、魏晋以来地方品鉴人物的局面，无法影响游宦各地的官员。官员与乡里的关系变得十分松散。

---

　　① 陈爽：《世家大族与北朝政治》，第51页。

官员与乡里的松散关系,导致地方势力面对以官方身份迁徙而来的家族缺少应对能力。迁徙家族不但能够轻易购买土地,干预地方事务,甚至取代本土家族,成为地方政治、文化的象征。前者是迁居官僚家族与地方社会的冲突,后者则是迁居官僚家族整合地方秩序的表现。

第一节　迁徙家族与地方的冲突

(一)　影占田产

前章已经述及,宋代官员于任官之地购置田产十分普遍,不少官僚家族因此迁出祖居之地,定居异乡。鱼米之乡苏州,"东南之才美,与四方之游宦者,视此邦之为乐也,稍稍卜居营葬,而子孙遂留不去者,不可以遽数也"。①迁居之后,官僚更依靠本身官位影占更多田产,对此有大臣痛陈其弊端。绍圣三年(1096)大臣上言:

> 官守乡邦,著令有禁,陛下待遇勋贤,优恤后裔,故其子孙宗族有除授本贯差遣,不以为嫌,示眷礼也。而迩来非勋贤之后,多任本贯及有产业州县官。其田舍连属,悉皆亲旧,而胥吏辈并缘为奸,民讼在庭,以曲为直。挠法营私,莫此为甚。乞除勋贤之后得旨令子孙任本州县官及曾任宰执外,余令自陈,对移一等差遣。愿罢者听。匿而不言或冒居者,必罚无贷。②

然而此建议显然未得采纳。政和三年(1113)利州路转运判官高景山上奏说:"臣窃见近时士大夫,至有今日解秩,而明日立券殖产者。膏腴之田,不素图之,安可即置?"③一些任官期间以父祖、亲戚之名购置的田产,不过

---

① 朱长文:《吴郡图经续记》卷上《物产》。
② 《宋会要辑稿·刑法》二之八四。
③ 《宋会要辑稿·刑法》一之二八。

是一些迁徙官僚家族在迁居地影占田产的开始。绍兴十五年(1145),自开封迁居潭州的向子忞,凭借官位强买潭州民田。① 而向氏自开封迁出后,曾定居于潭州。② 南宋绍兴二十七年(1157),臣僚就寄居官员于任官地购置田产上书:

> 往年四方士人用关防户贯应进士举,不可胜纪也。今其子孙假此,无所顾惮,乃于乡里守官,而铨曹未有法禁也。又有久远寄居它郡,丰殖财产,而户贯仍旧者。③

凭借官员身份,在任官地购置田产,进而定居,却不改换籍贯,反而差遣为迁居地官员,自然更能为家族兼并土地提供便利。淳熙九年(1182),吏部曾就寄居注官再作规定:

> 诏诸注官不厘务非,不注本贯州。(因父祖改用别州户贯者同,应注帅司、监司属官于置司州系于本贯者皆准此。)不系本贯而寄居及三年,或未及三年而有田产物力,虽非居住处,亦不注。宗室同。即本贯开封,惟不注本县。先是,吏部条具宗室寄居及庶官流寓州县不许注授差遣。上曰:"寄居不必及七十,有田产不必及三等。凡有田产及寄居州县,并不可注授差遣。可令敕令所参照旧法修立。"至是敕令所增修来上,故有是诏。④

其目的是要严格限制官员在寄居或有田处任官。这种兼并方式,必然与当地土著势力发生利益冲突。但是面对官僚,甚至是本地任职的官员,地方上无官之平民,只能任其宰割,侵夺田产。

---

① 《宋会要辑稿·职官》七○之二九。
② 王庭珪:《芦溪文集》卷四七《向公行状》。
③ 《宋会要辑稿·职官》八之二五。
④ 《宋会要辑稿·职官》八之四二。

　　除了兼并迁居地土地,官僚家族还以请立家族坟寺的方式,侵占附属民田,进而占据当地寺庙。

　　自东汉佛教传入后,中国的祖先崇拜与祭祀就很快与佛教结合,百姓开始于坟旁建寺,追荐祖先。佛教寺院开始具有祭祀祖先、寄托孝思的功能。[1] 所谓功德寺,是达官贵人崇奉其祖先灵位的寺院,而由皇帝敕赐匾额。因这类寺院置于坟所,守坟祀祖,故也称之为功德坟寺。[2] 从坟旁寺院逐渐发展成为专为崇奉祖先灵位、日常祭扫的功德寺。日本学者竺沙雅章曾作考证,认为中国古代于坟旁起寺起源虽早,但官员普遍修建坟寺、国家对官僚坟寺敕额形成制度当不早于宋代。宋时成书的《佛祖统纪》所载唐大历年间臣僚普建坟寺之事,仅为孤证,不足取信。[3] 黄敏枝则举出唐乾符六年(879)李浚、光启二年(886)刘汾两例官员修建坟寺事例,认为臣僚修建坟寺制度起于唐代无疑。[4]

　　宋代坟寺多以功德寺、功德院为名,也有称为香火院、香灯院、坟庵者,宋代臣僚修建坟寺,始见于天禧五年(1021)。是年,真宗赐已故太尉王旦坟侧僧寺与其子孙,赐额觉林禅寺,"近坟田租悉除之"。[5] 此后大臣家族坟寺,凡属朝廷敕额者,都享有寺产免除科敷的优待。一些田产只要是系名于寺院者,不限田亩皆免税役,如奉徽宗香火的湖州报恩光孝禅寺,"所赐田产并无限定数目,但系所赐之数并各依上件指挥放免"。[6]

　　嘉祐四年(1059)朝廷诏令具有亲王、长公主、现任中书、枢密院、入内内侍都知等身份的臣员、内臣,可以申请坟寺。[7] 随着请额大臣日多,官位限

---

　　① 常建华:《宗族志》,第 139—140 页。

　　② 关于宋代坟寺问题已有学者作深入讨论,主要有黄敏枝《宋代佛教社会经济史论集》(学生书局 1989 年)、竺沙雅章《中国佛教社会史研究》(同朋舍 1992 年)、汪圣铎《宋代功德寺观浅论》(《许昌师专学报》1992 年第 3 期)、宋三平《宋代的坟庵与封建家族》(《中国社会经济史研究》1995 年第 1 期)、常建华《宗族志》(上海人民出版社 1998 年)、刘淑芬《从家庙到功德坟寺——一个文化史的角度看唐宋变革》(未刊,于北京大学 2004 年"唐宋时期的社会秩序与社会流动"学术研讨会上宣读)。

　　③ 竺沙雅章:《中国佛教社会史研究》前编《宋代佛教社会史研究》,第 113 页。

　　④ 黄敏枝:《宋代的功德坟寺》,文载氏著《宋代佛教社会经济史论集》。

　　⑤ 李焘:《续资治通鉴长编》卷九七,真宗天禧五年二月甲子条,第 2242 页。

　　⑥ 陆心源:《吴兴金石记》卷九《报恩光孝禅寺赐田免税碑》。

　　⑦ 李焘:《续资治通鉴长编》卷一八九,仁宗嘉祐四年六月乙丑条,第 4567 页。

制逐步放宽,是否有资格被赐建坟寺与官员等级挂钩,因此它逐渐成为官员身份标志之一。北宋仁宗朝曾仿唐制下诏令大臣修建家庙,但大臣们反应平淡,唯有文彦博立庙。① 相对于对家庙态度的平淡,大臣们对于立坟寺倾注了更大的热情。北宋朝廷批准大臣的请求为坟寺赐额时,常强调余人不得援例。② 除了防止臣僚们指占寺院及其田产外,亦显示国家希望以坟寺来标志名门大族。崇宁四年(1105),徽宗下诏夺去被列为奸党的吕大防等十九名大臣所有坟寺,并改赐敕额为"寿宁禅院",别召僧居之。③ 从中亦能可以看出,赐额坟寺是当时大臣身份的一种体现。

大臣们对立家庙和立坟寺不同的态度,固然是由于唐宋以来祭祀风俗发生变化,佛寺逐渐取代家庙,成为宗族祭祀的主要场所,同时也是由于坟寺依靠僧人管理运作,有田产维持,即使家族衰败,家族祭祀仍可以依靠僧人保持长久,④较之家庙似乎更为稳定。

功德寺,也就是坟寺,顾名思义是于坟侧修建的寺院。中国传统安土重迁,一个家族所居之地即是其世代坟茔所在,以追荐冥福为主的功德寺当是亦立于此地。但自中唐以来,士大夫不断脱离原籍向长安、洛阳集中,士大夫的迁徙重心向中央集中,⑤士大夫的中央化趋势持续发展。宋代官员迁徙亦为常态,家族往往随官员定居他乡。随着家族成员葬于迁居地,遂于此地或建或指寺院为功德寺,招僧人看护家族坟墓,岁时祭扫。

真宗朝大臣吕夷简,本为寿州人,后迁居开封。宝元年间,他将祖、父之墓迁到开封附近的管城,并于坟侧建寺,赐额"荐福禅院"。南渡后,吕氏后裔吕大器一支迁居到婺州武义,以武义明招山为葬地,请求以武义惠安院为坟寺。绍兴三十一年(1161),吕氏向朝廷请求赐额,改"惠安院"为"元净惠安院"。⑥

① 《宋会要辑稿·礼》一二之一。
② 李焘:《续资治通鉴长编》卷二八六,熙宁十年十二月戊子,第6998页;卷二九四,元丰元年十一月乙亥,第7164页。
③ 顾吉辰点校:《续资治通鉴长编拾补》卷二四,崇宁四年七月甲寅条,第844页。
④ 常建华:《宗族志》,第114页。
⑤ 毛汉光:《中国中古社会史论集》第八篇《从士族籍贯迁徙看唐代士族的中央化》,第329页。
⑥ 王柏:《鲁斋集》卷一一《跋赐额代明招作》。

南宋武义的吕氏家族,多葬于惠安院附近。①

仁宗朝大臣王曾,本为青州益都人,葬于新郑县,②其兄建寺于坟侧,赐额"崇梵院"。③ 绍兴年间曾为参知政事的李光,本为上虞人,后迁居余姚,以余姚姜山净宁院为功德寺,赐额"静凝教忠寺"。④

颍昌人曹勋,宣和间赐同进士出身,官至昭信军节度使,南渡后定居天台。绍兴初年,曹勋生母丘氏去世,安葬于临海。乾道年间,他上书朝廷请求以本县显名寺为功德院获允,显名寺遂为"显恩寺",为曹氏坟寺。⑤ 开封人徐大兴,迁居衢州,葬其父遗骸于常山,以常山护国寺为家族坟寺。⑥ 南阳人邓道先乾道年间任官南陵县,爱其山水,遂定居于南陵,后为其夫人章氏兴建坟庵,命名为"石龙庵"。⑦

晋江人曾公亮任官后居于开封,葬地亦在开封,⑧家族遂定居这里。曾公亮曾孙曾怀后寓居常熟。淳熙三年(1176),时任尚书右丞相的曾怀请以常熟维摩禅寺为家族功德寺,赐额"显亲资福",⑨后曾怀亦葬于寺旁。

迁居台州的谢克家,以教忠崇报禅院为坟寺。⑩ 自开封迁至两浙的孟忠厚,以无锡为家族坟茔所在,以惠山普利寺求为家族坟寺,朝廷遂赐额"旌忠荐福"。⑪ 迁居台州的钱端礼,以台州瑞岩寺为家族坟寺。⑫

一些迁居家族因逝去亲族分于两地,遂有两处坟寺,由僧人照管家族坟茔。兴化军仙游人傅楫,迁居常州宜兴,崇宁年间葬于此地,朝廷遂赐善权山广教寺为傅氏坟寺。留居仙游的傅氏子孙,因不能远赴宜兴祭扫,建炎年

---

① 张营堞:《嘉庆武义县志》卷五《寺观》。

② 宋祁:《景文集》卷五八《文正王公墓志铭》。

③ 方履籛:《金石萃编补正》卷二《宋旌贤院牒》。

④ 杜春生:《越中金石志》卷六《李庄简家训碑》。

⑤ 曹勋:《松隐集》卷三一《显恩寺记》。

⑥ 王涣之:《南壁徐公襄愍公墓记》,载杨廷望《康熙衢州府志》卷二九。

⑦ 徐宜密:《民国南陵县志》卷四四《宋石龙庵记》。

⑧ 杜大珪编:《名臣碑传琬琰集》中集卷五二《曾太师公亮行状》。

⑨ 王鏊:《正德姑苏志》卷三〇《寺观》下,中国地方志集成。

⑩ 陈耆卿:《嘉定赤城志》卷二八《寺观》。

⑪ 孙觌:《鸿庆居士集》卷二一《慧山陆子泉亭记》。

⑫ 楼钥:《攻媿集》卷一〇一《瑞岩谷庵禅师塔铭》。

间遂于仙游县建福神道院为香火院,绍兴、淳祐年间傅氏家族又多次扩建,成为"四方水旱禳檜之地"。① 号为"中兴四将"之一的张俊,本贯成都绵竹人,绵竹有寺院号崇庆院,为张氏家族功德院。除此之外,临安府仁和县妙慈寺、②城外的安和寺等寺亦为张氏功德寺。③

亦有坟寺本身并无祭祀功能者,如北宋名臣富弼之孙富直柔,本贯洛阳,南渡后曾寓居福州,去世后葬于会稽县,④因其任职福州时喜爱其地山水,子孙遂请以福州双峰院为富直柔坟寺,赐额"崇因荐福",⑤该寺并无守护坟茔的功能。

从上述事例可以看出,宋代官僚、士大夫在迁居地区建立家族功德寺是较为普遍的做法,因此出现家族在祖居地和迁居地两处皆有功德寺的现象。离乡十余年后,杨时曾感念家族丘墓赖功德寺僧人日常照管得免"牛羊斧斤相寻其上"。⑥ 对于仕宦南北、不能回乡的士大夫们而言,家族坟旁的功德寺多少能慰藉他们对先人的孝思,缓解对远在故乡的坟茔的担忧。

迁居家族建立坟寺,既可以是兴建新的寺院,亦可以是指占已有寺院,对于地方社会及寺院而言其影响可能是发展与破坏并存。

一方面,一些迁徙家族在迁居地建立家族坟寺,新建或修复佛教寺院,而且坟寺可以定期度僧,使迁居地的佛教势力得以恢复或发展。

南宋乾道年间,邓道先为其妻在南陵修功德寺。这里本无寺院,邓道先不但出资兴建,而且为了使寺院能够一直维持,招集的僧人能长久留居,"以为食不足不足以留,又遗百亩之田以食其僧,田不耕则谷物不收,又遗二牛"。⑦ 常州永庆禅院本为始建于隋的寺院,但历经靖康变乱,兵火之余,僧舍毁去十之七八,昔日庄严殿堂,尽为草莽。张氏在将其请为功德寺后,出

---

① 王迈:《臞轩集》卷五《仙游县傅氏金石山福神道院记》。
② 沈朝宣:《嘉靖仁和县志》卷一二《寺观》。
③ 潜说友:《咸淳临安志》卷八二《寺观》。
④ 施宿:《嘉泰会稽志》卷六《冢墓》。
⑤ 梁克家:《淳熙三山志》卷三四《寺观》。
⑥ 杨时:《龟山集》卷二四《资圣院记》。
⑦ 徐宜密:《民国南陵县志》卷四四《宋石龙庵记》。

资修缮佛堂,重塑金身,召集僧人,经历十多年的扩建,使永庆禅院得以恢复旧貌。①

　　另一方面,迁徙家族建立坟寺的活动对地方旧有宗教秩序产生冲击。宋代规定,功德坟寺的田产不但优免科敷,甚至可以荫庇人户免除差役。这对官僚具有巨大的吸引力,这是宋代官僚遍建坟寺的重要原因,②这促使官僚往往指占已有敕额的寺院为功德坟寺,以此获得丰厚田产利益。大观四年(1110)五月十四日臣僚言:

　　　　《元丰令》:惟崇奉圣祖及祖宗神御陵寝寺观不输役钱,近者臣僚多因功德坟寺奏乞特免诸般差役,都省更不取旨,状彼直批放免,由是例奏乞不可胜数。或有旋置地土愿舍入寺,亦乞免纳。甚者至守坟人,虽系上中户,并乞故免,所免钱均敷于下户,最害法之大者。欲今后臣僚奏请坟寺不许特免役钱,仍不得以守坟人奏乞放免。③

　　对迁徙官僚家族而言,于迁居地建立坟寺,不但有僧人照管坟茔,更有免赋常住田产,是在异地建立家族基础的重要方面。官高权重者,指占一座田产丰厚的寺院为功德寺院,无异于多了一座田庄,④而且可以依托坟寺,以免赋役为饵招引下户,还可以影占更多的田产。

　　福建人章惇迁居苏州,元丰年间以长兴县孝感禅院为其母功德寺。⑤苏颂自泉州迁居丹徒,元祐中,以因胜报亲禅院为家族坟寺。⑥ 林概自福建迁居苏州,其子林希官至知枢密院事。绍圣四年(1098),林希请求以苏州智显寺为功德寺,得到朝廷批准。⑦ 自福建迁居丹徒的陈升之家族,

① 孙觌:《鸿庆居士集》卷二二《常州永庆禅院兴造记》。
② 竺沙雅章:《中国佛教社会史研究》前编《宋代佛教社会史研究》,第130页。
③ 《宋会要辑稿·食货》一四之一五。
④ 黄敏枝:《宋代的功德坟寺》,第250页。
⑤ 谈钥:《嘉泰吴兴志》卷一三《杂志》。
⑥ 卢宪:《嘉定镇江志》卷八《僧寺》。
⑦ 陆友仁:《吴中旧事》。

在丹徒亦占寺为功德院。陈升之族子崇宁年间以丹徒显恩寺为陈升之
坟寺。① 滁州人张璪,其祖父张洎太宗朝官至参知政事,去世后葬于江宁府
摄山。元祐八年(1093),时任扬州知州的张璪请求:"乞将江宁府摄山栖霞
寺充先臣坟寺,乞以严因崇福禅院为额。"②靖康之变,许多官员自北方迁入
南方地区,他们凭借官位,亦得以指占迁居地寺院为家族坟寺,如曹勋、曾怀
皆是。一些迁居官僚家族以此占据丰厚产业,进而役使坟寺僧人。淳祐十
年(1250)臣僚上书,直指勋贵侵占寺产危害地方:

> 国家优礼元勋大臣近贵戚里,听陈乞守坟寺额,盖谓自造屋宇,自
> 置田产,欲以资荐祖、父,因与之额。故大观降旨,不许近臣指射有额寺
> 院充守坟功德,及绍兴新书,不许指射有额寺院,著在令申。凡勋臣戚
> 里有功德院,止是赐额、蠲免科敷之类,听从本家请僧住持,初非以国家
> 有额寺院与之。迩年士夫一登政府,便萌规利,指射名刹,改充功德,侵
> 夺田产,如置一庄。子弟无状,多受庸僧财贿,用为住持,米盐薪炭,随
> 时供纳,以一寺养一家,其为污辱祖宗多矣! 况宰执之家,所在为多,若
> 人占数寺,则国家名刹所余无几。官中一有科需,则必均诸人户,岂不
> 重为民害。臣声欲望睿旨申严旧制,应指占敕额寺院,并与追正,仍从
> 官司请僧,庶以杜绝私家之通、寺院贿货之弊。③

绍兴十四年(1144),集英殿修撰、提举江州太平观黄龟年落职,押回本贯福
州居住。原因是在迁居明州后,黄龟年"交结郡邑,夺绮霞寺山以为葬地",
为人弹劾,故令其返回原户贯登记的福州。④

迁徙官僚家族指占有额寺院,除了侵占田产外,由于得以指定寺院主
持、干预寺院日常事务,对地方社会既有宗教秩序也产生不小冲击。

---

① 何世学:《万历丹徒县志》卷四《寺观》。
② 严观:《江宁金石记》卷三《栖霞寺牒》。
③ 《佛祖统纪》卷四八。
④ 《宋会要辑稿·职官》七〇之二八。

蔡州人贺允中,政和五年(1115)进士,绍兴二十九年(1159)任参知政事,不久即以资政殿学士致仕,定居于临海。隆兴元年(1163),贺允中上书尚书省,请求以临海县资福院为家族坟寺。其上书中称:"寺内不许人权殡安葬,及不许官员、诸色人影占,依例免州、县非时诸班科率、差使。"当年九月,尚书省下牒同意其请求,将该寺充贺允中家族坟寺,除坟寺所属官田三百九十亩,另有其他田产四百多亩,免纳役钱,并许资福院遇圣节剃度僧人。① 资福院原名兴化院,始建于吴赤乌二年(239),宋治平三年(1066)赐额"兴化院"。②

自贺允中资福院牒文中可以看出,宋代大臣得到赐额的坟寺,除可优免差役外,还禁止他人暂时寄放灵柩、安葬,当地官员不得影占寺庙田产,寺庙内外皆为某姓大臣私产,这无疑改变了这些寺院旧有的宗教功能。王柏在为吕氏家族坟寺作记时,文末写道:"旧有敕牒之碑,庆元戊午毁于火,敢不重刊,以侈圣朝报功之赐,以兴故国乔木之思。"③又如吕祖回迁居句容,乾道年间其家以当地崇福寺瑞象院为家族坟寺。并称当时的瑞象院是房倒屋塌,吕氏族人自行盖造屋宇。绍定六年(1233),为明确占寺于法有据,"虑恐外人不知事因,妄行骚扰陈乞",官府"给榜本家门首张挂"。④ 可见凡建坟寺之家,都将牒文或刻石立碑,或制成牌榜,立于寺外,既表明占寺合法,亦是以此防止有其他人图谋庙产。

岳飞去世后所请功德寺亦是例证。岳飞冤狱平反后,子孙为其请功德寺以奉香火。起初,岳氏请求以临安显明寺为其功德寺。虽然该寺是有额寺院,与大观三年都省札子"内外指射有额寺院充坟寺、功德院,自今并行禁止"条法有碍,但是因岳飞情况特殊,遂得以充为岳飞功德寺。但是不久后宗室、同知大宗正司赵士篯上书,指显明寺乃是仪王赵仲湜之功德院,岳氏指占后,仪王后裔皆不能去该寺作祭,而仪王功德院之所以以有额寺院为坟寺源于圣旨特例。⑤ 从岳氏指占显明寺事例可以看出,对于已经成为官僚

---

① 阮元:《两浙金石志》卷九《宋苍山资福寺敕牒碑》。
② 陈耆卿:《嘉定赤城志》卷二八《寺观》。
③ 王柏:《鲁斋集》卷一一《跋赐额代明招作》。
④ 《弘治句容县志》卷六《流寓》。
⑤ 岳珂:《鄂国金佗稡编续编》卷一五《赐褒忠衍福禅寺额敕》,第1350页。

家族坟寺的寺院,其他家族完全有可能将其转为自己家族的坟寺。程序上可能只是得到朝廷确认,别无异议即可,否则已为宗室功德院的显明寺,朝廷不会允许岳氏指为功德寺。而一旦转为别家功德寺,该寺院就成为其家私产,以至于像宗室赵士篯这样身份的官僚亦不能按时为其父作祭,普通士民就更加不可能在这些寺院内进行正常的宗教活动。前述被吕祖回家族所占的句容县瑞象院,是崇福寺十八院之一,崇福寺院乃是句容士民"祈福之都会",①但是其中的瑞象院、观音院皆为吕氏所占,后来成为吕氏祠堂。②

　　一些寺院即便没有被指为功德寺,却也可能因为寺额被功德寺占用而逐渐衰败。如秀州普济院,北宋大中祥符年间赐额,南宋时后寺额被移到华亭县卫肤敏家功德院,该寺就迅速衰败。③

　　官僚家族指占寺院为坟寺,干预选任主持、剃度僧人,侵夺寺院常住田产,而一旦官员家族败落,寺院也就随之颓败,僧众星散。寺院既转入私家,也就难免官宦借势侵夺田产。如苏州白云寺,北宋时被范仲淹指为坟寺。此后范氏族人不断侵夺寺院常住田产,将庙产转为自家田业,致使寺院日常支出都难以为继,该寺遂逐渐败落。④ 陈升之家族在丹徒的坟寺显恩寺,由于常住田产为陈氏子孙所夺,寺院终于废败。⑤ 缙云县黄龙山护法院,得山水之胜,本是缙云香火旺盛的大寺院。南宋时寺院所在地被划为势家豪门的葬地,护法院亦作为守坟寺院,禁止他人进入。随着此豪门日渐衰落,无力供给寺院日常费用,寺院的修缮被迫停止,屋宇日渐颓败。最终仍要当地乡民发愿捐助,才得以恢复旧貌。⑥

　　正如汪圣铎指出,功德寺在宋代广泛出现,体现了世俗政权对佛教管理的意图,建功德寺已经成为宋代官僚的特权。⑦ 迁居地佛教势力的起落,背

---

① 《弘治句容县志》卷一〇《崇福寺记》。
② 《弘治句容县志》卷六《流寓》。
③ 徐硕:《至元嘉禾志》卷一〇《寺观》。
④ 范仲淹:《范文正公集》附录《义庄规矩》。
⑤ 俞希鲁:《至顺镇江志》卷九《寺院》。
⑥ 何乃容:《光绪缙云县志》卷一二《重修黄龙山护法院记》。
⑦ 汪圣铎:《宋代功德寺观浅论》,《许昌师专学报》1992 年第 3 期。

后体现的是官僚家族势力对地方社会的支配,这在迁徙官僚家族在迁居地的发展表现得尤为突出。迁居家族没有经历过长期的经营,仅依靠家族成员的官位,就以功德寺为名在迁居地成为支配地方寺院的力量,不论是兴建寺院,还是指占已有寺院,都使坟寺具备了度僧、蠲免科敷等特权,这是普通寺院无法比拟的。若是寺院田产丰厚,更会引发官员指占的热情。有额寺院或可以援引法条以抗争,无额寺院则只能转为私家寺院,在各个方面受官僚家族支配,只能为私家供奉香火,寺院以往所具有的为大众禳灾祈福、祭祀先人的功能大大弱化。

(二)　干预地方施政

通常一个家族迁居之后,失去旧有乡里田产、人际关系网络,于异乡重建家族地位,面临诸多障碍。即使宋代地方土著势力尚不成熟,迁居家族亦需要一段时间方能融入地方环境。但是官僚家族因其官方身份而拥有在迁居地交通官员之能力,不但能为地方所接纳,甚至可以影响地方施政:

> 比年以来,士大夫寓居多以外邑为便,县官甫下车,则先诏问权要声援,往往循习谄媚,互相交结。其为权要声援者,因县官之见知,遂假此以恐吓齐民。或以私忿未决,债息未偿,辄将小民拘送县狱,县官方承奉之不暇,乃俾老胥猾吏,锻炼追考。有一人抵罪,或至一户荡产,甚者根连逮捕,以决权门之狱。虽其事可以立谈,判者亦必拘囚月余,如此被虐者若何而申诉?①

地方官员施政,屡屡受到寄居官僚干扰。寄居"寓公",凭借其官员身份,结交地方守令,一些地方官员往往要去谒见寄居官员,②而"寓公"又借重现任

---

① 《宋会要辑稿·刑法》五之四三至四四。
② 周必大:《益国文忠公集》卷七三《路钤倅寄居访及》。

地方官员之权,从而能横暴乡里,肆其私欲。

一些官员迁居之后,并不改易户籍,朝廷差遣之时,竟然得以任职本地。如仁宗朝大臣张次元家族自扬州迁居常州武进县,张氏家族未改户籍。嘉祐三年(1058),张次元以太常寺奉礼郎出知武进县。① 部分类似于张次元不改户籍的官员,得以直接控制迁居地政务,为害一方:

> 又有久远寄居它郡,丰殖财产,而户贯仍旧者。子孙遂敢于所寄居州县守官,而铨曹亦未有法禁也。使之就家供职,挟弄权势,逞其平日之私,若县令,若狱官,若仓官,其害尤甚。苟不惩革,则公私与受弊矣。望申饬有司,严立法禁。②

官员定居别地,却不改易户籍,反而借助户籍管理的漏洞,差遣到迁居地区任职,甚至担任知县、狱官等事关当地民生的重要官职,使迁居地成为官员横暴的场所。

部分迁居官僚,甚至能够以己意进退地方官员。南宋初年,秘书省校书郎陆俊被差遣知和州,他到任之后,率先核查户口,清括隐匿田产,以整顿当地民生。而在核对户籍时,与寓居官员发生冲突。寓居官员遂纠合部分士人,捏造罪状,向朝廷诬陷陆俊玩忽职守。陆俊因此罢职,以主管建宁府武夷山冲佑观退闲。③ 淳熙年间,昆山人卫藻出知处州丽水县,当地有不少官员寓居,不时干预地方政务,"寓公鼎贵,县有政辄掣其肘"。卫藻不得已,唯有"以静处之"。④ 黄榦在江西任职期间,亦因触及权贵利益,屡次受到寓居官员的干涉。当地地方官每月朔望,都要到寓公府上拜见。⑤

正如前文所述,寄居于任官地,或者于任官地区购置田产,是很多官僚

---

① 邹浩:《道乡集》卷四〇《故朝请郎张公行状》。
② 《宋会要辑稿·职官》八之二五。
③ 刘宰:《漫塘文集》卷二八《故知和州陆秘书墓志铭》。
④ 卫泾:《后乐集》卷十八《侄孙朝散大夫前知武冈军墓志铭》。
⑤ 黄榦:《勉斋集》卷五《与李敬子司直书》。

家族迁居的常见方式。寄居官僚与借户贯漏洞任职地方的官僚,借助官僚身份而做出的种种不法行为,破坏了国家治理地方社会的正常秩序。

迁居官僚家族对于地方政务的干预,以及其对地方社会的影响,甚至超过致仕回乡的土著官员。迁居官僚,特别是借户籍漏洞差遣为迁居地官员的,往往于当地有田产、园林等经济利益,任职当地后依凭官位,其聚敛、兼并可能更加肆无忌惮。相反,土著官员即使有产业在乡里,但因自幼生长于此,形成复杂的乡里、亲族关系,地方认同感亦会强于迁居官僚,行为总会虑及乡党利益而略微收敛。

就宋代官僚管理制度而言,制度虽禁止官员于本籍任官,但是具体措施层面对于官员是否于迁居地任官,缺乏有效的核查手段。太宗太平兴国二年(977),朝廷下诏,要求稽考应试者家状:

> 应文武京朝官委御史台取乡贯、年甲、出身、历任文状,如赴举时先于他州寄应者,亦明陈本贯,不得妄缪,足日以大策录进。今后除授者,亦续贡。其西川、广南、荆湖、江南、两浙人勿充本道知州、通判、转运使,并临莅公事。已差往者,具名以闻。①

诏令要求将官员个人任官材料送御史台备案,目的是为日常据此纠察百官是否回避本籍任职。而严格执行本贯回避任官,需要将官员应举时家状,与出仕后的脚色加以核对。但是每年参与科举的士人数量庞大,依靠名籍纠核,似乎难以施行。哲宗元祐三年(1088),礼部解释查验士人应举家状困难:"缘本贯州县即无勘验关防之法,礼部亦无诸科专籍。"②礼部并没有举子家状备案,因此即使御史台有官员填写"脚色",也无法与家状核对,核实官员是否改易户籍。官员是否改籍难以核查,也就无法对于官员于迁居地任官做有效防范,造成了迁居官僚能任职迁居地的局面。

---

① 《宋会要辑稿·职官》五九之四。
② 《宋会要辑稿·选举》三之五〇。

第二节　迁居官僚与地方秩序

迁徙官僚家族依靠自身官位可通过参与地方社会文化、公益活动,整合地方社会秩序。如朱江迁居苏州后,"尤喜宾客,客至则具杯酒,笑语从容,唯恐其去。里社燕集,必先至后归"。① 王逮迁居余姚,"春夏间倾困廪所有,下其直以粜,一邑米价赖之以平,乙酉大饥,为粥以食饿者,里人劝率全活甚众",②其子王中行,"喜交贤士大夫,议论人物,……余姚临大江,飞桥久坏,司业欲为而不果,君克承先志,发藏镪九千缗,复新之,往来其上如履坦途,遂为久长之利"。③ 曹勋迁居临海,"独好以余财为乡曲义事。为邑中建西桥,辇通途。谷贵则损其直,以平市价;雪寒则散所积,以赈贫民。死丧者助以棺敛,逆旅者济其空乏,野有暴骸为之焚瘗。建佑圣殿于松隐山,为一方祈福之地,水旱为沴,必斋戒躬祷,多获嘉应。自邑入郛,有三渡之险,为置大舟,以济不通,民户无扰,邑人德之"。④ 迁居官僚家族本身的地位、财势是他们得以于迁居地参与地方事务的基础。此外,任官迁徙地的官僚还依靠其力量影响地方祠神信仰,一些人成为推动地方信仰的主体。⑤

由于地方社会还缺乏明确的地域认同观念和由此产生的对迁居者较为强烈的排斥意识,迁居官僚家族能够成为地方秩序整合的领导者,进而列名于地方先贤祠堂,成为本地官宦、名士的代表。

(一)　地方会社

士人结社,是宋代官僚士大夫聚集的主要形式。两浙路是宋代士人结

---

① 蔡戡:《定斋集》卷一五《中大夫致仕朱公墓志铭》。
② 楼钥:《攻媿集》卷九〇《国子司业王公行状》。
③ 袁燮:《絜斋集》卷一九《朝奉郎王君墓志铭》。
④ 楼钥:《攻媿集》卷一〇三《工部郎中曹公墓志铭》。
⑤ 皮庆生:《宋代民众祠神信仰研究》,第211页。周扬波探讨了吕洞宾传说通过寓居湖州的四川官员推动流传的过程,见《"吕洞宾过沈东老"仙话考述》,浙江大学宋史青年学术研讨会2007年。

社颇为活跃的地区。退居地方的士大夫常以结社方式,达到联络情谊的目的,对于地方社会秩序产生重要影响。迁居官僚家族经常成为迁居地区士人会社的重要成员,与土著家族一起,影响地方社会。

耆老会是古代以致仕官员为主要成员的老年会社,唐代诗人白居易所创洛阳九老会,是后代耆老会的先声。宋代耆老会的参加者多为退休官员,年龄在七十以上,主盟者多曾在朝任高官,在地方社会具有一定影响力。退居官员以老年会社组织形式集结,定期聚会。或以诗词酬唱,或臧否人物,谈论时政。北宋中期以司马光为首的洛阳耆英会,虽然亦有耆老会的某些特征,但是这一团体本质上是一个政治集团,而非地方会社。两浙地区的会社北宋有苏州的九老会,南宋有明州地区的九老会、五老会等会社。① 黄宽重着重研究南宋明州耆老会,认为地方会社成员在交流中巩固、增进了彼此的情谊,进而引发共同的兴趣,凝聚集体的观念,他们讨论共同关心的乡里议题,以行动推动崇尚礼教的乡里活动,塑造了具有特色的四明文化。② 显然,黄氏认为致仕官员组成的耆老会,是凝聚地方意识,形成乡里社会秩序的重要力量。

乡里社会是一个地缘社会,也就是说,地域认同是形成乡里社会的基础。魏晋时期的世家大族,通过长期在地方社会上的积累,成为当地人所认可的表率,也就是"望族"。"望族",体现的是地方社会对某个家族地位的认可,其中包含了对其维护地方社会秩序的地位的认可。南宋人袁燮认为耆英会、九老会一类的耆老会社,其成员都是学识、操行为乡里表率之人,所谓"一邦之望"。③ "邦"与"望",体现的就是某个地区(邦),对特定人群的地位的认可(望),它是地域社会领导者的标志。因此"一邦之望"代表了地方社会秩序承担者的地位。魏晋时期的望族,经过长期积累,本身就是依靠

---

① 周扬波:《宋代士绅结社研究·绪论》;欧阳光:《宋元诗社研究丛稿》下编《宋元诗社丛考》。

② 黄宽重:《宋代四明士人人际网络与社会文化活动——以楼氏家族为中心的观察》,文载《宋史研究集》第三十二辑;《人际网络、社会文化活动与领袖地位的建立——以宋代明州汪氏家族为中心的观察》,文载《宋史研究集》第三十三辑。

③ 袁燮:《絜斋集》卷一八《刑部郎中薛公墓志铭》。

乡里社会的地域集团,子弟先于家族内接受教育,然后被荐举于本地担任地方官员,累积一定官声,再赴京师为官,致仕后又回到乡里,如此数代,才拥有"望族"称号。于本地世代定居、仕宦是家族表率一方的基础。但延至唐宋,乡里社会的"一邦之望",却并不一定是本地土生土长的士人,这是魏晋与唐宋地方社会势力状况的巨大差异所致。

两浙地区最早的耆老会,是庆历年间由都官员外郎徐祐在苏州创立的,参与者有太常少卿叶参等五人,大臣晏殊和杜衍都作诗与之唱和。杜衍表示以久居开封不得预其事为憾。①

徐祐,字受天,静海人(今江苏南通),"擢进士第,为吏以清白称,官至左司员外郎,以都官郎中致仕,庆历中屏居苏州,作山亭胥门外为登临之地,与叶参为九老会,卒年七十五"。② 叶参,祖籍乌程,咸平四年(1001)进士,以太常少卿致仕,"即日还姑苏,田数十丘,宅百亩,莳竹林,治果园菜畦,烹鸡炮羔,与比邻岁时相问遗往来"。③ 其子叶清臣,亦改籍苏州,去世后葬于苏州横山。④

庆历九老会的倡导者和参与者,姓名可考者皆是自外地迁入苏州。有意参加该社的杜衍,亦是迁出越州,定居于开封者。以徐祐、叶参为骨干的耆老会,似乎很少有苏州当地士人参与其中。

北宋两浙地区的另一著名耆老会是元丰四年(1081)由前任苏州郡守章岵在苏州发起的:

> 九老会,后更名耆英,又名真率,元丰间,章岵守郡,与郡之长老游从,各饮酒赋诗,时米黻礼部以杭州从事罢,经由,为作叙,叙诸老之德甚详。十老谓:太中大夫致仕上护军濮阳县开国子卢革仲新,年八十二;奉议郎致仕骑都尉赐绯鱼袋黄挺公操,年八十二;正议大夫充集贤

---

① 龚明之:《中吴纪闻》卷二《徐都官九老会》。
② 范成大:《吴郡志》卷二五《徐祐》。
③ 宋祁:《景文集》卷五九《故光禄卿叶公墓志铭》。
④ 王鏊:《正德姑苏志》卷三四《冢墓》。

殿修撰致仕上柱国广平郡开国侯程师孟公辟,年七十七;朝散大夫致仕上轻车都尉郑方平道卿,年七十三;朝议大夫致仕护军清丰县开国子赐紫金鱼袋间丘孝终公显,年七十三;中散大夫知苏州军州事河间县开国伯护军赐紫金鱼袋章岵伯望,年七十三;朝请大夫主管建州武夷山冲祐观赐紫金鱼袋徐九思公谨,年七十三;朝议大夫致仕上柱国彭城县开国子赐紫金鱼袋徐师闵圣徒,年七十二;承议郎致仕骑都尉赐绯鱼袋崇大年静之,年七十一;龙图阁直学士正议大夫提举杭州洞霄宫清河郡开国侯张诜枢言,年七十。人合七百四十六岁,十老各有诗,米芾序之。①

苏州耆老会加上退居苏州的元绛,共有十一人。元绛,祖居余杭,天圣二年(1024)进士,以殿试用韵之误,赐同进士出身,天圣八年(1030)再登进士第,历官江宁推官,累迁翰林学士,拜参知政事,以太子少保致仕。元绛致仕后,不返回余杭,而是居于苏州衮绣坊。② 章岵,字伯望,本为福建浦城人,宝元元年(1038)进士,元丰五年(1082)以朝议大夫知苏州,致仕后定居苏州。③ 卢革,湖州德清人,字仲辛,天禧三年(1019)进士,以通议大夫致仕,徙居苏州。因其曾任广南提点刑狱,其居所附近一座石桥,被郡人称作"提刑桥"。④ 黄挺,浦城人,以承议郎致仕,因子黄彦、黄颉任官被封赠为金紫光禄大夫,喜爱苏州山水,定居此地。⑤ 徐师闵,本亦为浦城人,其父徐奭"大中祥符五年进士第一释褐,为将作监丞,通判苏州,又为两浙转运副使,其在苏,水潦为沴,具区东南毁堤防,溺庐舍漂田畴不可胜计,奭为周视尽得旧迹,请于朝,市泾以北赤门之南筑土石堤九十里,起桥梁十有八,计费七十万,舟徒无垫溺之忧,堤上下复良田数千顷,苏人德之,入为翰林学士、权知开封府卒,故其家后居于苏"。徐师闵以左中大夫致仕。⑥ 张诜,祖居建州

---

① 范成大:《吴郡志》卷二《风俗》。
② 王安礼:《王魏公集》卷七《资政殿学士太子少保赠太子少师谥章简元公墓志铭》。
③ 王鏊:《正德姑苏志》卷三九《章岵》。
④ 范成大:《吴郡志》卷一七《桥梁》。
⑤ 沈与求:《龟溪集》卷一二《黄直阁墓志铭》。
⑥ 范成大:《吴郡志》卷二七《徐奭》。

浦城,其父张沔,官刑部尚书,致仕后居于苏州。张诜以便于奉养老父,求为州从事,以太子中舍致仕。① 除上述诸人外,程师孟,进士出身,屡任边郡,其家四世居于苏州;②阎丘孝终、徐九思是本地土著。

苏州耆老会十人,加上为之作序的米芾,十一人中仅有三人是本地土著,余者皆是从其他地区迁居苏州者。这样以外地定居者形成的会社,却成为苏州士大夫的盛事,为人所推重,说明苏州这样的"衣冠侨寓猥众"之地,乡里社会秩序维持更多依靠迁居官僚,而不是依靠土著的士人群体。

南宋明州地区亦是士人结社十分活跃的地区。以明州楼氏、汪氏、史氏等大族为首,形成多次耆老结社。

绍兴年间明州人汪思温聚集起居舍人吴秉信、礼部侍郎高闶、参知政事王次翁、朝议大夫蒋睿、郎中顾文、朝议大夫徐彦老、布衣陈先等组成"八老会"。八人中,朝议大夫蒋睿,系蒋浚明之子。蒋浚明本为常州人,致仕后迁居奉化。③ 吴秉信为明州人,宣和三年(1121)进士,官至吏部侍郎。④ 顾文,明州人,崇宁五年(1106)进士。⑤ 王次翁,祖籍齐州,其祖父王异时迁到明州。王次翁崇宁二年(1103)以齐州籍贯应考,中进士,官至参知政事。⑥高闶,明州人,五世祖迁至明州。结社的八人中,王次翁、蒋浚明两人并非明州土著,亦得以跻身八老会。

以宰执史浩为首的明州"五老会",与会者可考者四人:史浩、魏杞、汪大猷、赵粹中。史浩,明州人,绍兴十五年进士(1145),官至尚书右仆射。魏杞,寿春人,迁居明州,绍兴十二年(1142)进士,孝宗朝以宗正少卿出使金国,使还,以正敌国体,减低岁币,任参知政事,后官至尚书右仆射兼枢密使。⑦ 汪大猷,汪思温之子,以恩荫入仕,绍兴十五年中进士(1145)。赵粹

---

① 沈辽:《云巢编》卷十《宋太子中舍张传师墓志铭》。
② 朱长文:《吴郡图经续记》卷下《园第》。
③ 黄宗羲:《宋元学案》卷三五《陈邹诸儒学案》,第1225页。
④ 袁桷:《延佑四明志》卷四《人物考》。
⑤ 罗濬:《宝庆四明志》卷十《进士》。
⑥ 罗濬:《宝庆四明志》卷八《先贤》;卷十《进士》。
⑦ 罗濬:《宝庆四明志》卷九《先贤》。

中,祖籍密州,其父赵浚致仕后迁居明州。赵粹中中绍兴二十四年进士(1154),与会时任湖州知州。① 与会五人中两人是异地迁居的官僚。

汪大猷在明州又组织过"真率会",与会的有:汪大猷、楼钥、周模、楼士颖、楼少潜、朱辅、史清翁、袁章、陈纪、高得全、赵不枯、张祖顺等。汪大猷、楼钥是明州土著。周模,明州人,曾祖周师厚娶范仲淹之女。周氏家族亦是明州颇为兴盛的大族。② 楼士颖为楼钥之弟。楼少潜为楼钥之兄。朱辅,舒州人,其父朱翌因忤秦桧遭贬,秦桧失势后招还,但朱翌已无仕宦之意,迁居明州。③ 朱氏家族遂定居明州。袁章为袁灼之孙,乾道五年进士(1169)。袁灼父袁毂,仁宗朝以开封籍贯中进士。④ 袁氏至南宋为明州著姓,袁章之妻汪氏,可能是汪大猷亲族。⑤ 陈纪,明州人,乾道八年(1172)进士。⑥ 高得全,明州人,高阅之子。⑦ 张祖顺,五代时家于明州,自其叔祖张宏任吏部郎官后,家族始大。⑧ 真率会中,以明州土著官僚家族为主。

考察上述地方会社参与者,迁居官僚是重要部分,一些会社甚至是迁居官僚主导的。迁居官僚能够参与地方士人结社,表明他们已经融入地方社会,这显然是依靠其官僚身份,而非他们在地方积累起的声望、地位。

(二) 崇祀先贤:从先贤祠到乡贤祠

传统社会自春秋起,就有尊奉前代贤哲以劝勉后人的传统,《周官·春伯》有云:"有道有德者使教焉,死则以为乐祖,祭于瞽宗。"通过祭祀前代先哲,表率先贤事迹,可以激劝后人、移风易俗。因此自汉代开始,祭祀先贤就被官员和士大夫们看作是教化黎民的大事。唐贞观四年(630),太宗下诏令州、县学皆建孔子庙,孔子成为天下州县皆可祭祀的先贤,与之伴随的是众多

① 楼钥:《攻媿集》卷九八《龙图阁待制赵公神道碑》。
② 楼钥:《攻媿集》卷一〇九《周伯范墓志铭》。
③ 袁桷:《延祐四明志》卷四《人物考》。
④ 袁桷:《清容居士集》卷三三《先大夫行述》。
⑤ 袁燮:《絜斋集》卷一六《叔父承议郎通判常德府行状》。
⑥ 罗濬:《宝庆四明志》卷十《进士》。
⑦ 楼钥:《攻媿集》卷五四《黄州贡院记》。
⑧ 楼钥:《攻媿集》卷一〇四《知梅州张君墓志铭》。

地方先贤被列入祀典,在地方官员主持下加以祭祀。唐天宝十三载(754),朝廷下诏令各地建先贤祠,①"先贤祠"之名始见。地方官府开始建祠庙以祭祀包括名臣、义士在内的先贤,而建祠庙的地点则是其活动过的特定区域。②

宋代延续唐代以来以地方官祭祀先贤的制度,对于前代先贤和本朝名臣、大儒亦通过各种祭祀以表尊奉,或修建生祠供奉在世官员,或建先贤祠追奉已逝名臣、大儒。与前代相比,随着科举制度不断完善,地方精英向政治中心的集中趋势仍然继续,士人的地方属性进一步淡化,地方祭祀先贤因此亦出现一些变化。③

赵宋建国伊始即下兴学诏令,同时要求各级学校祭祀孔子。各地或依托官学和书院,或于寺庙之内,普遍建有祭祀孔子和前代名贤大儒的祭祀场所,通常称作"先贤祠",或因祭祀贤哲数量之别,称作"五贤祠"、"三贤祠"或"群贤祠"等,名异而实同。元祐年间(1086—1094),广州建八贤祠;④绍兴年间(1131—1163),延平府学建先贤祠;⑤乾道五年(1169)严州州学建先贤祠;⑥在此前后,史浩于会稽县亦建先贤祠;⑦婺州东阳县于淳熙六年(1179)建先贤祠;⑧淳祐九年(1249),昆山县改六贤祠为先贤祠;⑨宝祐(1253—1258)中,建昌军设先贤祠于府学;⑩仙游于县学内建祠祭蔡襄、叶颙;⑪江阴、温州等地

---

① 王钦若:《册府元龟》卷八六《赦宥》五。

② 雷闻:《唐宋时期地方祠祀政策的变化》,《唐研究》第十一卷。

③ 对于宋代先贤祠已有多位学者有论著发表:Ellen G Neskar, *The cult of worthies*:*A study of shrines honoring local Confucian worthies in the Sung Dynast*(960—1279), Columbia University1993;黄进兴,《优入圣域:权力、信仰与正当性》,陕西师范大学出版社 1998 年;郑丞良《"作新士习之机":试论宋元之际四明士人风气与九先生祠的设置》,《"乡先生祠于社":试论宋代乡贤祠堂祭祀的场域与论述》宋代石刻史料的研析及其应用方法学术研讨会,《南宋明州州学先贤祠与人物祭祀》2007 年浙江大学青年宋史学术研讨会;赵克生对明代乡贤祠有专门研究,见《明代地方庙学的乡贤祠和名宦祠》《中国社会科学院研究生院学报》2005 年第 1 期。

④ 王直:《抑庵文后集》卷四《广州府学仰高祠记》。

⑤ 黄仲召:《弘治八闽通志》卷六《祠庙》,文渊阁《四库全书》本。

⑥ 方仁荣:《景定严州续志》卷三《学校》。

⑦ 潜说友:《咸淳临安志》卷三二《先贤堂》。

⑧ 胡启甲:《康熙新修东阳县志》卷五。

⑨ 凌万顷:《淳祐玉峰志》卷下《学校》。

⑩ 夏良胜:《正德建昌府志》卷一〇《学校》。

⑪ 赵与泌:《宝祐仙溪志》卷三《祠堂》。

亦建先贤祠,惟兴建时间难以确定,如此等等,还可以举出很多例子。

宋代先贤祠祭祀对象,突破了"祭不越望"的限制,受祭者即使不是生于斯、长于斯,只要曾仕宦或寓居此地,便可列于地方先贤祠中,许多受祭者甚至与受祭之地全无关系。

北宋时,广州建八贤祠祭潘美、向敏中、余靖、魏瓘、陈世卿、邵晔、陈从易、张颉。其中余靖为韶州(今属广东)人。① 潘美为大名人(河北邯郸),宋初率军征岭南,取广州。② 向敏中、魏瓘、陈世卿、邵晔、陈从易皆是别州人,但都做过广州守令。③ 江阴军江阴县设先贤祠祭祀范仲淹、王棠、楼锷、戴溪等人。④ 所祀诸人,范仲淹祖籍苏州,但久居于开封;王棠,苏州人,绍兴五年(1135)进士;楼锷,明州人,绍兴三十年进士;戴溪,永嘉人(浙江温州),淳熙五年(1178)进士,以龙图阁学士致仕。上述四人皆不是江阴人,而是曾任职于江阴军。宁宗朝大臣史弥巩任衢州知州时,于府学建群贤祠,祭祀北宋大臣范仲淹、司马光、赵抃,南宋大臣赵鼎、刘章、刘颖、汪应辰等人。⑤ 所祭祀者除刘章、刘颖外皆不是衢州人。常州先贤祠祭祀范仲淹等五人。范仲淹为苏州人,亦未曾在常州任职。⑥ 扬州州学先建五贤堂,祭祀韩琦、欧阳修、刘敞、吕公著、苏轼。后州学教授彭坊重建州学,于五贤之外,增祀陈瓘、任伯雨。至岳珂任知州时,又增加王禹偁、杜衍、包拯、唐介、吕颐浩。端平(1234—1237)以后,州人又增宰相宋庠、礼部侍郎邹浩、侍御史李衡、名臣崔与之。⑦ 扬州州学所祭祀的名贤,没有一人籍贯在扬州。整个先贤祠所列诸贤没有扬州土著,而以为官于此的官僚为主。金坛县学先贤祠堂所祭者,除了两位兴学的县令外,祭祀"濂溪(周敦颐)、明道(程颢)、伊川(程颐)、晦庵(朱熹)、南轩(张栻)、漫塘(刘宰)、实斋(王遂)、少阳(陈

---

① 蔡襄:《端明集》卷四〇《余公墓志铭》。
② 《宋史》卷二五八《潘美传》,第8892页。
③ 《雍正广东通志》卷二六《职官志》。
④ 赵锦:《嘉靖江阴县志》卷六《坛壝》。
⑤ 时少章:《衢州修群贤祠记》,见吴师道《敬乡录》卷一一。
⑥ 张恺:《正德常州府志续集》卷五《学校》。
⑦ 朱怀幹:《嘉靖维扬志》卷一三《祠观》。

东)",除王遂、陈东外,皆为理学家。宁德县学则全然以理学道统来列先贤祠诸贤,而不论其与宁德一县是否有关联,①如此等等,不一而足。

仕宦某地的官员、非土著的士人成为地方先贤祠祭祀的主体,反映出宋代地方士民并没有把受祭者是否本地所出、甚至是否于本地任职,作为列入先贤祠的重要条件,即便是仕宦某地,也没有把是否遗泽治下作为首要条件,如庐陵州学立三贤祠祭祀余靖等三人,其中余靖在任未满一月,"邦人赖其福泽亦浅",却仍列名其中。② 而先贤有德于某地,这一先贤祭祀的取舍原则,也就让位于学派传承等一些与地域联系相当松散的标准。③

即便是强调先贤为本地所出,在士大夫迁徙不常的背景下,受祭者与当地的关系也颇为模糊。绍兴三十年(1160)临江军清江县(今属江西)建六贤祠,祭祀刘敞、刘攽、孔文仲、孔武仲、孔平仲、向子諲六人。孔氏兄弟世居清江,为当地土著。刘敞兄弟自称为临江人,家族五代时居于新喻(今属江西),自其祖父起家族皆迁往开封,④刘敞本人及其子皆葬于开封祥符县,⑤家族四世皆居于开封地区。淳熙五年(1178)刘敞族孙刘靖之去世,张栻为其撰写墓志,亦称其为"开封刘靖之"。⑥ 其家族与清江可说并无关系。向子諲,开封人,为宋初名臣向敏中玄孙,南渡后居于临江军,去世后葬清江县,⑦算是流寓清江。

程大昌曾为盐官、通州两地的先贤祠堂做记。在记文中程大昌尤为关心的是受祭者的行为对于士大夫的劝导意义,而此意义对于乡举里选废坏的时代尤为重要:

---

① 黄仲召:《弘治八闽通志》卷八四《宁德县学先贤祠堂记》。
② 欧阳守道:《巽斋文集》卷一三《庐陵州学三贤堂记》。
③ Linda Walton,*Academies and Society in Southern Sung China*,p51,University of hawaii press honololu,1999.
④ 刘敞:《公是集》卷五一《先考益州府君行状》。
⑤ 欧阳修:《欧阳修全集》卷三五《集贤院学士刘公墓志铭》,第524页;刘攽:《彭城集》卷三八《兄子定国墓志铭》。
⑥ 张栻:《南轩集》卷四〇《教授刘君墓志铭》。
⑦ 汪应辰:《文定集》卷二一《向公墓志铭》。

乡举里选,后世不复可行,而有司鉴裁不及行实,法则纷然,无可救者。出乎试事,而于进士选中,表三贤践履。以风厉之,是用乡举里选之实,而责夫人于决策之后也。①

理宗朝大臣真德秀曾为宜兴县先贤祠作记云:

古者,乡先生没而祭于社。夫社者,报本之事也,乡先生何功而祭于此耶?盖尝深思社之为群祀首者,以其产嘉谷,育蒸民,而乡先生之重于乡,亦以其蹈道秉德,而牖民于善也,育之以保正命,牖之以全正性,其功一尔……后世先贤有祠,亦古之遗意,盖不独躬受教如师弟子,然后可祠。其人远矣,而言行风迹凛凛且存,乡人子弟犹有所观法,则虽历千百祀不可忘也。

阳羡自晋以来,世有显人,若周孝侯迁善之勇,死国之忠,卓然有百代标表。由梁而唐,文章事业,亦或闻见可观。迨至国朝,则有若乐安蒋公者,以儒术为时所宗,虽王金陵,犹推尊不敢。后若古灵陈公,则尝守郡而卒葬于此。东坡苏公则买田筑室而终于此。二公之学行节守,要皆一世伟人。茔域所藏,寝庙所寄,虽非其乡,而谓之乡人可也。②

真德秀所列的诸人中,陈襄本为福州侯官人,后迁居常州宜兴,去世后葬于此地。苏轼只是在常州去世,并未葬于此地。③ 而两人皆被当地先贤祠立为名贤崇奉,"虽非其乡,而谓之乡人可也",其根本在于两人名望之盛。

宝祐年间(1253—1259),无锡县士人兴建先贤祠,选择祭祀名贤时,采取与宜兴县相似的做法:

---

① 程大昌:《通州三贤堂记》,见《万历通州志》卷五。另一祠记见《嘉靖海宁县志》卷九《艺文》。

② 真德秀:《西山先生真文忠公集》卷二六《宜兴先贤祠堂记》。

③ 苏辙:《栾城后集》卷二二《亡兄子瞻端明墓志铭》,第1117页。

我杨文靖龟山先生,虽非吾锡之人,而寓居于郡者十有八载,今城东精舍乃其讲学之地,是即乡之先师也。乡者,先生标表,是祠居中奠位,曾谓土崩瓦解之势,我兴受之,然有不依形而立者,参倚如见吾党,小子忍倍此而更师乎?喻工部玉泉先生,尤文简遂初先生,李肃简小山先生,蒋忠文实斋先生,何莫非吾锡之人,而起家于邑者,相望百有余岁,今里中故宅尚有指为藏书之所,非乡之先师欤?玉泉、遂初、实斋三先生已有秩祀,而小山先生未及与享迎之致,敬独可遗乎?①

无锡县学所祭诸人,喻樗,建炎二年进士(1128),其先祖自南昌迁至无锡,至喻樗已十六世。② 李祥、蒋重珍为无锡人,尤袤则是从苏州迁居无锡。杨时为南剑州将乐人,寓居无锡。由于杨时的儒学造诣极深,遂被士民尊为无锡先贤祭祀之首,而不考虑其里籍。

在宋代的州县先贤祭祀中,出生于此地、仕宦于此地、寓居于此地的先贤是混同在一起的。某些场合,甚至是寓居的官僚而非土著,成为地方祭祀活动的主要对象。如江阴、江山、宜兴多是外地名贤列于先贤祠堂。甚至很多与当地毫无关系的士人受到先贤祠堂的祭祀。朱熹对于这种现象不以为然,以为在婺源祭祀周敦颐、二程兄弟,"非其乡也,非其寓也,非其所尝游宦之邦也,且国之祀典未有秩焉,而祀之于礼何依,而于义何所当乎"?但其时凡是认可理学道统的地方县学,已经普遍将三人列为先贤了。③ 而先贤祠的所处位置也随之进一步向学校等传播理学的地方集中,如衢州群贤祠堂即是将原有设于超化寺等处的祠堂集中迁于州学。④

祭祀任职此地的官僚与祭祀土著贤哲,其劝勉的对象有所不同。任职此地而被尊为先贤,多是此人任职之时,政绩斐然,造福一方,地方士民祭祀其人,实则含有对继任官员的期待,期待后来者能以此人为榜样,同样惠及

---

① 王仁辅:《无锡县志》卷四《重建五先生祠堂记》。
② 《宋史》卷四三三《喻樗传》,第 12854 页。
③ 朱熹:《朱文公文集》卷七九《徽州婺源县学三先生祠记》。
④ 时少章:《衢州修群贤祠记》,见吴师道《敬乡录》卷一一。

百姓,它指向主持祭祀的地方官员;而祭祀土著先贤,或以其行履道德,或以其功名宦业,能激励后人,弘扬礼教,为一方风化的代表,对地方社会而言,更为重要。宋代很多先贤祠内并不区分任职官僚与土著先贤,恰能说明特定区域内的土著先贤尚不足以激劝本地士民,而需要更为社会认可的名贤为表率,因此外来名贤可以轻易于地方名贤祭祀中占据主流地位。另一方面,由于宋代的国家祭祀制度并不在制度上区分两类先贤祠祭祀对象,缺乏专门针对本籍贤哲的祭祀典礼,也就难以使地方文化和政治方面突出的人物跻身先贤行列。

元代科举迟迟未行,士人进身之途被阻断,他们或为吏,或为学官,多在所居之地,不能游宦四方,进而跻身庙堂之上,因此不得不将注意力放在所居的地方社会上,力图在地方兴文教、施教化,以先贤祠祭祀理学中人,但此时已开始强调这些先贤与本地的关联,甚至不惜牵强攀附。如元代新安建乡贤祠,列二程于祠内,为了证明祭祀二程有其合理之处,建祠的本地士人居然声称二程的二十余代祖为南朝的新安人程灵洗。①

到了明代,在相对于宋代为严格的学校和户籍制度下,士大夫的地域归属意识得到进一步强化,官员、地方贤哲混同祭祀已无法满足日益高涨的地域认同意识,地方祭祀的制度逐渐改变。首先,科举制度改革,州县学普遍设立,士人科举必由学校,地方州县官学成为士人求学、科举的主要场所。明代相对严格的户籍控制,官员必须回原籍的法令,使官僚已经无法如宋代一般随意迁移他地,而是多返回原籍,官僚及其家族势力得以逐步于本籍积累。当家族势力成熟后,官僚的后裔、族人,遂谋求在当地建立文化权威地位。配合学校和户籍管理,明代对于地方祭祀的改革和规范,促使地方士绅势力更加成熟。

洪武年间(1368—1399),朝廷诏令各级学校以祀典所定祭祀贤哲,相应于各级学校设祭祀场所。除了祭孔子的正殿外,大多于正殿两侧分设两个祠堂,即乡贤祠和名宦祠。洪武二十三年(1390),苏州府学将先贤祠分为乡

---

① 胡炳文:《云峰集》卷二《乡贤祠记》。

贤、名宦两个部分。前者专祀出生于苏州的名贤,后者则祭祀曾在苏州任职的名宦。此后各地于学中兴建祠堂,皆是乡贤、名宦祠并建,如此才能使本地士大夫有受祭于祠的机会,且"不与名宦相混淆"。① 嘉靖十三年(1543),明朝廷申严乡贤、名宦入祠资格,"仕于其地,而有政绩,惠泽及于民者,谓之名宦;生于其地,而有德业学行著于世者,谓之乡贤……果有遗爱在人,乡评有据,未经表彰,即便及时兴立祠祀,以励风化"。② 从祭祀所要达到的目的方面,明人强调祭祀乡贤必须是本地人,否则祭祀非其人,则无法体现尊贤追往的意义。"有功德于一时者,一时祀之,更代则已;有功德于一方者,一方祀之,逾境则已。"③唯有如此,乡人才能受乡贤德行的感召,而体认儒家之道;而乡贤亦以其行履,移风易俗。因此,即使所祭者为前朝贤人,亦强调其系籍何地,如南宋人姚舜明、姚宽父子文名著于后世,明代士人打算奉祀两人于乡贤祠,结果姚舜明列于嵊县、诸暨祠内,而姚宽则只列于诸暨祠内,原因是姚氏本居嵊县,姚宽后迁于诸暨,故而列于诸暨,而乃父则嵊县、诸暨均祭。④ 这与宋时先贤祠祭祀形成鲜明对比。

明代乡贤祠、名宦祠设于学校,名宦祠褒奖仕宦于本地的官员,乡贤祠尊奉出于本地的名贤,因此学官成为具体主持祭祀、增入受祀者的主管官员。某人是否能列入乡贤、名宦祠,学官拥有很大发言权,而具体执行则是由地方士绅主导。凡推举乡贤,其程序为先由当地乡约、保正公举呈文,经学校生员讨论、商议,对推举之人才德没有疑问,方由生员作呈文,详述此人行实,申报本县核实,然后上报提学。学官再考其行实,予以认可。⑤ 能否列入乡贤,有赖于此人长期在地方读书、其道德文章得到本地生员和乡老的一致认可,这就需要官员及其家族在本地的长期经营,类似于魏晋时期豪门大族在地方"养望"一样,即或为官清正,或淡泊自守,更要积极参与地方赈灾和公益活动,在当地树立威望。正统年间(1436—1450)任南京吏部尚书

① 梁储:《郁洲遗稿》卷四《广州新开西河记》。
② 俞汝楫:《礼部志稿》卷八五《严名宦乡贤祀》。
③ 程敏政:《篁墩文集》卷一〇《奏考正祀典》。
④ 萧良干:《万历绍兴府志》卷四〇《人物》。
⑤ 陈宝良:《明代儒学生员与地方社会》,中国社会科学出版社 2005 年,第 370 页。

的钱溥,华亭县(上海松江)人,后列名于本籍乡贤中,但钱溥官声不佳,当地士人对其入祀颇为不满,以至传闻于祭时将其神位移于供桌之下。① 而入祀者的家族亦需要不断经营,维持家族地位,甚至自行筹款整修供奉父祖的乡贤祠。②

与名宦祠主要是对现任官员的激励劝勉不同,入乡贤祠成为地方官僚家族竞争的一个重要方面。嘉靖朝大臣王篆欲将其父列入当地乡贤祠,遭到时为湖广行省提举学事副使的颜鲸反对,王篆遂心怀怨恨,在任吏部考功郎官时,以颜鲸行事不谨为由使其落职。③ 儒家士大夫以身后能从祀孔庙为最高荣誉,对于列名孔庙正典无望的官员而言,能列入乡贤祠,受乡里敬仰也是极高的褒奖,有些士大夫认为"死不俎豆其间,非夫也",④可见明代士大夫将死后侧身乡贤祠堂引为平生最大成就。位列乡贤祠,因此成为许多官员及其子弟追求的目标。乡贤祠成为地方上一些并非声名卓著的官员,死后享受地方祭祀的重要场所,其家族因之成为一地望族。为此一些地方官僚家族干预、甚至左右本地乡贤祠入祭,以至一些官员在去世不久,就依靠子弟势力被列入乡贤祠之中。如嘉靖年间(1522—1567)曾任宰辅的顾鼎臣,就曾借其权力企图让其父入祀乡贤祠。⑤ 一些地区的乡贤祠甚至日益猥滥,不复古人尊贤之意,"只为民间公共一家庙,死则不问其何如人,必奉主以入,充满祠内,旁无古先,坐令州官为父母者春秋代其奉祀"。⑥

中国古代各级官方祭祀皆有礼法制度规定。如三皇、五帝、孔子是天下通祀,无论何地都由官员主祭;而一些地方人物、神祇则只限于本地祭祀。明代地方乡贤和名宦祭祀分开的重要意义亦在此。名宦是祭祀外地官员,某个才德兼备的官员可能因其在各地任官,遗泽地方,因此宦迹所至,皆受地方名宦祠祭祀,祭祀本身与祭祀地政治、文化积累缺少必然的关联。而乡

---

① 何良俊:《四友斋丛说》卷一六《史十二》,第 143 页。
② 祁彪佳:《远山堂文稿·修改府学乡贤祠募疏》。
③ 《明史》卷二〇八《颜鲸传》,第 5511 页。
④ 章懋:《枫山集》卷四《乡贤祠志后序》。
⑤ 谈迁:《枣林杂俎·和集·相国父不祀乡贤》,第 536 页。
⑥ 潘埙:《开州名宦乡贤书二》,见黄宗羲《明文海》卷一九四。

贤则不同,名列乡贤祠,祭祀于此地,世代享受官方祭祀、士人祭拜,就为家族在当地奠定了重要地位。可以想见,父祖位列乡贤祠之中,会赋予这个家族在当地巨大的权威力量,家族也就会依靠这个逐步积累更多的力量。①

　　与明代相比,宋代先贤祠包含了乡贤、名宦两个部分的祭祀,祭祀对象亦不明确区分乡贤和名宦,但凡于此地有所贡献、甚至毫无关联,但受众人敬仰和爱戴之人皆可祭祀,这样的祭祀方式,当然是为了适应宋代官员迁徙不常,往往在任官地区定居,很难区分哪些官员是属于乡贤,哪些是属于名宦的现实。更为重要的是,宋代的地方社会因为官员的迁居、籍贯变更频繁,依据籍贯形成的地方社会的文化、政治力量没有能够充分积累,而是不断向政治中心聚集;礼仪制度亦没有明确划分乡贤、名宦祭祀,为本地官员去世后列入祭祀提供制度安排。可以想见的是,在宋代当一个地区先贤祠选择祭祀对象的时候,总是会选择那些声名显赫的官员、士大夫作为祭祀对象,这就是为什么宋代地方先贤祠对欧阳修、范仲淹、苏轼等人的祭祀遍布,有些甚至是祭祀对象从未到过的地区。而明代则严格区分乡贤、名宦入祀资格。这种祭祀制度的重要差异,使明代很多官员在去世之后成为地方乡贤祠中的一员的可能性大增。子弟们也会努力成就父祖的这种愿望。将父祖列入祭祀的过程中,子弟往往需要动用很多力量,在地方上赢得一定程度的认同,以使"乡评有据",赢得舆论支持。这本身就是地方家族塑造自身势力的过程。而一旦成功,家族势力又可借此强化家族在本地的地位,如是循环往复。地方先贤祭祀,从宋代的先贤祠到明代的乡贤祠的变化,反映的是宋明两代地方社会势力的强弱差异。

---

　　① 钱杭:《库域型水利社会研究》,上海人民出版社 2009 年,第 259 页。作者分析了清代萧山地区名贤祭祀的过程。

第五章　迁徙与定居:士人籍贯观念

籍贯观念,指的是地域社会形成后其在士大夫意识中的反映。宋代两浙地区官僚家族迁徙,只是当时整个国家官僚、士人频繁迁徙的缩影,这是唐代以来士人逐步向政治中心地区迁徙的延续。官僚是社会的精英,官僚家族是社会精英赖以产生的母体。官僚家族普遍而长期迁居,带来的是地方社会的深刻变化。地方社会因为地方精英的迁出而缺少凝聚力。随着凝聚力的弱化,士大夫群体的地域认同亦随之变化。就宋代而言,这种变化深刻地反映在士人的籍贯观念中。

由于迁居不常,宋人户籍观念比较淡漠,但官员的选拔和管理依据户籍的地域观念已在形成中,祖居地观念依旧浓厚。郡望,这种反映地区性贵族政治、文化优势的地域意识,逐步被宋代士大夫们全新的政治、文化格局观念所取代。

第一节　户　籍　观　念

春秋时户籍的出现,反映出国家对人口的管理。国家依据行政区划编订户籍,社会也由此形成地域意识。这种地域意识,就是户籍观念。社会稳定,则士民安居乐业,若战乱不已,百姓流离失所,户籍就不遑整理,遂造成户籍与居住地不同。魏晋士大夫户籍观念十分淡漠,由于当时取士以门第为高下,当家族迁离故居,改易户籍之后,仍不忘以原有地域自表,其高门大族就是"郡望"。岑仲勉指出,郡望与居住地最初是同一的,之所以有郡望与居住地不同,源于族群繁衍,家族散播各地,"而望与贯渐分,然人多称其望者,亦以明厥氏所从出也"。① 士大夫以郡望而非户籍,标志其地域归属,这表明社会精英地域归属感与国家力量塑造的地域观念不同。韩昇指出,只要士族把持的乡村社会,没有在国家力量渗透下产生质变,士族政治就仍然存在。②

隋唐以来,门第消融,科举成为国家取士正途,国家开始以行政力量整理地方社会,户籍管理得以强化。但是由科举制度所形成的是更为中央化、并且失去地方基础的士大夫群体,仍未能以户籍取代郡望。而在日益平民化的社会中,户籍甚至不能代表士人的居住地。突出表现是士大夫逐步向中央两京地区聚集。许多人改易居住地而寓居于京师或者洛阳附近,去世后以两京为葬地,子孙后代也定居于此。③ 自唐中后期起,取解不再受籍贯限制。许多举子因此不在本籍取解。④ 以至因同州、华州取解便利,称为"同华解","与京兆无异,若首送无不捷",⑤而各地举子蜂拥而至。举子以别州为籍贯,并不代表他们离开乡里,而只是以户籍作为科考的凭证。户籍标志居住地的功能,对许多士人而言已经不再适用。五代延续唐以来以户籍为发解凭证的规定,然混乱尤甚。后唐时,众多士人居然都以京兆府洪固乡贵胄里为户籍应举。⑥ 户籍已经不能反映士大夫的居住地,当然也就缺乏由户籍形成的地域观念。

宋代士大夫"家不尚谱牒,身不重乡贯",⑦户籍观念依旧淡漠。确定个人理应由户籍反映的居住地,对宋代政府来说,却是与官员的选拔和管理,

---

① 岑仲勉:《唐史余审》卷四《唐史中的望与贯》。
② 韩昇:《中古社会史研究的数理统计与士族问题》,文载《复旦学报》2003 年第 5 期。
③ 毛汉光:《中国中古社会史论》第九篇《从士族迁徙看唐代士族的中央化》,第 234 页。
④ 吴宗国:《唐代科举制度》,第 43 页。
⑤ 李昉:《太平广记》卷一《诸州解》。
⑥ 王溥:《五代会要》卷二三《贡举杂录》,天成二年十月。
⑦ 王应麟:《困学纪闻》卷一五。

以及司法等行政密切相关。选官由乡举里选,转变到以科考为主,都涉及到通过调节不同地区的士人的选拔数量,以平衡各个地区利益。而依据户籍确认士人的归属地,就是实现调节的基础。以宋代言之,前者就是科举发解,后者就是官员差遣,认定籍贯均是第一步。此外户籍在司法中也十分重要,例如徒刑、流放,其等级依道里远近分为数等,计算的起点就是犯人的户籍登记地。而犯人遇赦减刑,亦是以户籍为据,"命官因罪编置,每遇大赦,合量移一分,自本贯州军至贬所,计地理为分数"。①

宋代延续自唐代以来户籍管理之弊,但是有所更革。籍贯认定在宋代有两个标准,即田产、祖墓。

户籍登记的依据之一是田产,而非居住地。唐代均田制度瓦解后,民间地产买卖活跃,宋代则更甚,由此引起的户籍变动,文献记载反映很多。

宋代登记户籍称作"贯籍"、"占数"、"占籍"等,皆是取缴纳赋税之意。宋初任司理参军之职的李寊,卸任后随其子李虚己到洪州赴任,因爱其山水秀丽,遂"欲占数为是邦之民,买田一廛,筑室百堵,编名户版,输税公上"。②改易户籍,便要在此地购买田产,缴纳赋税。北宋人徐积说:"学士大夫起自远方,羁旅仕宦处于中州,皆东西南北之人也,岁月既久,即其所居,求田问舍,遂为中州人者多矣。"③

宋代规定,有田产者,即使居住未久,亦视作本籍。科举考试中,户籍认定亦据地产。真宗景德二年(1005),龙图阁待制戚纶上书论贡举,强调发解必由乡里,方能考察士子行实,而许多举子却于解额高处购买田产立户,借以从此地参加发解试。④ 天圣七年(1029),卢州人王修在开封府祥符县买田十八亩,其弟王济遂以开封为户,以兄王修为父,参加开封发解。另一名士子王宇,也以王修的户籍参加发解。针对此种情况,朝廷下令"如旋置田土,妄召保官,寄立户名,冈冒乡县,一事非实,许人纠告"。⑤ 造成

① 《宋会要辑稿·职官》七六之五八。
② 杨亿:《武夷新集》卷六《致政李殿丞豫章东湖所居涵虚阁记》。
③ 徐积:《孝节集》卷二〇《过故乡》。
④ 李焘:《续资治通鉴长编》卷六〇,景德二年七月丙子,第1351页。
⑤ 《宋会要辑稿·选举》一五之八。

当时士人采取这种入籍方式的原因是,天圣四年(1026)对寄贯也就是临时在开封居住、在开封应举的士人资格加以严格限制。① 康定元年(1036)再次针对士人购买田产改易户籍的行为作出限制,凡典卖田产,必须经所属州军核实。② 但是仍未奏效,于是嘉祐三年(1040)对于贡举中改易户籍作出确认,分为三种情况,即随父任官改易户籍的、购买田产获得户籍和卖出田产失去户籍。③ 除了第一种外,户籍更动,皆与田产变化有关。南渡以后,版籍混乱,士子确认户籍的问题仍十分突出。绍兴二十二年(1152),殿中侍御史魏师中上言,指出当时许多士人借助父兄任官,于辖境内购置田产,改易户籍,参加发解考试。乾道年间(1165—1174),朝廷规定如非本地土著,而于淮南、京西等沿边地区购买田产,改易户籍者,杖责一百。淳熙四年(1173)三月三日,诏"淮南京西人户,有产业,如烟爨实才及七年以上应举,即许依贡举法收试"。④ 通过购买田产获得户籍,是士人举子到解额较宽地区应举的办法之一,可以看出,当时以此改易户籍是法律允许的。采取买田落籍于他乡的方式,似乎成为当时士大夫更改籍贯的惯有方式。

针对仅以田产作为户籍认定标准带来的弊病,朝廷增加了士人于田产所在地居住一定年限的规定作为补充。天圣四年确认取得在开封发解的士人资格,需居住七年以上。⑤ 熙宁九年(1076),宋在新附州熙州开考,要求入籍必须及七年。⑥ 淳熙四年(1177),淮南应举士人以田产立户者,须"烟爨实及七年以上"。⑦ 次年,规定北方流寓南方的士人,居住此地须满七年,方能于此地参加发解试。⑧ 官员差遣时,居止七年也同样作为确定籍贯的标准。绍兴二十七年(1156)规定命官在别州寄居七年以上者,不许注授本

---

① 《宋会要辑稿·选举》一五之六。
② 《宋会要辑稿·选举》一五之一八。
③ 《宋会要辑稿·选举》三之二二。
④ 《宋会要辑稿·选举》一六之二一。
⑤ 《宋会要辑稿·选举》一五之八。
⑥ 《宋会要辑稿·选举》一五之八。
⑦ 《宋会要辑稿·选举》一六之二一。
⑧ 《宋会要辑稿·选举》一六之二一。

处差遣。①

　　但是不归本乡带来的是与儒家伦理的激烈冲突。士大夫于他乡购买田产而改易户籍,背弃祖茔,实在是有亏孝道,北宋名臣张方平提出对此应加以严格限制以严法正俗:

> 　　伏以天下冠裳士人,鲜全孝友之行,率以宦游,或缘婚媾,遂营卜乎田宅,辄轻去乎坟墓,苟思择利而处,罔念首丘之仁。……伏乞应食禄之人,父母在,别无兄弟迎养而不养,没而匿不丧;父母在,或因仕宦,别营田业,虽父母亡没,而乡里有宗族坟墓,辄于别所立产而居者,无问贵卑,并当削其官爵,投弃退徽,虽经霈泽,不在原释。②

　　户籍选择服从于利益,原因是士大夫缺乏依据户籍形成的地域观念。结果之一是由于士大夫随意迁徙,买产即可入籍,缺少依据地缘,特别是在户籍所在地形成的地缘关系,基层社会很难形成借助地缘结成的地域社会力量。

　　田产之外,父祖葬地也是宋人户籍登记的依据。陈寅恪指出,中古士大夫田宅与祖茔有连带关系,如非万不得已,决无他徙之理。③ 延至宋代,士大夫却可以因父祖葬地变化作为改变户籍的标准。南宋人罗愿评论当时士大夫不归乡里:"先世之丘墓往往随宦留止,不能复还,使其子孙为羁人于四方,数世之后,燕秦楚越矣。"④宋代之所以籍贯登记以葬地为标准,就在于依据田产太过随意。田产可以改置,坟墓则不易改动,较之购置田业,毕竟稳定一些。嘉祐三年(1058)朝廷就参加开封发解试士子资格作出规定:

---

① 《宋会要辑稿·职官》六一之五一。
② 张方平:《乐全集》一二《不孝之刑》。
③ 陈寅恪:《李栖筠自赵徙卫事》,载氏著《金明馆丛稿二编》,第 3 页。
④ 罗愿:《罗鄂州小集》卷三《程仪同庙记》。

奉诏再详定科场条制，"应天下进士诸科各减半，（开封府）凡户贯及七年者，若无田舍而有祖、父坟者，并听"。①

户籍登记在开封者，必须满七年，没有田产而祖、父坟墓在此者，亦可视为有开封户籍。这显然是针对"旋置产业"立户的士人。

仁宗朝曾任参政的李若谷，本是徐州人，"少孤，游洛下，因葬其考妣于缑氏，而占籍焉"。② 苏颂祖居泉州同安，其父去世后，以归葬路途遥远，遂择葬地于润州、常州一带，后有道士为其选葬地于润州，"自此谋居郡中，占丹阳为乡里"。③ 仁宗因其在朝有政绩，特赐其知扬州。苏颂上书辞免，自言"臣占数润州，境候相接，纠恤亲属，展省松楸，在臣之私，至为荣幸"。④ 占数润州，就是已经在润州入籍，并在润州缴纳赋税。神宗朝大臣陈升之，世居建阳，为建阳大族，其母去世后，亦是葬在润州丹徒县。⑤ 陈升之在丹徒有大量田产，以至其宅邸有逾制之嫌。⑥ 陈升之罢相后为镇江军节度使判扬州，⑦丹徒为扬州属县。以苏颂命为扬州知州例观之，陈升之之任，也是令其守本乡，作为一项荣宠。由此也能看出，陈升之已经改籍为润州人。

富阳的谢氏自谢涛时崛起。谢氏自六世祖自河南缑氏迁居吴越地区，⑧五代时家族或以嘉兴、或以丽水为葬地。至谢景初祖父谢涛以上三代才以杭州的富阳为葬地。⑨ 谢涛本贯为富阳，⑩谢景初之父谢绛本也以富阳

---

① 《宋会要辑稿·选举》三之三六。

② 杜大珪编：《名臣碑传琬琰集》下集卷六《参政李公若谷》。

③ 苏颂：《苏魏公集》卷五《累年告老恩旨未俞，诏领祠宫，遂还乡闾，燕闲无事追省平生，因成感事述怀诗五言一百韵示儿孙辈，使知遭遇终始之意，以代家训，故言多不文》。

④ 苏颂：《苏魏公集》卷六九《辞免知扬州》。

⑤ 孙觌：《鸿庆居士集》卷三五《宋故右中奉大夫致仕赠少师陈公神道碑》。

⑥ 不著撰人《京口耆旧传》卷一。

⑦ 王铚：《默记》卷中。

⑧ 范纯仁：《范忠宣集》卷一三《朝散大夫谢公墓志铭》。

⑨ 欧阳修：《欧阳修全集》卷二六《尚书兵部员外知制诰谢公墓志铭》。

⑩ 尹洙《河南集》卷十二《故中大夫守太子宾客分司西京上柱国陈留县开国侯食邑九百户赐紫金鱼袋谢公行状》载其贯为杭州富阳县章岜乡赤松里。

为葬地,其妻夏侯氏早卒,便葬于杭州富阳。① 谢绛任知邓州,于任上去世,安葬于邓州,谢景初诸兄弟以及先前葬于富阳的夏侯氏皆葬于邓州。② 谢景初一支因此改入邓州籍,改易户籍的依据,就是其父葬于邓州。谢景初侄儿谢悰,字公静,在当时亦有文名。邹浩曾与他作诗唱和,有"南阳刺史今伯乐"之句,③以此推测谢悰是在此地参加科举考试,当是以其祖葬于此地而改易户籍。

熙宁初年,王安石之弟王安国受韩绛荐举,却推辞不肯出仕。吴孝宗与友人讨论应敦遣王安国:

> 窃以安国虽江西人,而其父乃葬江东,今之应进士诸科举皆以坟墓为据,使安国若江东应举,无有不可,岂有可以应举,而不可以敦遣哉? 矧安国未尝身居江西,其应举则在淮南及开封府。今纵使江西举之,亦不过按虚籍耳,非安国身居江西,其在江西应举也。④

吴孝宗强调,士大夫应举,所依据的籍贯标准是父、祖葬地。比照嘉祐三年开封府条令父祖葬地在开封府内亦可发解的规定,可以看出,至少在神宗熙宁年间,科举考试已经以葬地作为籍贯认定的依据之一。

宋代户籍认定依据以田产与葬地并举,于是出现同胞兄弟却户籍不同的事例。宋代保存较为完整的登科录有绍兴十八年(1148)和宝祐四年(1256)两榜。绍兴十八年登科的陆升之、陆光之兄弟,为山阴陆氏后裔。两人登记的户籍不同,陆光之为绍兴府山阴县,陆升之是开封府陈留县。何以兄弟两人户籍不同? 笔者以为,源于他们参加发解时籍贯依据的标准不同。以陆升之登记户籍考察,其户头是"高祖"。陆升之祖父陆佖,曾祖陆珪,高祖陆轸。⑤ 陆轸

---

① 王安石:《临川先生文集》卷九九《仙源县太君夏侯氏墓碣》。
② 王安石:《临川先生文集》卷九八《谢景回墓志铭》、卷九六《谢师宰墓志铭》;范纯仁:《范忠宣集》卷一三《朝散大夫谢公墓志铭》。
③ 邹浩:《道乡集》卷二《用前韵寄穰城谢公静推官》。
④ 吕祖谦编:《宋文鉴》卷一二〇《与张江东论事书》。
⑤ 苏颂:《苏魏公集》卷五九《国子博士陆君墓志铭》。

中大中祥符五年(1012)进士,考察其任官经历,他曾任职三司盐铁判官,居住于开封,①可能是于开封购买田产立户。陆光之当是以父祖坟墓立籍于山阴。此类情况同榜还有范仲微、范仲较兄弟,皆是范祖禹后裔。范仲微登记户籍为开封府祥符县,范仲较登记户籍是开封府开封县。还有莫及、莫冲,他们皆是熙宁年间名士莫君陈的重孙,莫及登记为开封府开封县,莫冲则是湖州归安县。莫及的户头是高祖莫君陈,莫冲的户头是祖父莫磻。此外同榜进士葛邲,是葛胜仲之孙,葛氏为江阴名族,②而葛邲的户籍登记为开封祥符县,登记户头是高祖。葛邲之高祖葛密,庆历二年(1042)进士,估计亦是于开封有地产。

许多士大夫之所以可以不在本地应举,而改易户籍就解额较高处发解,就是借籍贯登记标准的便利。孝宗朝登位宰臣的袁说友,曾斥责许多士大夫每改一官便立一户,以图规避赋役。③ 朱熹曾写信给程允夫,表示对程洵提出的自己别立一户的建议不便采纳,原因是"先人已立户,某又自立一户,恐於理未安",④而不说这是为法令所禁。

户籍登记标准的双重性,给宋代官员差遣带来相当大的影响。宋代官员出仕要填写"脚色",登记户籍、年龄、亲属关系,作为差遣时的依据,防止官员于本籍州、县任官。但是许多士大夫在登科之时,已经改易户籍,而填写脚色时又有所隐瞒。朝廷曾对此作出专门规定,太平兴国二年(977),下诏:

> 应文武京朝官委御史台取乡贯、年甲、出身、历任文状,如赴举时先于他州寄应者,亦明陈本贯,不得妄缪,足日以大策录进,今后除授者亦续贡。其西川、广南、荆湖、江南、两浙人勿充本道知州、通判、转运使并临莅公事,已差往者,具名以闻。⑤

---

① 李焘:《续资治通鉴长编》仁宗皇祐三年三月甲申,吴奎奏。
② 朱瑞熙:《一个长盛不衰的官僚家族:宋代江阴葛氏家族初探》,文载《中国近世家族与社会学术研讨会论文集》。《嘉靖江阴县志》载葛邲为以江阴为籍员考取进士,是书载葛氏进士多人,见《嘉靖江阴县志》卷一四。
③ 袁说友:《东塘集》卷九《论差税当究其原疏》。
④ 朱熹:《晦庵先生朱文公别集》卷三《与程允夫》。
⑤ 《宋会要辑稿·职官》五九之四。

诏令要求将个人任官材料送御史台备案,目的是为日常据此纠察百官是否回避本籍任职。而严格执行本贯回避任官制度,需要将官员应举时家状,与出仕后的脚色加以核对。但是每年参与科举士人数量庞大,依靠名籍纠核,似乎难以施行。哲宗元祐三年(1088),礼部解释查验士人应举家状困难:"缘本贯州县即无勘验关防之法,礼部亦无诸科专籍。"①礼部并没有举子家状备案,因此即使御史台有官员填写"脚色",也无法与家状核对以核实官员是否改易户籍。乾道三年(1065),吏部下令,限制广南路北方流寓官员改易户籍后赴吏部参加铨试,规定须在本地寄居七年方许比照"八路定差法"。"八路定差法",是宋代针对广南等八路偏远地区作出的特殊规定,部分州县官员不须吏部差除,差遣较快。因此有些官员改易籍贯,在广南参加优待本路的铨试。中试后,又改籍参加吏部的差注,以便更快得到差遣。②淳熙五年(1178),知兴化军叶端衡上言,力陈漕试之混乱,指出士大夫子弟为参加漕试,希求功名,不惜改易户籍,妄认亲族。一些士人登科之后,以其家状与父祖诰命相较,户籍全然不同;亲兄弟革职之后,遣归乡里,竟然户籍不同,"玩辱朝廷,一至于是"。③

任官时所写脚色,与科举时所报家状无法核对,因此宋代官员回避本贯多是自陈。嘉祐三年(1058),知邓州周湛避本籍,改任襄州;绍兴二年朱绛避籍,不任两浙提举茶盐;同年李弥大以平江为本籍,请求不任知平江府;④临江军新喻县丞李维藩,吉州安福县丞邓泾州,以各是本籍两易其任。⑤绍兴三十二年(1162),提举福建常平茶盐事钟世明罢官,此前钟世明自陈本贯为南剑州(福建南坪),乞回避免任,朝廷特诏不须回避。⑥而比照明代本籍回避的规定,宋代较为随意。正如赵翼所说"回避之例,至明始严",⑦其原

---

① 《宋会要辑稿·选举》三之五〇。
② 《宋会要辑稿·选举》二六之三。
③ 《宋会要辑稿·选举》五之二三。
④ 《宋会要辑稿·职官》四七之二三。
⑤ 《宋会要辑稿·职官》六一之三九、四六、四七。
⑥ 李心传:《建炎以来系年要录》卷一九八,绍兴三十二年三月己亥。
⑦ 赵翼:《陔余丛考》卷二七《仕宦避本籍》。

因也在于明代的户籍管理较宋代更为严密,因此官员回避制度能够严格执行。

科举制度在宋代成熟起来之后,以户籍确立的地域社会没有能够形成,反而延续了士大夫户籍意识淡漠的趋势,尽管宋代对于科举户籍的管理较唐代已经大大强化,但是没有相应的基于基层的学校制度保证士人的任官前后都定居本地,没有与学校制度结合的科举制度形成的还是中央化的士大夫,因此其户籍意识还是较为淡漠。

第二节　祖居地意识

传世宋代墓志铭,追述传主先世多叙述为"某世唐末迁于某地,遂为某人"。累世居于某地,世代葬于某地,就形成祖居地。即使户籍不在此地,甚至没有在此地长期居住,也因为父祖的联系,对某地产生地域认同,也就是自认为某地人。祖居地意识,作为籍贯意识的一个部分,在土著家族的地域认同方面表现得较为明显。

真宗咸平元年(998),杭州人唐肃考中进士,他当时以开封府为籍,参加发解试。① 而其子唐询的墓志铭称其五世祖迁居钱塘,为杭州人,世代皆葬于钱塘。② 嘉祐三年(1058)唐询知杭州,他认为这是在本籍任官,乃光耀门庭之事。③ 宋代官制,官员回避本籍州、县任官,特别是知州、知县一类亲民官,回避尤其严格。虽然也有官员典守乡邦,作为以为荣宠者,但当时唐询本官不过至礼部郎中,不当有此资格,由此推测,唐询登记籍贯也是开封,但唐氏以四世居于杭州,自认为是杭州人。

仁宗朝历任大郡号称能吏的程师孟,其高祖居于苏州。程师孟登景祐元年(1034)进士,历知楚、遂、洪等州,皆有能名。程师孟在苏州

① 《宋会要辑稿·选举》一之七。
② 刘攽:《彭城集》卷三八《翰林侍读学士给事中唐公墓志铭》。
③ 周淙:《乾道临安志》卷三《牧守》。

南园旁修建宅邸,晏殊时知苏州,赠诗曰:"衣冠虽盛皆侨寄,青琐仙郎独我乡。"①他认为当时苏州名士虽多,唯有程师孟四世居于苏州,是真正的苏州人,并表其所居为"昼锦坊",意为名宦回乡。② 苏颂入籍润州,他自认为是泉州人:"我家本南闽,处世若羁寓,侍亲从宦游,东西迁者屡。"③籍贯更改,没有改变苏颂的祖居地观念。

北宋名臣范仲淹,登记户籍为苏州,其心底自认"曾高本北人",于是卜居于洛阳。④ 欧阳修迁居颖川,仍然自署为"庐陵"。仁宗朝官至工部侍郎的李虚己,祖居福建建安,其父葬于洪州,其家户籍于是改为洪州。王安石仍称李虚舟之子李定为"建安李定"。⑤ 王安石的父亲葬在建康,他本人长期留居建康,⑥家族坟寺亦在此地。⑦ 但王安石地域归属观念中仍是以江西为故乡。建安浦城人章楶,徽宗朝官至同知枢密院,其父章访时已迁居平江府。宣和三年(1121)童贯任江浙淮南等路宣抚使,章楶之子章综时任知均州,童贯举荐章综为两浙提举常平,理由是章综"系苏州人,备谙江浙民情,可以依仗"。⑧ 章氏在苏州入籍已经两代。但章氏先世在建安,因此章综去世后,孙觌仍称其为"建安章氏"。⑨ 仁宗朝曾拜同中书门下平章事的曾公亮,其七世祖自光州固始迁居福建晋江。⑩ 自曾公亮去世葬于开封新郑后,曾氏一支就在开封地区繁衍。曾公亮之弟曾公望夫妇,也葬在开封新郑。⑪ 但晋江对于曾氏而言,是家族兴盛之地。直到元朝至元年间,有曾公亮后裔赴晋江找寻曾氏祠堂所在,仍自言是曾氏留居郑州者,而不称为开封曾氏。⑫

---

① 朱长文:《吴郡图经续记》卷下《园第》。
② 汪藻:《浮溪集》卷一八《昼绣堂记》。
③ 苏颂:《苏魏公集》卷二《送郑无忌南归》。
④ 范仲淹:《范仲淹集·范文正尺牍》卷下《与仲仪待制》。
⑤ 王安石:《临川集》卷八二《太平州新学记》。
⑥ 近藤一成:《王安石撰墓志を讀む—地域、人脉、党争》,《中国史学》1997 年。
⑦ 王安石:《临川先生文集》卷四三《乞将田割入蒋山常住札子》。
⑧ 《宋会要辑稿·选举》二九之一五。
⑨ 孙觌:《鸿庆居士集》卷三三《直龙图阁章公墓志铭》。
⑩ 杜大珪编:《名臣碑传琬琰集》中集卷五二《曾太师公亮行状》。
⑪ 强至:《祠部集》卷三五《朝奉郎守尚书虞部郎中上轻车都尉赐绯鱼袋曾府君墓志铭》。
⑫ 虞集:《道园学古录》卷六《曾鲁公世家盛事集后序》。

祖居地意识与宋代的宗法制度密切相连。宋代以小宗世系法确认亲属服纪,同高祖是包含亲属的最大范围。形成祖居地意识,亦需要三世以上。如真宗朝任给事中的柴成务,先世为平阳人,自高祖时迁居到曹州济阴,遂为济阴土著。① 仁宗景祐年间任参知政事的韩亿,其父虽死后葬于许州,但"然高曾生长灵寿,葬其处,则韩氏本河北人也"。② 淳熙十四年(1187),龙图阁待制赵粹中去世,楼钥以同郡人为赵粹中撰写了神道碑,谈及他可为四明士人之楷模时,说:"四明尚齿,犹存古风,虽有乡老,亦赖寓公。"③宋代以"寓公"指寓居他乡之人。赵粹中虽然祖籍密州(今山东高密),但是因其父赵浚致仕后寓居明州,葬地也在此地,于是入籍明州。但楼钥却将他看作"寓公",而非"乡老",也就是并没有将赵粹中视为明州人。朝廷的诏令,也能体现以世系确定祖居地的观念。绍兴二十六年(1156),朝廷下诏,对于祖、父辈改易户籍的官员差遣,作出明确限制,规定若是祖、父辈改易户籍,除改易户籍地不能差遣外,其旧有土著户籍,并依照本贯回避法执行,不许差遣此地任官。④ 南宋后期成书的《吏部条法》亦有类似规定:

> 应注官,不注寄居及本贯州,其因父祖改用别州军户贯,及应注帅司监司属官于置司州,系本贯及本路寄居,或不系寄居及本贯州,而有田产物力处亦不注。⑤

与上述吏部条法相结合,以五世内始祖籍贯为准作为祖居地,反映出户籍更改不能完全反映士人地域归属时,士人转而以祖居地,主要是五世祖居之地作为自身的所属地域。

祖居地体现的是士大夫的家族、乡土认同。宋代士大夫任官迁徙,或客

---

① 杨亿:《武夷新集》卷一一《故太中大夫行给事中上柱国临汾郡开国侯食邑一千二百户赐紫金鱼袋柴公行状》。
② 杜大珪:《名臣碑传琬琰集》中集卷四一《韩太保惟忠墓表》。
③ 楼钥:《攻媿集》卷九八《龙图阁待制赵公神道碑》。
④ 《宋会要辑稿·职官》八之二五至二六。
⑤ 《吏部条法·差注门》。

死他方，或寓居异乡，祖居地可能只是本家成长的起点，却最能体现士大夫的地域归属感。祖居地有现实依据，或是家族累世坟墓所在，或是亲族支脉尚存，皆有所凭依，不如户籍可随产业或葬地改易而变化。因此在宋代户籍更动相对容易的条件下，祖居地意识成为地域意识中最能体现士大夫地方化特征的部分。但是宋代对于官员致仕后是否归本籍，没有明确规定，致使大量官员致仕后仍然留居于开封、洛阳地区，甚至成为当地官府治理地方的障碍。而明代则规定致仕官员必须归乡，[1]从而能与本地士绅结合形成代表地方利益的地方社会力量。

第三节　郡望观念

在特定的行政区域内聚居的同姓家族，由于该姓子弟仕宦显赫，在本地成为大族，其姓就成为本地"著姓"，此地以此姓为"郡姓"，此地也就成为某姓的"望"，由此形成所谓的"郡望"。最初的郡望代表同姓家族的聚居地，因此与居住地是重合的，之所以有郡望与居住地不同，源于族群繁衍，家族散播各地，"而望与贯渐分，然人多称其望者，亦以明厥氏所从出也"。[2]魏晋门阀历经丧乱之后，虽然已经沦落，但是贵族政治之余绪尚存，历经隋唐不衰。隋唐两代均以官方编订氏族谱以明第等，作为婚姻的标准。虽然唐代贬抑一些地位不显的名族，但是累世积累名望的名族门第尚在。五代以降，门阀士族彻底衰落，郡望与姓氏的关系随之日渐模糊。如李氏多以陇西为郡望，而少见以赵郡为郡望。张氏多称以清河为望，而范阳、南阳等望比较少见。这实则是以一房之郡望，代替一姓之郡望，形成了所谓的"姓望"，[3]其已经丧失了明确家族源流的价值，不过是"民间嫁娶，名帖偶一用之，言王必琅琊、言李必陇西……其所祖何人，迁

---

① 吴宗国：《中国古代政治制度研究》，第441页。
② 岑仲勉：《唐史馀渖》卷四《唐史中之望与贯》。
③ 郭锋：《郡望向姓望转化与士族政治社会运动的终结》，文载《中国社会历史评论》第三卷。

徙何自,概置弗问"。①

　　清人顾炎武认为:"唐宋封爵必取本望。"②所谓本望,盖指郡望,而宋代就是"姓望"了。宋代异姓封爵分公、侯、伯、子、男五等,凡爵号均有"开国"二字。公、侯以郡为爵号,伯、子、男以县为爵号。群臣母、妻封号自国夫人而下分郡夫人、郡君、县君共四等,爵号亦皆是以地名为号。宋代封爵没有封邑,只以实封户数折算为钱,但仍以地名为爵号。而爵号与本人的联系,就在于姓。封为某地爵号的依据就是姓。真宗咸平四年(1001)下诏,群臣母妻所封郡县,依本姓望封。③ 就是以姓望作为爵号。相较唐代,宋代郡望与封爵的联系,比较松散,士人选取郡望更是随意。

　　北宋词人贺铸自称"越人贺铸",其家为"会稽一族",并且强调,本族与起自元魏的贺氏不同,乃是起自中原衣冠著姓。④ 但考其先世,其祖姑母孝惠贺皇后的籍贯却是开封。孝惠贺皇后是宋太祖之妻,据其本传,是贺景思长女,后晋开运年间(936—943)嫁给太祖,卒于后周显德五年(958),卒年三十岁,以此推算出嫁时年龄不超过十五岁。宋太祖之父赵弘殷至后周显德年间方崭露头角,此前赵氏先世足迹不出河北,不可能与会稽郡姓结成姻亲。可见贺氏必是开封地区人氏。贺氏在赵匡胤陈桥兵变之前就已去世,当时的封号是"会稽郡夫人"。⑤ 以唐宋封爵必以郡望来看,贺氏封会稽,只是以郡望,而非以籍贯。考唐《贞观氏族志》,会稽著姓七姓,贺氏为其一。故贺铸称己为会稽人,不过是借郡望自抬身价。而邓名世修订《古今姓氏书辨证》,会稽贺氏居然以贺铸为代表。⑥ 足见郡望于宋时已经混乱不堪。

　　从北宋世居杭州的谢涛一族的状况,亦可看出唐代以来郡望观念对士大夫封爵的影响。谢涛被封为陈留开国侯,其子谢绛封爵为"阳夏县开国男"。⑦

---

① 钱大昕:《十驾斋养新录》卷十三《郡望》。
② 顾炎武:《日知录》卷三一。
③ 李焘:《续资治通鉴长编》卷四八,咸平四年正月甲子。
④ 贺铸:《庆湖遗老诗集》原序。
⑤ 《宋史》卷二四二《后妃列传上·孝惠皇后传》。
⑥ 邓名世:《古今姓氏书辨证》卷三三。
⑦ 欧阳修:《欧阳修全集》卷二六《尚书兵部员外知制诰谢公墓志铭》。

宋代并无以"阳夏"为名的行政区。阳夏本为县名，西汉置，北魏孝昌四年（515）置郡，隋开皇三年（591）罢为县，归汴州管辖，唐亦属汴州，[①]辖境相当于宋代的陈州。欧阳修为谢绛所撰的墓志铭中称：

> 至晋宋间，谢氏出陈郡者始为盛族，公之皇考曰太子宾客讳涛，其爵陈留伯，至公开国又为阳夏男，皆在陈郡，故用其封。[②]

谢氏子弟的存世墓志铭，皆未见其曾居于宋代的陈州一带。唐代所修《新集天下姓望氏族谱》，汴州陈留郡出十五姓，谢氏为其一。[③] 谢氏父子封爵，一为陈留，一为阳夏，当是本于此谱的姓望。陈郡谢氏，是东晋的侨姓名族。[④] 而谢绛子谢景温，其封爵为会稽郡开国侯，[⑤]所用郡望又为会稽。宋代封爵不能世袭，故父子爵号不同，自泉州迁居润州的苏颂，封赵郡开国公，[⑥]其孙苏师"德封丹徒县开国男"，[⑦]祖孙两人爵号不同。而似谢氏、苏氏，父子封爵别取两地郡望，其与郡望所包含的大族高门思想相去远矣。

宋时成书的《古今事文类聚遗集》卷八记载，宋时封爵"州县则即其所居之本贯者封之，与单封国公不同，却是取他郡"，以谢氏封爵观之，显然并非如此。又如定居苏州的卢革，封"濮阳县开国子"；[⑧]迁居丹徒的陈豫，本为建阳人，后随叔父陈升之迁居丹徒，去世时封"嘉兴县开国男"；[⑨]久居江西南丰的曾肇，封爵为"曲阜县开国男"。[⑩]

宋人对当时妄称郡望的现象多有批评。赵彦卫即认为：

---

① 李吉甫：《元和郡县图志》卷八。

② 欧阳修：《欧阳修全集》卷二六《尚书兵部员外知制诰谢公墓志铭》。

③ 王仲荦：《隋唐五代史》，第516页。

④ 毛汉光：《中国中古社会史论》，第56页。

⑤ 刘安世：《尽言集》卷七《谢景温除命录黄》。

⑥ 曾肇：《曲阜集》卷三《赠苏司空墓志铭》。

⑦ 韩元吉：《南涧甲乙稿》卷二〇《故中散大夫致仕苏公墓志》。

⑧ 范成大：《吴郡志》卷二《风俗》。

⑨ 孙觌：《鸿庆居士集》卷三五《宋故右中奉大夫致仕赠少师陈公神道碑》。

⑩ 曾肇：《曲阜集》附录。

世人惑于流俗,不究本宗源流,执唐所推望姓认为己之所自出,谒刺之属,显然书之,至于封爵亦如是,殊失尊祖敬宗之义。①

宋人书信来往中以郡望相称者俯拾皆是。如建昌人李觏,自称"陇西",处州人周启明自称"汝南",其所表郡望皆是声名最著一姓。古人书名不忘爵里,但是宋人却往往以郡望自陈,其选择颇为随意,取郡望,而不是籍贯、居住地作为惯常书信来往的自称。与之相类似的还有墓志铭,宋人撰墓志铭、行状,多追述撰主世系,其所书地域也常以郡望。如孙奭以"乐安孙氏"行世,亦是取唐代郡望。②

宋代虽采用唐代以来的郡望作为封爵的爵号,但是仍有变化:首先是许多郡号为唐代所无。例如金华郡,考唐代诸郡,并无金华。金华郡于隋代已废,宋代为婺州。唐时婺州以东阳为郡,出七姓。③ 南宋马光祖受封为金华郡开国公,便是以隋以前郡名,作为爵号。④ 不但爵号不用唐时郡县,其姓也不是婺州所有的郡姓。其二是许多姓为本郡郡望所无,本郡著姓没有著录。如北宋名臣富弼封河南开国公,而唐代河南郡望姓二十三个,并无富姓。也有一些望姓,并不用唐时本望,而改用其他地望,代表的是宋时望姓。宋人随意选取郡望,反映出宋代郡望观念已经趋于淡薄。宋代以吏部司封司掌管百官封爵、命妇封赠,并修订有《司封格》作为封爵依据。现保留于《玉海》的宋代郡国名,是景祐、绍兴两个时期的《司封格》。⑤《庆元条法事类》载有巨鹿、乐安等二十一个郡县不能封赠臣下的规定。⑥ 部分郡号为唐时所无,为宋代新增。

宋人随意选取郡望,反映出宋代郡望观念已经趋于淡薄。但是淡化的是自唐以来代表门阀的郡望,而代之以宋代的地方政治代表人物,这也是延

---

① 赵彦卫:《云麓漫抄》卷三。
② 宋祁:《景文集》卷六一《孙仆射行状》。
③ 王仲荦:《隋唐五代史》,第516页。
④ 周应合:《景定建康志》卷首。
⑤ 王应麟:《玉海》卷一八《宋朝郡国名》。
⑥ 不著撰人《庆元条法事类》卷一二《致仕·封赠》。

续唐代以来以官品之门第，取代贵族之门第的趋势。郡望代表了当时人们对地区性政治代表力量的认识。正如唐代郡望与魏晋以来郡望不同，说明唐代产生了新的士大夫群体和地域政治观念，宋代的士大夫也试图以本朝的官僚地域分布，取代唐代的郡望。宋代编有《景祐姓解》、《熙宁姓纂》、《皇朝百官公卿家谱》、《臣僚家谱》等书，除了普通谱牒类书籍的序姓氏的功用外，还应有标明本朝望族，标示名门宦族的意义。仁宗庆历元年（1041），曾议文武臣僚许立家庙，目的是改变"王公荐飨下同委巷，衣冠昭穆杂用家人"的状况。① 而家庙制度之所以未能确立，在于宋代没有封爵世袭的制度，家庙难免数代而废。②

　　科举之所以也能够成为地方集体性竞争，在于由科举入官的士人，自觉维持本地利益，为地方代言，并以籍贯形成地域集团。这是与官员世代定居某地，在本地入学、科举，与回乡官员和本地士人形成地方精英群体直接相关。而宋代士大夫，从求学开始往往就脱离本土，出外游学，他们的教育不是在本地的官学体系中完成的。宋代虽然于仁宗宝元年间开始在府州建立官学，以本籍土著作为入学要求之一，但是很快本籍入学的规定就被打破。而且官学没有和科举制度结合起来，以约束士人流动，所以无法依靠地方官学推动形成籍贯意识。南宋发展起来的书院，是宋代士人教育的主要场所，但学生大多是从外地游学而来，没有表现出"地方性"。③ 科举考试的户籍认定，确认标准以土地和葬地，易于更改。宋人文同任职兴元府时发现，历次本府发解的进士，皆是他州士人假借本州籍贯应试，其一旦不能登第就回归本乡。④ 官员致仕不归本乡，无法将为官时获得的文化资源带回原籍，世代积累起来。宋代的科举制度形成的是中央化、城市化的官僚，他们很难把户籍所在地区的利益，视为自己家族的利益，因此也就无法形成士大夫主导的地域社会。而到明代，地方官学教育和科举结合，以本籍入官学和"科举

---

① 《宋会要辑稿·礼》一二之一。
② 常建华：《宗族志》，第 87 页。
③ 陈怡雯：《由官学到书院》，第 337 页。
④ 文同：《丹渊集》卷四三《奏为乞置兴元府府学教授状》。

必由学校"的制度,将士人的学习和举业,严格控制在户籍所在地,以此形成由科举考试产生的籍贯观念和地方利益观念;官员致仕归乡与大量无法入仕的生员阶层结合起来,造就了基层的士绅阶层,真正形成基层精英领导的地方社会。

唐宋社会变革的结果是科举社会取代门第社会。科举社会的一个重要特质是基于科举,形成了新的"士——庶"关系,从事举业的士人,形成新的、与无教育背景人群对立的社会阶层。① 这一阶层能够确立,依靠的是文化优势,而不是由血缘形成的门第。印刷术和教育的普及,使平民可以跻身士人阶层,科举社会因此也就是与贵族社会不同的平民社会。平民社会的形成过程,同时也是国家力量向社会基层渗透的过程,因此宋代的籍贯管理比唐代严格,但是由于国家力量不断吸收社会精英向城市转移,士人因此脱离原籍,造成户籍更动频繁,士大夫难以形成依据户籍的籍贯意识。当需要以某个地名标识士大夫的地域归属时,就产生了户籍、祖居地意识混合的情况。同时新兴的士人阶层,也企图以地域标志现实的新兴官僚家族,于是在隋唐形成的郡望中加入了反映宋代状况的郡望,形成宋人的郡望观念,并且与户籍观念、祖居地观念混合,形成宋代士大夫的籍贯观念,这种混合了国家力量、官僚的力量、以及门第观念余绪的籍贯观念,反映的是宋代社会从贵族社会向平民社会的转型。

---

① 近藤 一成:《科举社会的形成》,文载《厦门大学学报》2005 年第 6 期。

第六章　族谱与宋代家族

族谱文献记载了丰富的家族传记资料,是补充正史及宋代文集的重要资料。本文在搜集宋代家族相关史料过程中,除宋人文集、笔记、方志外,尝试在存世明清方志与家族谱牒中获得关于家族的记载,以扩大史料范围,补充一些家族的记载。

第一节　族谱所见宋代家族

中国自形成家族以来,就形成了撰写族谱的习惯。族谱功能从魏晋隋唐的表门第,逐步发展到宋以后的收宗族,记载宗族世系始终是其核心内容,因此历来为史家所重视。清人章学诚认为地方家族的谱牒是一地一国史志的基础。① 梁启超亦指出:"又岂惟书籍而已,在寻常百姓家故纸堆中往往可以得极珍贵之史料。……又如各家之族谱家谱,又宁非天下最无用之物?然苟得其详赡者百数十种,为比较的研究,则最少当能于人口出生死亡率及其平均寿数,得一稍近真之统计。舍此而外,欲求此类资料,胡可得也?"②因此,近代以来,从族谱、宗谱中获得资料为史家所重视,罗香林、潘

---

① 章学诚著,叶瑛校注:《文史通义校注》卷六《和州志氏族表序例》上,第621页。
② 梁启超:《中国历史研究法》,第61页。

光旦等先生更是以新的视角对家谱进行社会科学方法的研究。①

使用家谱资料今天更为学者所重视。学者通过家谱可以了解古人生平,明确作品归属,②一些传世族谱已经被引用以增补宋人文集。③ 刘翠溶依据家谱中的人口信息探讨家族人口规模、婚姻、生育、迁徙等问题。④ 对于传世家谱所载宋代历史,很多学者进行了研究。戴仁柱(Richard L. Davis)以《萧山史氏宗谱》(八行堂)制成史氏家族谱系,分析史氏的婚姻关系,⑤郑良树以家谱资料补充有关文天祥的记载,⑥李裕民以范仲淹家族传世宗谱探讨范仲淹世系,⑦柳立言以吴越钱氏族谱研究钱氏在宋代维持家族地位的不同策略。⑧ 此外根据族谱对岳飞等宋代名臣进行研究也成为一时的学术热点。⑨ 对于中国家谱本身的起源与流变,各个时期家谱修纂的特点,⑩家谱变化带来的修纂方式、族谱材质的变化,⑪学界已经有深入讨

---

① 罗香林:《中国族谱研究》;潘光旦:《明清两代嘉兴的望族》。此外日本学者对中国族谱也进行了深入研究,代表性著作有森田宪司《宋元時代における的修譜》,《东洋史研究》37 卷 1979年;多贺秋五郎《中国のま族譜研究》,学术振兴会 1981 年。

② 李志远:《论家谱的文学史料价值》,《齐鲁学刊》2009 年第 1 期。

③ 周洪才:《新发现的王十朋、朱熹佚文及其文献价值》,《古籍研究整理刊》2005 年第 3期;王兆鹏:《北宋词人王寀行年考》,《江西社会科学》2006 年第 1 期;文师华、包忠荣:《曾巩家族的〈二源曾氏族谱〉》,《文学遗产》2007 年 5 期;姚红:《关于宋代吕蒙正家族的几个问题》,《文献》2007 年第 2 期;王兆鹏:《家谱所见李光世系》,《文献》2007 年第 2 期;周扬波:《江扬嵩高柴氏宗谱》,《文献》2009 年第 1 期。

④ 刘翠溶:《明清人口的增殖与迁徙——长江中下游族谱资料的分析》,文载《第二届中国社会经济史研讨会论文集》,汉学研究资料及服务中心 1983 年,第 283 页。

⑤ Court and Family in Sung China, 960—1279: Bureaucratic Success and Kinship Fortunes for the Shih of Ming-chou, Duke University Press 1986.

⑥ 郑良树:《文氏族谱对文天祥史迹的补充》,《第五届亚洲族谱学术研讨会会议纪录》联合报文化基金会 1991 年。

⑦ 李裕民:《再谈范仲淹生母谢氏问题》,《唐宋经济史高层研讨会论文集》。

⑧ 柳立言:《北宋吴越钱家婚宦述论》,氏著《宋代的家族和法律》。

⑨ 常建华:《社会生活的历史学——中国社会史研究新探》,第 261—336 页。关于 20 世纪 80年代以来的家谱研究,常建华进行了回顾和述评,对家谱的收集、目录整理、研究现状进行梳理。

⑩ 杨东荃:《汉代家谱研究》,李裕民:《北朝家谱研究》,常建华:《元代族谱研究》,并见《谱牒学研究》第三辑。

⑪ 王日根、张先刚《从墓地宗谱到祠堂——明清山东栖霞宗族凝聚纽带的变迁》一文指出明代以前纸质的族谱并不普遍,而铭刻在墓碑之上起着认证祖先、谱写宗族世系作用的谱系却较为盛行。铭刻在墓碑上的谱系起源甚早,宋以后宗族意义上的碑刻谱系开始盛行。宋元时期在墓碑上刻录家族世系图表相当普遍,文载《历史研究》2008 年第 2 期。

论。学者对族谱包含的序跋、修纂人、修谱章程、目录、源流、世系、墓志、登科录、墓图、诗等内容亦作了详细分析。① 陈支平对福建地区的家谱、族谱修纂方式、流变、特点作了全面、深入的分析,对家谱资料的优缺点作了精到论述,呈现了区域族谱的全貌。②

笔者在翻阅题记为宋代始修的家谱时候,获得一些宋代家族历史的资料。如自宛邱迁居明州的王氏家族,其家族成员的墓志铭保存于民国时期重修的家谱中,笔者比对其他宋代史料后认为,该家谱关于王俣的墓志铭记载较为可靠。③

但是,由于家谱的私修性质,加之许多家谱的修纂者文化程度不高,其攀附名人的行为素来为学者诟病,④多数学者对于家谱的史料价值都持十分谨慎的态度。⑤ 对于以家谱增补文集,亦有学者指出其错漏。⑥ 陈支平在翻阅大量福建族谱后发现,福建地区族谱或攀附名贤,或伪造名贤序文的现象非常普遍,甚至占有族谱的相当大分量,其中尤以伪托朱熹为家谱所作序文为甚。⑦

笔者在查阅两浙地区家谱时,亦发现许多自称始修于宋的家谱,多有题为朱熹、真德秀、文天祥所作的谱序,尤以朱熹为多;若自称明代谱序,则多为刘基、宋濂。部分自称始修于宋的家谱,其始修年代亦令人生疑。如重修于 1931 年的《剡源张氏宗谱》,其自称始修于南宋咸淳十年(1274),至 1931 年重修已递修十二次。然其题为宋代所作的谱序显是伪造。又如《清池张

---

① 柳立言:《族谱与社会科学研究》,见《宋代的家族和法律》,第 52 页。

② 陈支平:《福建族谱》。

③ 《孝义官人宅王氏宗谱》,1914 年重修。

④ 冯尔康:《古代宗族乱以名贤为祖先的通病——以〈新安萧江宗谱〉为例》,《第五届亚洲族谱学术研讨会会议纪录》,联合报文化基金会 1991 年。

⑤ 武新立:《中国的家谱及其学术价值》,《历史研究》1988 年第 4 期;费成康:《漫谈家谱中的史料应用》,《档案与史学》2003 年第 4 期;葛剑雄:《家谱:作为历史文献的价值与局限》,《历史教学问题》1997 年第 6 期。

⑥ 束景南、余全介:《陈亮佚文新辑》,《文献》2005 年第 3 期。如方建新的《苏轼佚文〈叶氏宗谱序〉质疑》,载《杭州大学学报》1998 年第 1 期;岳珍《苏轼佚文〈叶氏宗谱序〉质疑》,载《四川大学学报》1997 年第 4 期;曾枣庄《"强附贤达"的伪托之作———苏轼〈叶氏宗谱序〉真伪辨》,载《文学遗产》1997 年第 6 期;薛瑞生《〈叶氏宗谱序〉与〈像赞〉非苏轼、苏洵作辨》,《文史知识》1998 年第 1 期。

⑦ 陈支平:《福建族谱》,第 78 页。

氏宗谱》,攀附宋名臣张知白,其所谓《文节张公传》全文录自《宋史》张知白本传。为了伪造本族系出自张知白的谱系,甚至改写张知白之子的名讳。再如《姚江邵氏宗谱》,谱称修于南宋,有宋人汪澈所作谱序,序作于乾道八年(1172),而汪澈乾道七年(1171)已经去世。①

一些家谱不但假托宋代名臣大儒撰写谱序,更有假托名人撰写的诰词、墓志铭、行状之类。笔者前文论及的魏杞,其传世文献主要是《四明丛书》本的《魏文节遗书》。该书系自称为魏杞后裔的魏颂唐辑录。该书 1940 年辑入陈寿镛的《四明丛书》。② 其附录有题记为朱熹所作行状和郑清之所作神道碑。其中题为朱熹撰写的行状来源于嵊县的魏氏家谱。③ 该行状详述魏杞在余姚、泾县为官的政绩,对使金内容记载尤详细,比照其他史籍,叙事、人物、官称皆符合宋代史实,当是宋人记载。其中魏杞任相制词,"政如衡石之平,衷靡丝毫之伪,察其朴厚,可付弼谐",亦见于宋代史籍。④ 但是笔者以为该行状并不是朱熹所作。理由有四:其一,行状中对魏杞的世系没有进行叙述。依宋代行状一般的叙述规律应当述魏杞高祖以来的世系、官、爵等内容,而该行状全无此内容。而在文末径称其父为"太师",以宋代行状等行文习惯,唯有前文述及官爵,文后才会以官名省称。而其父称"太师"、"燕国公"等亦未说明是因子孙官位赠官,还是本人任官后的追赠,这也不符合行状的行文方式。此外,关于婚姻和子孙,该行状虽然在状首即叙其与姜氏的姻亲关系,"问出处,潸然出涕,言有母无以为养,姜公亦为感动,馆之于家,命之从学,文日益进。姜公许妻以其子,是为庆国夫人"。但是姜氏籍贯何处等信息皆无。根据楼钥为姜浩所撰墓志铭,魏杞娶姜浩从妹为妻,⑤但该行状对此并无言及,甚至没有记述魏杞的子、孙、婿情况的内容,而这是作为传主行状通常都有的内容。其二,对于魏杞入仕、科考的情况,仅仅以"公未冠授官,复擢巍科"一句叙述,而对其中绍兴十二年(1142)进士等内容竟

---

① 周必大:《益国周文忠公集》卷三〇《汪公神道碑》。
② 张寿镛:《序》,见《魏文节遗书》卷首。
③ 魏颂唐:《魏文节遗书》附录。
④ 徐自明:《宋宰辅编年录》卷一七。
⑤ 楼钥:《攻媿集》卷一〇八《赠金紫光禄大夫姜公墓志铭》。

一字未提,以宋代重科举出身的社会背景而言,不可想象。其三,行状文末叙述葬地:"燕国之葬,卒迁奉化,合葬溪口上山崇福显亲禅寺,寺前名常乐院,其后得旨改院赐额'崇福显亲祠'。娶夫人姜氏静专,庆国夫人,郊祀礼仪,特封文节夫人。公复资政殿大学士。薨于淳熙十年十一月乙未,六十有四,次年九月葬于奉化溪口上山,祔太师燕国公之藏。"以宋代制度,大臣求建功德寺较为普遍,而常乐院改为魏氏功德院,并以"崇福显亲"为寺额亦见于记载。① 但是以寺为祠,当是元明之际方有之事。而其妻竟然以魏杞谥号"文节"为夫人称号,显是作伪。其四,朱熹曾就魏杞奉使一事,对高宗给魏杞的批答作书批,对于魏杞的忠节,朱熹颇为推崇,②而此行状中于此事亦未言及。而朱熹究竟因何为魏杞作行状,文中也没有记载。③ 以一篇完整的行状标准而言,题记为朱熹的这篇行状,缺漏较多;但其关于魏杞仕宦经历、奉使金国的记载则较为完整,所以笔者以为该行状当是据传世宋代文献改写,其中相当部分是依靠家谱得以保留下来。魏杞家族祠堂等相关内容,在以魏杞为始祖的《兰风魏氏宗谱》(光绪二十三年重修)、《长冷魏氏宗谱》(1949年重修)中亦有相同记载。④

前揭论文《新发现王十朋朱熹佚文及其文献价值》中所引题名朱熹撰之墓志铭《宋驸马淮宁伯文甫竺公行状》称竺简之父竺宜用"熙宁六年举孝廉,元丰间历官翰林承旨,公贵,赠宁夏伯",竺简本人"大观三年举进士,廷试第三,时年十有五岁也……以第四女南阳公主妻之,爵驸马"。其所谓"举孝廉"、"宁夏伯"等官称多与宋时不合,当系伪作。

除伪托名家作序之外,很多族谱还攀附名人为始祖。宋时对此已有批评,元代修谱攀附名人的现象也十分严重。⑤ 元人虞集就曾批评周氏族人

---

　　① 陈著《本堂集》卷八:"崇福寺大用堂,乃魏文节祠,旧有'半床云一窗月'在两挟,取舒懒堂诗中语也,主僧泽南洲撤两挟尊大用堂而新之,魏东斋有诗因次韵。"
　　② 朱熹:《朱文公文集》卷八三《书寿皇批答魏丞相奉使札子》。
　　③ 郭齐《朱熹佚文疑伪考》对魏杞行状作考论,亦认为该谱所收行状当是伪作,文载《宋代文化研究》第四辑,第347页。
　　④ 魏琛:《兰风魏氏宗谱》卷首,光绪二十三年(1906)五修本;魏陈富:《长冷魏氏宗谱》,1949年七修本。
　　⑤ 常建华:《元代族谱研究》,《谱牒学研究》第三辑。

修谱攀附周敦颐。① 仅以笔者所见周氏族谱为例,以周敦颐为始祖的计有《余姚开元周氏宗谱》(1924 年续修)、《道国周氏宗谱》(1907 年重修)、《洛塘周氏宗谱》(1887 年重修)、《巴陵周氏宗谱》(1947 年修)、《浦阳西皋周氏宗谱》(1882 年重修)、《吴县周氏家乘》(1817 年重修)、《江峡周氏宗谱》(1917 年重修)、《武进周氏宗谱》(1936 年重修)、《常州周氏宗谱》(1943 年重修)、《蒋湾桥周氏宗谱》(1915 年重修)、《富阳周氏宗谱》(1894 年重修)、《周氏六修族谱》(1932 年重修)等家谱,而地域跨度广至今浙江、江苏、四川等地。其中的一些家谱将宋代所有周姓官员、进士皆列为本族人,且所记宋代史实不出《宋史》周敦颐本传及宋人潘兴嗣所撰墓志铭。

第二节　族谱与方志的关系

由于家谱记载一个家族的历史变迁,所谓"一家有谱,尤一国有史",家谱对家族的记载必然涉及居地的历史,因此明清以来纂修方志多引用家谱作为资料。依据家谱编成的氏族志,在明代方志中虽没有成为普遍纂修的类别,②但以谱牒补史籍之缺,是修志时较为普遍的做法。如《万历新昌县志》记事有缺略则"搜传记、谱、铭、碑刻之类补而辑之"。③ 至清人章学诚则倡导以国史、地方志、谱牒三者并为一体。受其影响,清代方志多有以族谱为基础的氏族志,《民国鄞县通志》则全以家谱资料为基础开列鄞县氏族。林天蔚也指出明清官方编修方志多以家谱为基础资料。④ 受此影响,一些家谱也会因地方修志需要,专门抄录成册,如海盐吴氏即修成《海盐吴氏传状合抄》,其题录为"吴本佺录付志馆本",⑤可见是谱专为修志而抄录。部

---

① 虞集:《道园学古录》卷三三《周氏族谱序》。
② 陈其南:《方志〈氏族志〉体例的演变与中国宗族发展的研究》,《汉学研究》第 3 卷第 2 期。
③ 莫旦:《万历新昌县志》凡例。
④ 林天蔚:《地方文献研究与分论》,第 165 页。
⑤ 潘光旦:《明清两代嘉兴的望族》,第 8 页。

分现代修成的地方志也以家谱作为姓氏源流的基本资料,对于姓氏来源的记载,多依据地方家族的谱牒,如修成于 1989 年的《江山市志》、①1992 修成的《慈溪县志》②等,所开列迁徙家族其始迁时间以唐宋时期为多。

　　明清方志中征引家谱虽然普遍,但家谱资料攀附、伪冒的谬误亦为史家批评,有关宋代的记载尤为如此。光绪《鄞县志》载有王安石为鄞县人王致所作墓志铭,其文弊陋,人物行实错乱,显为后人伪作。对此,精于考辨的钱大昕指出,此文是出自王氏后人所作的家谱,但是修志者"不深考而详载之"。③ 而嘉靖《宁波府志》所谓南宋明州汪洙、汪思温、汪大猷三世皆为大学士,更是采于谱牒的无稽之谈。④ 常州岳氏与岳飞后人通谱后,伪造岳霖之墓,而相关记载亦出现在《嘉庆宜兴县志》之中。⑤ 也有学者认为族谱中包含大量的地方史料,尽管其记载有可议之处。特别是出于乾嘉名家手笔的家谱可信度仍然很高。⑥ 凡成书于明清的家谱对宋代史实的记载仍需要其他史料加以佐证。家谱内容窜入方志较多的是进士题名。以新昌为例,万历志中宝祐四年(1256)进士吕岳以下尚有吕峻等九人,民国重修时根据题名记等石刻资料校订,将不见于文献的九人剔除,并指出这是成化年间修志时,仅凭家谱错将通过发解试者记为进士。⑦ 章学诚强调家谱修纂以官主其事,其立意也是要纠正私修家谱各自为说、攀附前贤的弊端。⑧

　　近人潘光旦在其《明清两代嘉兴的望族》一书中对嘉兴地区望族的婚姻与人才作了深入分析,为勾画家族谱系,书中共征引家谱 12 种。家谱为复原这些明清家族的历史提供了丰富素材,重要性不言而喻。但关于家族迁徙源流,该书多依据族谱所记称某家族本为官宦,靖康之变后"南渡扈跸"等记载。⑨ 书

---

① 　江山市志编纂委员会:《江山县志》,第 516 页。
② 　慈溪市方志编纂委员会:《慈溪县志》,第 946 页。
③ 　钱大昕:《潜研堂集》卷一九《王鄞江墓志不足信》,第 312 页。
④ 　钱大昕:《潜研堂集》卷一九《汪氏三世官位不足信》,第 312 页。
⑤ 　阮升基:《嘉庆宜兴县志》卷九《邱墓》。
⑥ 　陈捷先:《台湾地区族谱学研究之状况与问题》,《汉学研究》第 7 卷第 2 期。
⑦ 　金城:《民国新昌县志》卷九《选举表》宝祐四年。
⑧ 　章学诚:《文史通义·和州志》。
⑨ 　潘光旦:《明清两代嘉兴的望族》,第 76 页、第 77 页。

中纪录家族始祖,亦以家谱所载依据。如其所载岳氏,依据家谱称岳氏为岳飞后裔,并以为其族因岳珂嘉定间为官于秀州而迁居。① 而根据史料,岳珂一族实聚居于江西德化,未有迁居于苏、常地区者。② 再有潘光旦所引《嘉禾征献录》,其书中记载多个家族迁居嘉兴地区的时间是在南宋,所据亦是家谱、族谱文献。如陶煦,称其祖先宋时以军功授将仕郎;③钱士升,自称为钱镠后裔;④而陆光祖,则自称为唐陆贽后裔,其祖宋时封庆国公,六世祖陆旋吉为枢密副使;⑤常士昌,自称为南宋末参知政事常楙曾孙,永乐六年(1408)以荐为山西行太仆寺主簿。⑥ 而这些记载并见于《两浙名贤录》。徐必达自称其远祖徐彦明南宋末为嘉兴令,而洪武朝入赘嘉兴,迁居于此。屠勋、⑦丁宾⑧的资料皆明确是以其家谱为依据。书中有关陶煦、陆光祖两人而采自家谱的说法,颇为可疑。明清许多族谱在追溯始祖时,多有攀附名家而自称后裔家道中落,赘入某姓,至某代始复姓者;若言及家族迁徙,则多自称避乱或靖康中南迁至此,这是家谱中攀附唐宋时期名臣的惯常写法。而由于理学在明清的正统地位,攀附宋代理学名臣成为明清时期修谱的特点之一,其中尤以攀附周敦颐、朱熹为甚。

周敦颐本籍道州,晚年因喜爱庐山山水,遂筑室于庐山,去世后葬于江州德化县。据潘兴嗣所撰墓志铭,周敦颐有二子周焘、周寿,其孙辈未见记载。⑨ 据《正德姑苏志》所载,周敦颐之孙周兴裔在任和州观察使时,为追念先祖而在吴县的胥台乡修建有祭祀周敦颐的祠堂。⑩ 但是《正德姑苏志》对于周敦颐后裔的世系记载却十分混乱。

《正德姑苏志》一书《冢墓》一节载周兴裔及其孙周才葬于积善乡,⑪则周

① 潘光旦:《明清两代嘉兴的望族》,第 86 页。
② 张政烺:《读〈相台书塾刊正九经三传沿革例〉》,见《张政烺文史论集》,第 171 页。
③ 盛枫:《嘉禾征献录》卷一三《都察院》。
④ 盛枫:《嘉禾征献录》卷一《阁臣》。
⑤ 盛枫:《嘉禾征献录》卷三《吏部》。
⑥ 盛枫:《嘉禾征献录》卷五《礼部》。
⑦ 盛枫:《嘉禾征献录》卷八《刑部》。
⑧ 盛枫:《嘉禾征献录》卷一二《工部》。
⑨ 潘兴嗣:《周茂叔墓志铭》,《宋文鉴》卷一四四。
⑩ 王鏊:《正德姑苏志》卷二七《庙坛》。
⑪ 王鏊:《正德姑苏志》卷三四《冢墓》。

才当为周兴裔之孙,但该书《名臣》一节的记载中,周才却成了浦城人周武仲后裔。周武仲曾孙为常熟尉周昺,周昺之孙为周才,周才之子周文英。① 而正是周文英成为周敦颐祠堂在苏州得以复建的关键人物。② 周武仲本为建州浦城人,绍圣四年(1097)中进士,建炎二年(1128)以龙图阁学士提举江州太平观,以朝奉大夫致仕,同年去世,享年五十五,后葬于吴县太平乡。③

　　笔者所见《锡山(无锡)周氏宗谱》所列世系为:周敦颐孙周季友、周季仲、周叔夏,曾孙周兴裔,玄孙周昺、周昱。④《(武进)周氏宗谱》有题为《周兴裔行实》一文,记载世系为:周兴裔字克振,为周寿之孙,周季仲之子,娶大臣王珪之女。其子周昺以荫补入仕,为常熟县尉。其孙周屿为承仕郎。其曾孙周才为迪功郎。周兴裔政和年间曾任秦凤路经略司书写机宜文字,后历任潼州府廉防使、知岷州。靖康南渡后,周兴裔被差为和州观察使、权两浙淮南东路沿海制置使,后死于对金战事,葬于常熟县虞山积善乡。⑤ 在两个家谱中,周昺、周才的世系关系全然不同,但是攀附周敦颐、周兴裔的后裔则是相同的,而周武仲则不见于记载,只有名为周季仲者。而《(武进)周氏宗谱》所列世系,复见于成书于道光年间的《重修西湖周元公祠志》中。⑥

　　以周兴裔家谱记载与明清方志中相关内容相对照,能够表明《正德姑苏志》等方志在编纂时很可能使用了明代的周氏族谱,甚至将其错误照纳不误,如对周武仲的记载即是。而之所以出现这种情况,笔者以为是周武仲后裔为了攀附理学名臣周敦颐,不惜改易先祖,以周兴裔为始迁祖,将周武仲硬生生加在周兴裔家族之中,以周昺为周武仲曾孙,周才为周昺之孙。明人徐可行在为《周元公世系遗芳集》作序时,述及周敦颐世系时称周敦颐之子周寿、曾孙周兴裔,其下传为周才、周南老、周文英等。而王直在为周氏的崇

---

① 王鏊:《正德姑苏志》卷五〇《名臣》。
② 王鏊:《正德姑苏志》卷二七《庙坛》。
③ 杨时:《龟山集》卷三六《周宪之墓志铭》。
④ 周荣增:《锡山(无锡)周氏宗谱》,光绪十三年重修。
⑤ 周希耀:《(武进)周氏宗谱》,1936年重修。
⑥ 周勋懋:《重修西湖周元公祠记》卷二《世系》。

本堂作序时,则对周文英与周兴裔的世代关系含糊其辞。① 说明明代人对苏州地区自称周敦颐后裔之家族的前代世系已不甚明了。

正是对家谱文献的使用,使得很多本属私人记述的内容,未经考订而被方志所采纳,从家族私记一变而为地方官志。如定居于余姚的夏氏家族,自称为北宋大臣夏竦后裔。在其族人编纂的家族定居余姚的历史中,称其始迁祖为夏荣。夏荣作为夏竦的后裔,在宣和年间从张叔夜剿宋江,后又于南渡时死于王事,被宋朝廷赠官为"两浙节度使",封"英国公",谥"定"。② 查宋代官制,节度使为武臣阶官,凡节度使皆带军号,如定武军、清远军等,③并无"两浙节度使"之官称。夏竦本人以"英国公"为爵号,其后裔不可能袭封此爵位,更遑论于史传全无记载之人可以受封为国公。其所谓"家藏诰敕"云云,显然出自编造。从明代夏氏的仕宦看,似乎并不显达。余姚夏氏祠堂及周边田土数世为同县朱姓一家占据,直到官至刑部员外郎的夏道南返乡,方才夺回祠堂田土。嘉靖年间,夏氏请同县大儒吕本为这个夏氏始祖撰写墓碑,并以所谓的谱牒作为资料,其根本目的,当是为了证明其夺回祠堂田土的合法性,其记载是否为史实当有可议之处。然而,就是这样一个记载竟然堂而皇之地被收入《嘉靖浙江通志》和《雍正浙江通志》。④

正是由于地方士人参与明代方志修纂过程中使用了参与修志者的家谱资料,家族私人撰写的所谓历史影响了方志的记载。戴思哲(Joseph Raymond Dennis)在对明代地方志修纂过程进行分析后指出:由于纂修为大臣吕光洵等家族把持,《万历新昌县志》的纂修变成了三个官位显赫的新昌大族的公共家谱。经过纂修者编造,万历以前所有新昌吕姓进士都成了吕光洵七世祖的后裔。⑤ 而吕本为吕文洵作神道碑,也是仅仅依据吕氏谱牒,就

① 王直:《崇本堂记》,《吴都文萃续集》卷一四。

② 吕本:《期斋集》卷一〇《宋两浙节度使封英国谥定夏公墓志铭》。

③ 龚延明:《宋官制辞典》,第 578 页。

④ 《雍正浙江通志》卷一四六《名宦》。

⑤ 戴思哲(Joseph Raymond Dennis):《编纂方志当作战略性的行为:万历时代的〈新昌县志〉的私人目的》,文载沙其敏、钱正明《中国族谱地方志研究》,上海科学技术文献出版社 2003 年。并见其 *Writing,publishing,and reading local histories in Ming China*,doctoral dissertation University of Minnesoda 2004. 作者除了使用地方志外还大量使用了犹他家谱学会图书馆中的家谱文献。作者强调《万历新昌县志》并不是个案,应该是具有普遍性。

称其为宋大理评事吕亿后裔。① 这种明代攀附唐宋时名人的记载,其史料意义自然有限,但有论者却认为其资料可靠,并以之解决了世系问题。②

不少族谱在修撰时,在证明其文献可靠性时多采用地方志以为佐证,如《浦阳和溪石氏中宗谱》、③《余姚柏山胡氏重修宗谱》④等,多在谱中引述地方志记载以表明方志与家谱记录一致,以官修地方志的真实性,来证明家谱记载的真实性。

但是正如前文所述,明清时期编纂的方志,并没有因为其官修志书的性质就确保了其对前代历史的记述是真实的,特别是关于唐宋时期历史的记载尤其如此。一些地方家族,通过参与修志,将家族私人的、没有确证甚至根本就是杜撰的所谓历史,载入了官修的地方史书,从"私记"一变为"信史"。明清方志对唐宋时期人物、世系的记载,本身就需要参考其他史料,以辨别其记载的真伪。而家谱资料中关于家族历史的记载,特别是唐宋时期的家族历史,要确证其真实性,应该不能仅凭明清时期的方志作为论据,而需要更多的史料作为依据。

使用族谱资料的研究在明清时期家族、社会、人口、法律史等问题方面已经取得丰硕成果,族谱资料的价值不言而喻。⑤ 随着族谱资料的收集整理,已经先后有多部族谱提要问世,族谱资料将会更广泛地应用于社会科学研究。但是,族谱资料的缺陷以及其在唐宋时期历史研究中应用的局限性,部分学者似乎未予充分重视,如有论者仅依据族谱资料就得出了朱熹后裔已经在韩国繁衍的惊人结论。⑥ 依据明清方志以证明家谱记载真实性的研究亦时有所见。笔者以为,对于出自家谱的宋代人物传记资料,在使用时应有其他史料加以佐证,而佐证史料又需鉴别。使用出自明清时期方志的传

---

① 吕本:《期斋集》卷九《赠兵部侍郎兼都察院右都御史芝山吕公神道碑》。
② 王燕飞:《家谱与方志关系小议》,《江苏图书馆学报》2002 年第 2 期。
③ 石锦生:《浦阳和溪石氏宗谱》,1928 年重修。
④ 《余姚柏山胡氏重修宗谱》,1915 年重修。
⑤ 罗香林:《中国族谱研究》结论《中国族谱之学术地位》。
⑥ 陈友益、李骏:《论朱熹曾孙朱潜是韩国和中国湖州朱氏后裔的共同始祖》,《湖州师范学院学报》2002 年。

记资料以校族谱,应以更为审慎的态度处理。

第三节　攀附与实利:族谱所见的宋代家族后裔

顾炎武曾致书一位卢姓士人,对卢姓士人的祖上突然入列苏州官学、从祀孔子深为不满,他说道:

阊门外义学一所,中奉先师孔子;旁以寒宗始祖黄门公配食。黄门,吴人,而此地为其读书处,是以历代相承,未之有改,尝为利济寺僧所夺,寒宗子姓讼而复之,史郡伯祁抚台记文昭然可据,非若乡贤祠之列置前献可以递增也。近日瞻拜间,忽添一卢尚书牌位,不胜疑讶,问之典守,则云:有令侄欲为奉祀生员,而借托于此者。夫尚书为君家始祖,名德著闻,与我祖黄门岂有优劣!然考尚书当日固尝从祀学官,而嘉靖九年,奉旨移祀其乡矣。尚书之乡为涿郡涿县,则今之涿州也;尚书之官为九江、庐江二郡太守,则今之庐州、寿州也。《汉史》本传尚书当日足迹从未至吴,既非吴人,又非吴官,为子孙者欲立家祠,自当别创一室,特奉一主,而逼处异姓之卑官,援附无名之血食,于义何居?夫吴中顾、陆,河北崔、卢并是名门,各从本望。天下之忠臣贤士多矣,国家之制止于名宦乡贤。是以《苏州府志》载本郡氏族一卷,有顾无卢;载本郡祠庙一卷,有顾野王而无卢某。府志出自君家教谕所修,乃犹不敢私为出入,岂非前哲之公心史家之成法固章章若此乎?夫国乘不书,碑文不纪,县册不载,邦人不知,既非所以章先德而崇大典,又况几筵不设,炉供不具,而以尺许之木主,侧置先师之坐隅,于情为不安,于理为不顺,寒宗子姓啧有繁言,不佞谓范阳大族,岂无知礼达孝之士,用敢直陈于左右,伏祈主持改正,使两先贤各致其尊崇,而后裔得免于争讼,所全实多矣。①

---

① 顾炎武:《顾亭林诗文集·文集》卷六《与卢某书》,第140页。

顾炎武以南朝陈时任黄门侍郎的顾野王为祖。明代顾野王从祀孔子列为祀典。① 顾炎武从居地、任官、方志记载等几个方面强调顾野王从祀孔子的合法性，指明卢尚书入祀实属无据，并暗指卢某以求家人为奉祀生员而进行的攀附作为实属不孝无知之行。

所谓"奉祀生员"又称"香火秀才"。明代列入祀典的前贤、名宦等，其后裔子孙可以以"奉祀生员"的名义管理香火祭祀，不但有功名，而且有实利。对前贤后裔给予优待宋时已颇为多见。如宋初即对唐王室、后唐庄宗等后裔赐以官位。② 景祐二年(1035)又对五代时期各个割据政权后裔加以录用，"两浙钱氏、泉州陈氏、西川孟氏、江南李氏、湖南马氏、荆南高氏、广南刘氏、河东刘氏子孙未仕者，于所在投状，择其近亲一人，特录用之"。③ 宋代虽未形成乡贤祠、名宦祠祭祀制度，但对本朝官员后裔仍常加存恤，并规定"应曾任宰臣、执政官，明有勋德，载在史册者，见今后嗣无人食禄，子孙许量才录用"。④ 一些官员把优待勋臣后裔，看作是维系整个社会阶层稳定的重要手段。周必大认为对大臣后裔应予教养、任官等多种优待，使大臣后裔不至于数十年后就降同编户。⑤ 在他看来大臣之家能世代延续，也是国家兴盛的标志。⑥ 但是，宋代家族势力的迅速起落，成为社会常态。如吴越钱氏，北宋初年颇为兴盛，子弟仕宦显赫，但绍兴年间推恩钱氏嫡系子孙时，已需在两浙钱氏中"搜访"。⑦ 秦观去世后，其子秦湛因官常州，遂迁其父之墓于常州无锡。但秦氏后人仕宦不显，贫困潦倒，墓地为豪族侵夺。直到开禧年间，应纯之为知县，才寻访其族人，恢复墓亭，并以族中知学者任学职，维持日常祭祀。⑧

---

① 《弘治吴江县志》卷四《祀典》。
② 《宋会要辑稿·崇儒》七之六九。
③ 《宋会要辑稿·崇儒》七之七五。
④ 《宋会要辑稿·崇儒》六之二六。
⑤ 周必大:《益国周文忠公全集》卷一四一《乞州县选勋贤之后上之国学》。
⑥ 周必大:《益国周文忠公全集》卷一八六《与江阴李教授书》。
⑦ 《宋会要辑稿·崇儒》七之七五。
⑧ 戴溪:《重修淮海先生祠堂记》，《无锡县志》卷四。

　　冒为先贤后裔,不但可以自高世系,更有实际的好处,这就造成一些士民妄加攀附的现象。但攀附须有证据,家谱就是妄攀前贤为始祖、以求实利的绝佳证据。元代族谱修撰中冒认祖先之弊,已为时人批评为"诬祖"。伪冒问题是元代族谱的一大弊端。① 延至明代,宗族复兴成为当时社会趋势,以编纂宗谱、修建宗祠为标志的宗族活动日益活跃。② 而编纂家谱时攀附唐宋时期名贤,不但是普通家族如此,即便是士大夫家族亦是如此。曾任两广巡抚的叶盛,其家族谱系在其父编修族谱时,尚不清楚,但是至叶盛兄弟编修族谱时,家族始祖就一路追溯到宋代的叶梦得。③ 家族在修谱时,除了家族成员的身份认同外,自我夸耀也是重要内容。④

　　如自称为周敦颐后裔的苏州周氏族人,族人在明代享有免役特权。⑤ 官府每代录其后裔一人为奉祀生员,也就是所谓的"香火秀才"。⑥ 江都的卜氏族人,自称为晋人卜壶后裔。康熙年间,卜氏族人以明代当地建有祭祀卜壶的祠庙,卜姓族人有为奉祀生员者为理由要求重建卜壶祠庙,并以本族成员为奉祀生员,承担祠庙管理。⑦

　　除了以后裔为奉祀生员外,宣称为某前贤后裔以争夺田土亦成为家谱中的重要内容。明天顺四年(1460),东阳县民许仁修状告豪民侵占其家族墓地,要求恢复祠堂,归还田土。许仁修自称为西晋孝子许孜后裔,豪民所占旧土系祭祀许孜的孝子祠。而据其谱称,其家实是从钱塘县迁居而来。⑧ 嵊县的王氏家族,自称为南宋王铚后裔,淳熙年间迁居于嵊

---

① 常建华:《元代族谱研究》,载《谱牒学研究》第 3 辑。
② 井上彻:《中国的宗族与国家礼制》,第 155 页。
③ 叶盛:《水东日记》卷一八《各姓宗图》。
④ 濑川昌久著,钱杭译:《族谱:华南汉族的宗族、风水、移居》。
⑤ 周沈珂:《周元公世系遗芳集》卷一一。
⑥ 周沈珂:《周元公世系遗芳集》卷首。《周元公集》的编订者为周与爵,题记为"吴郡守祠奉祀孙与爵",则其为濂溪祠奉祀生员,见杜逊泽《〈四库存目〉书探讨》,《北京大学学报》1997 年第 5 期。
⑦ 《江都卜氏族谱》卷首《冶城忠贞公庙请复奉祀生暨修理公牍》。
⑧ 佚名:《东阳许氏家乘》,明抄本。

县。嘉庆二年(1797),其族人声称王铨安葬地花山为当地有力之家占据,后售给徐姓家族,王氏遂以后裔名义要求返还该处墓地,迫使徐氏迁葬他处。① 重修于清光绪二十三年(1897)的常州苏氏家谱中,就载有一篇《杨龟山祠附近居民公白》的文献。② 当时的常州城有祭祀杨时的祠堂,其祠虽称杨龟山祠,但合祀苏轼、杨时,故也称作"二贤祠"。其祠久废,明正统年间重建。③ 苏姓族人宣称,祠堂周围的店面当属苏家所有,理由是他们是苏轼留居常州的后裔,而证据就是其族人撰修的宗谱。

在修谱之外,一些家族还以修建前贤祠堂的方式宣扬其与前代名贤的世系关系。正德年间,自称为秦观后裔的秦锐,在当地官员的支持下修建祭祀秦观的淮海先生祠。④ 其后淮海祠成了秦锐的家族祠堂,从祀秦观的秦锐宗族成员从五人增至七人。⑤ 再如江苏吴江县,清代修建有很多祭祀前代先贤的祠庙,祭祀宋人的如滕忠节公祠(祭祀滕茂实)、乐子祠堂(祭祀乐备)、徐靖节祠(祭祀徐揆)等祠庙皆是其后裔修建。⑥ 自称为唐宋名贤后裔的家族,通过修建祭祀祠堂、庙宇以宣称其世系的真实性,进而影响方志修撰。

族谱中收录的关于土地、祠庙争讼的文件,目的是向后世明确其家族占据墓地、祠堂、祭田的合法性。在收录这些文件同时,族谱中往往要强调其记载并见于当地县志、州志。但是正如前文所述,方志本身就受到族谱的严重影响。而家族后裔修建祠堂的活动,往往会被收录于方志,家族的攀附也会因此成为方志记载的正式记载,反过来强化这种攀附行为的合法性,致使妄冒始祖的家族历史,变为地方史志的记载。家谱的追溯式家族历史虚构,建祠活动的强行攀附,在明清地方志中都可以见到痕迹。

---

① 王世钟:《剡溪王氏宗谱》卷二《寻复雪溪公墓记》,1936 年重修。
② 苏瑞:《毗陵前舍苏氏宗谱》,光绪二十三年重修。
③ 于琨:《康熙常州府志》卷一八《寺观》。
④ 邵宝:《淮海先生祠堂记》,《光绪无锡金匮县志》卷三六。
⑤ 裴大中:《光绪无锡金匮县志》卷一二《祠祀》。
⑥ 姜顺姣、叶长扬:《乾隆吴江县志》卷八一《祠庙》。

附　　录

《魏文节遗书》附录《魏文节公行状》(题朱熹撰)

丞相魏公讳杞,字南夫。幼时转寓四明,邂逅武翼姜公观,奇之,问出处,潸然出涕,言有母无以为养,姜公亦为感动,馆之于家,命之从学,文日益进。姜公许妻以其子,是为庆国夫人。公未冠授官,复擢巍科,然安于义名,志不苟求。时秦师垣专政,其子熺以同年讽公来见,意不诺。尉余姚,太保史公为代,后又相继秉钧,为盛事。越帅秋阅,必欲以军礼,他尉皆羞,公独戎服执挺庭趋如仪,神色夷然,识者叹其器量。尉满,丞相史公为代,念公之贫,故迟其来。公以书促之,史公浩报云:“我迟其行,公促我至。近世交情所罕闻也。”邑人传之,以为美谈。余姚有剧盗,为邑人害,公设方略捕之,当改秩,公曰:“盗为民害,不得不除,不愿以人之罪,为己利也。”不复问赏,径受节推以归。宪使秦公昌时闻而重之,密为保奏,讫事乃语公,不得已始就赏。公宰晋陵,年始及壮,吏事详练,邑人俺其乐易而服其严明。尝护使客留传舍,民有以妖党告,株连数百人,力请即掩捕,少缓且变。人方骇,公不为动。乃先系其人,累日不问,徐逮其所指者,使觇视之,曰:“是也。”指其人之女为魁,欲得对狱。公益疑其奸,讯之,乃尝求婚不遂,余又皆仇家也,一诬告反坐之。晋陵有巫以神为市而诉民之不施,公察其情,曰:“左道乱民有常刑。”逐巫境外而毁其祠。公在晋陵三年,郡守凡十易,其间有贪残失众心,疾公守正,招撼尤甚,及其罪去,僚吏鼓舞,守与其家人,至徒步出城。公曰:“我可乘其危哉!”为具舟楫、道路之费,独往送之,守愧悔,举家感泣。晋陵一日有披发呼号于庭者,叩之则李氏也,其父调官都下,航湖以行,久不知所在,丐为寻访。公恻然受其词。同僚皆谓曰:具区环数郡,安知在吾邑,必将悔之。公不恤,择健五百,激以厚赏使物色,果得盗杀者,遂伸其冤,人尤异之。政誉流闻,周公麟之、吕公广问常率从班列荐,侍御周公方崇又将引之宪府。公径赴铨部,授泾县而后见知,诸公叹赏不已。繁昌获盗,宰尉奇赏,追逮日滋,谓寓脏于泾民为多,已次遣行,已破数家,至有死者。公下车,独谓不然。一日持檄取五十三家,邑民狼顾,公一无所遣。已而真盗获于他邑,平民逮系纵归者无全肤,忍死扶疲,与五十三家者泣谢于庭下。繁昌获遣,而公名益著,泾民有能持吏长短者,自公至屏迹不敢出。后有吏过其门遭殴,公曰:"此奸民也,以我将去故尔,不治何以惩恶?"即请于守,寘于理。比去,有泣拜于途,悔过自讼者,询知即其人,因加训勉,卒为良民。隆兴二年,金房大举入寇,声摇江浙,时钱公端礼宣谕淮南,公一宗正少卿参议其幕。初高宗皇帝以二圣之故,屈己为汤、文乐天之事,手足倒寘,欲正未能。至是,上欲遣使和议,以退虏师,且正敌国之礼。丞相汤公思退荐公有专对才,自宣幕召对。上从容访问国家利病,及淮上将帅人才,公敷奏精详,上当帝心。乃曰:"欲得卿便使虏。"公辞不许。时警报方急,虏情叵测。公素多病,公母燕国夫人曰:"人臣事君,尽命而已。况天子亲擢,此汝自效时也。"有谕诣都堂议事,凡十余条,其大者四:一,退师议和;二,易臣为侄;三,减岁币;四,不发系虏归附人。陛辞,公奏:"万一犬羊无厌,愿陛下勿以小臣为虑,请速加兵。"上恻然久之,曰:"卿虔心如此,天亦相佑,何虑不济?"行次盱眙,虏帅仆散忠义、纥石烈志宁驻兵淮上,闻有使人,遣权知泗州赵虏长请见于淮浒问使意,且求先见国书。公言:"书合于到人携出。"虏长云:"某不见书及定议于此,使副如何得。"到阙下,公出副本示之。虏长云:"此卢仲贤携来书式,前后无再拜等字,不可用也。南朝二三十年称臣用表。一旦欲为叔侄,且求减币帛,太无礼!"必欲令公易书。公言:"御书也,臣下岂容辄改。主上以两国各有厉害,天地鬼神鉴此曲直,此则有辞,非所惧也。"自午至酉,或坐或起,诘难纷然。公应酬明敏,辞气慷慨。虏长不能屈,公徐言:"和议若成,兵祸旋弥,皆同知之功,神明必佑。"虏长词理因而稍顺,即云:"且待禀元帅看。"既而忠义复遣计议官李俌同虏长请见,诘难愈甚。公随意争折之。未几,忠义复遣校尉高仲端同虏长至。仲端传忠义语云:"和议已二三年,未有端的,宋国忽侵夺我宿州,我一偏师一击即散,惧而求和,及去借人使又复不来,今重兵压境,宋国又求和,而复屯兵合肥,岂欲款我师期,别生事耶?宋国若不推诚,元帅欲提大军过淮,复击于襄汉,截断五璘军马,使不得东时如何?"公曰:"此彼此已往之事,今奉信使,不比复言。"遂同副使宿于水滨,与虏相望。时骁将魏胜战死,楚州陷没。上愤虏反覆,诏以礼物充督府犒军。公深计用兵厉害,即奏曰:"今使事大者易名称、减岁币,不发系虏归妇人,臣与虏力争,其情颇屈,若虏悔祸从约而礼物既散,恐仓促难办,且恐虏疑我,别生衅隙。"朝廷深然之,留礼物,公始奉命北行。途遇虏兵,公将使旗令人前行,大呼"奉使来"。俄而控弦露刃,直前威逼,众皆失色。公意气自若,使谕以两国利害,为少却。累日行宿兵虏围中,濒死者数,绝无饮食,会虏接伴至,方得入境。抵燕山,其馆伴张恭愈等责书不如式。往常遣使书称"大宋",虏诱至其庭,逼令去"大"字。虏今亦用此计,逼公令改,又令称"陪臣"。公曰:"书出御封,不敢轻改。窃恐沿淮小人欲梗和好,生事疆场,望禀元帅,切勿信也。"公前后与虏语,抗论不挠,动中事机,晓谕祸福,开布诚信,虏颇信服。时虏主葛王欲和,而忠义等不欲。事闻虏主,意肯忠义,遂再遣李俏等见公。其辞稍顺而责书不如式,且欲世为侄国。公言:"只如人臣之家,安有一家专是叔,一家专是侄之理?此何昭穆?两国皇帝方享万寿,臣子何忍预以世言。"俏等言:"向于誓表,世修臣节,尚忍言之,今为世侄,乃不忍言耶?"公曰:"大国不欲和则已,如欲议和,亦须阔略节目,彼此相迁就可也。"忠义等以和议垂成,已不得逞,乘其未定,俄拥兵长驱而南。老稚奔逃,仓促不得渡,多溺死。公切责津吏,将奏劾之,始得船二十艘以济,所全活甚众。虏兵侵逼,公护礼物稍内迁,适副使康湑病不能骑,兼之摧困百端,告公曰:"湑死于此,公其勉诸。"公毅然以死自誓,抗议益坚,辞色俱厉,虏无以屈,乃定盟,卒易君臣为叔侄,减岁币银绢五万匹两,不发系虏归附人。逮归,得虏报书,公力求视书稿,见其书辞皆如约,乃受其馆伴贺曰:"此回来和,奉使大段不易,自此封王拜相不疑矣。"使还,即日引见,上大悦,劳谕再四。即诏谕军民云:"杕越疆通问,得其要领而归,淮南侵骑已空壁而退。"德寿宫有旨引见,高宗望而喜悦,委曲拊问,且曰:"朕向来亦曾奉使,备知虏情,奸诈百出,卿能一一力争,事理俱当,如奏礼物以曾今日之事,尤识事体,讫事而归,想太夫人甚喜。"时年甫四十有六,比还须发尽白。公虽素贫,视财物不以介意,出疆赏金五百星及龙脑、香兰、银、绢杂物等公用之余,例归使者,公既竣事,并房中所赠遗之物,分毫不取。后执政,入谢德寿宫,太上皇劳出使之勤,问所用几何,公以比旧十一为对。太上皇叹曰:"向吾遣使泛常密赠黄金千星,了如许大事而费止此,今卿至是,殆天所以报也。"公在给舍,守正不阿,多所论驳。人推其公,虽被驳者,不敢怨也。上以两浙常平多虚额,命中人按视。公言:"政和间更走马承受为廉访使,所至黜陟官吏,权势熏灼,建炎以来尝使与州县间,事开端于此,渐不可长。若止取文书,监司可办。"时方借收圭租以助经费,降人萧鹧巴赐淮南田,不欲以职田为请,公言:"此祖宗养廉之具约,犹有还期,夺与人则仕者宁不缺望。"上悉从之。上尝从容谓公曰:"近日无他事否,有亦卿不肯放过。"公对曰:"蒙陛下容纳正直,以是有犯无隐。"吏部素号剧烦,公遍居郎省,及历长贰,通练章程,吏不得欺,据法持平,不容私谒。自膺柄用,益以国事为己任,自言平生无所愧者,不为阿私,故于议论政事,升陟人才,未尝容心。上屡谓"忠朴",麻制云:"政如衡石之平,衷靡丝毫之伪,察其朴厚,可付弼谐。"盖述上语也。曾觌、龙大渊以潜邸之旧,得出入禁谒,或时采听市井闲事以效小忠,恩幸甚厚,颇为威福,观望者趋之,其门如市。一日群臣奏事毕,公独前曰:"曾觌、龙大渊权势太重,宜有抑之。"上默然良久,参政陈公俊卿进曰:"诚如魏杞言。"群臣趋出,上独留公曰:"卿所言,朕亦觉之,今当若何?"公曰:"潜邸旧臣,陛下欲富贵之则可也,不当使与政事。如诸路总管亦不为不重。"上深然之。公再拜谢曰:"陛下怜臣愚忠,赐之开纳,天下社稷之幸也。"是夕,连奉御笔,二人俱出外任,御史天下咸服。叶公颙之参政也,谏有欲规近者,诬奏其子,而实其侄于理,叶遂罢之。已而按治诬状,公曰:"事当从实,力明其枉。"上悚然为悟。蜀将吴璘死,朝廷未有以处,金谓吴氏在蜀久,军民安之,宜复将其子,以慰安蜀人之心。公曰:"以吴璘之忠,付以全蜀,固无可虑。璘死,诸子贤否未可知,若不乘时改辙,遂世授吴氏兵权,他日恐为朝廷忧。"于是析为各路,命近臣以往。迄今无西顾之忧。上尝问:"朕览《神宗纪》,见当时灾异甚多,何故?"公曰:"《传》言'天道远',有邈然不著其应者,有不旋踵为应者。人君惟务修德,勿问其他。思天出灾异谴告,正如父母震怒,为子者不必问己有过无过,惟当恐惧修省。"上曰:"卿言甚善。不如此,是求自祸也。"公在枢府,条进边防事。上曰:"卿等夙夜究心,措置条理。"又曰:"宰相多事大体,不屑细究利病,行之未几,或有更改,朕固尝戒之,卿尽心如此,极体朕意。"又曰:"朕观卿凡事首尾参照,必欲使法令炳然一定,不可易也。"又曰:"朝廷肃静,皆卿处事详细之力。"又曰:"近数事皆合人心,若进用之际,太畏人言,亦是私意,坦然无心,自叶公论。"奉御笔奖谕曰:"朕年循习苟且之弊,思以综校为先。向玩习愒日,务存行迹,早来所奏革弊二事,殊惬朕意,卿尽公协济,何虑政教之不举。"公素畏谨,未尝漏言,或问二事为何事,公亦不言。自以奋身羁孤,值明圣,于海内人物,孜孜访拔,尝与解省校试,焚香祷之于天,危坐谛览昼夜无惰容。或者甚之,则曰:"为国取士,何敢不敬。"所取程文,必以学识为先。其门人多有闻于世,公当轴日,遂以引拔寒峻为先,私党皆不以进。有为言者,公曰:"庙堂非亲故谋进之地。"宾客至前,必观其议论、器识可用否,不问其识与不识。搜求文武,如恐不及。又因语次加访闻,使各举所言习而记之。荐绅治状,择其众所归者选用焉,得官而谢者,拒不纳。惟无市恩之嫌,而并无壅遏之患。一时执政皆效之。其不应得者,不为两可之辞,即日报使归部,人亦不怨。公与同列言:"朝廷论才之地,不可使有遗舛。"于相位置二屏,一书在朝百执事姓名,一书天下郡守监司姓名,各书其禄秩、赴罢日月于下,遇除授不待寻绎而具,日以睹省,益无遗才之恨。时至今时相尊用之,常叹曰:"安得王佐才,知而荐之,使登此位,得奉身以退。"及用人,各因所长,不为求全,条为科目,各适其器,所荐二十余人,若丞相陈公俊卿,端明汪公应辰,求制王公柜、阁学徐公村,皆一时之选,多至显者。陈公俊卿以从班罢且久,公言:"俊卿耆德夙望,不宜久置闲地。"上即命召之。同列有掠为己功,不以为意。其后陈公闻之,为悚服焉。燕国服除,起知吴门,过阙,上赐宴问劳周渥,且曰:"朕自记得卿,此亲擢也。"问为政何先,公曰:"宽而有制,严而不残,是所先也。"上首肯,久之辞行。上曰:"天寒,曷少留。"公曰:"大小一日,官缺则废,一日之事,臣何敢惮寒。"上曰:"卿念郡事如此。"喜见玉色,褒嘉之语,不能尽记。公在吴门,克勤小物,不以大臣自居。听讼处事,悉有方略。受输一事,尤可为后法。秋苗浩繁,僚吏屡请委官定期,犹未有定议。晨起忽命置历,韬以紫囊,日差官二员,不俟庭谒,径入庙中,授以约束,暮则覆实。泛择才能之吏,不限高下,外邑管库之士,偶入城府,度其可使,则亦命之。贿请路绝,官吏无所容其私,或间数日,公亦亲临之,条教示民明简,访吏精密,远近乐输,先期告足。岁旱,尝祷于白龙祠,顷之龙出云表,吏民骇观,一雨三日,岁以大稔,新其宇以报焉。褒诏押至有"老臣旧弼,谙练庶事"之语,朝旨和籴,公唯恐病民,委请各官集其事,据其时,直价不掩。时公初在揆席,蜀方谋帅,公请以有大臣才器德望者为之。初无容心,其人以为出入,深衔之,至是以籴事萋斐籴官,公因被诬,为祠以归。公自使还,不一二年径至大用,每谓中原沦胥,戴天大义,不可不复。时有未可,故俟遵养,和非本意,不欲以使事受赏,每还必再三逊,然明良相用,言听计从,殆不以是也。客有以启贺者,曰:"使苏中郎归典属国,固难酬抗匈奴之功;然富、韩公卒为大臣,岂专以使契丹之故?"人谓名言。公自念少时孤困流落,遇报官及诸受命,必感泣曰:"此非平生意望所敢及。"戒其家人,勿以奢纵,虽入相出藩,而生理甚薄,用度不给,未尝介意。公平生不事生产,既解机政,无家可归,侨寓四明城闉僧舍。已而卜筑村疃,得仲夏王氏庐,爱其山水,虽隘僻,处之淡如也。皇子魏惠宪王判四明,与王眷出郊访公于碧溪,留讯卜宿,王见山水爱之,语公曰:"人情于玩物皆有厌,惟观山水之乐不厌,何也?"曰:"人性本静,所以乐此。"王称善久之。尝云他日有郊需首当奏弟。使虏还,恩例得二名,子已长成,俱爵不奏。一授叔汝功,进二阶;一授弟栒。一日有老僧谒所宿窗纸来告,则栒已更数任。公薨,栒不胜哀,浃日而卒。一门友悌,可悲也。杞公笃于义,其叔与弟之子率次第官之,宗族散处江淮闽浙,视力周恤,更去迭来,客馆无虚日。李氏妹既嫠居,廪其家,官其子。公自罢政,退居凡十五年,未尝以一事浼州县,赋调率先时,而输务致精好,为记识以自别,官吏见者无不感叹。初参政钱公端朝倅四明日,一见公知为国器,即馆延之,又力荐于朝,公感其知,执门生之礼,虽贵不怠。闻其亡,哀恸,左右戒其诸位诸子,无忘钱氏也。东宫讲读彻章及政府进书,例赐金缯,公以满盈自惧,必引义牢辞得请而后已。当迁官亦累辞,上曰:"卿太廉矣。"归家因以"太廉"名堂,御笔题匾。姑苏飞语,或劝公自辨,公言:"流言止于智者。使有是一郡之人,独无辞乎？"公风神秀整，暇时把酒赋诗，谈论倾座，听者忘倦。泛及世故曲当事情可举而行。平时口不言钱。公平生属意性理之学，深造自得，阅乃典常有悟，生死祸福得丧不以入其心。少喜为诗，晚益超妙，颇得少陵、半山之妙，岑特奖褒。遗文有家集三十卷，勤斋诗三卷，训子侄孙经术义理自三都二京以下择其尤者类为童讽三十卷，使诵习之。焦山之殡，每切霜露之感，或言当百川入海之会，风水雄胜，且再世出相。公曰："泥阴阳家以缴福而不便展省，可乎？"燕国之葬，卒迁奉化，合葬溪口上山崇福显亲禅寺，寺前名常乐院，其后得旨改院赐额"崇福显亲祠"。娶夫人姜氏静专，庆国夫人，郊祀礼仪，特封文节夫人。公复资政殿大学士。薨于淳熙十年十一月乙未，六十有四，次年九月葬于奉化溪口上山，祔太师燕国公资藏。

《孝义官人宅王氏宗谱》卷首《工部尚书俣王公墓志铭》（任忞撰）

皇帝既宅中兴之统，恭己无为，以宰天下，而在位之臣，任政事既久，益显惧士大夫之议己者，则讽御史谏官，以微辞隐匿，至伤善类。士畏祸且乐进用，往往顺旨从之，否则罪在不测。于此时有能靖退不挠，归洁其身，全节自尚，不以祸邻，终以器识自简于上心，庶几乎明哲踏道者谁耶？忞也得之于尚书王公焉。

公讳俣，硕夫其字也。王氏世泽远矣。公之系自周灵王，至晋国公祐世家大名，掌太祖诰命，至兵部侍郎，因植三槐于庭。生文正公旦，相真宗，奇功伟绩，著诸史册。生懿敏公素，以直道谏事仁宗，出入侍从，三十余年，公之曾祖也。生宗正丞讳巩，赠光禄大夫，徙宛邱，公其从徙者也。公生则孝友得于天性，力学多能，年十六则迁补太学生，试艺杰出俊造间。擢政和二年上舍第，调主汝州叶县簿，教授慈州学，以母陈氏夫人忧去官，复教授解州。能以术业风励，诸陈有师法，太守举之以与郡椽之老于选调者。兵作，以廪粟缓执仓官，且欲击守，惧不知所出。公曰："仓官不以时给军食，宜逮至狱。命它官出粟以释众忿，且全仓官，则须臾为变者自止矣。"守从之，微公几乱。中人宣抚西州，贵震一时，所举吏皆速进用。部使者欲以公名属之，公正色谢去。秩满，以从事郎得庆元府平棘县丞。浙江帅章谅辟为安抚司属官,及后帅皆委公以郡事。郡有善政,往往出赞划。御史中丞陈过庭以言事罢归山阴,简贵不与宾客通。公一见,慷慨谈世务,遂为知己,终更改宣教郎。陈公复为中丞执法,荐之渊圣皇帝。召对称旨,除太学博士,擢监察御史。明年两宫北狩,公以亲老补外,除权发遣江州。归省淮阳,会陈军乱大掠。公护光禄君逃立舍,以身捍蔽,触锋刃得脱,不以忧其亲。光禄君即世,葬。会主上南幸,携家奔走,寓吴兴之属邑。服阕还朝,宰相范宗尹见公伟人,与语奇之,除吏部员外郎。未几,迁右司员外郎。蔡确为谏议大夫,荐公陛对,公谒上言选建宗室近属为天下大计。又言方今强虏凭陵,叛臣僭窃,巨贼跳梁,而朝廷御将无法,赏罚不明,恩信不孚,姑息太过,爵禄太优,威权太重,拥重兵者,骄堕疑贰,将不任用。又言中兴之本在天意人心而已,人心悦则天意得。兵兴以来财赋匮于铢求,而民力困于劳役,寇盗所掠,室庐为空。官兵所次,囊驼殆尽,恐因是遂失民心。愿诏有司讲求民间利病,一切罢之,择守令监司,庶几恤惕救荒之意。上皆听纳。左右司实为宰属,故时尚书六部文字上都省,迳达六房,常事白宰相,经行有当议者,堂吏拟定,都省特书名而已,慢不敢可否。公白其长,省中事尽经左右司,不可者却之,拟定不由吏议,于是宰属始得举职。绍兴初,宰相举行靖康之议,崇观以来,泛恩赐第官与职名者,讨论以等级改正,精加品削,左右司条具。群行臣失职,恐有飞语闻上者。宰相策免公付吏部,以朝奉郎黜知处州缙云县,改差主管台州崇道观。四年,除两浙计度转运副使,转朝散郎。是时,淮上用兵,警跸数延,幸公被使,转饷无乏。军兴,吏事整办如平时。明年,除左司员外郎,赞划有章,"戎车亲驾,职思其忧,军食坐丰,不衍于素"之盖实录也。既奏对,备言致治之要,在综核实名。两浙额斛责在漕司者凡百五十万缗,每岁极力椿发,率不过三之二,此籴本之不足之所致也。两浙籴本责在州郡者凡百五十万缗,每岁极力干发,率不满三之二,此州郡阙乏之所致也。二者之数,皆知其不可足,漕司户部终不可力请于朝,为之少损,终岁移文旁午,常负不足之责;使一旦缓急,上司不察,必欲如数,则剥骨推髓,必有重害于民。宜令户部取漕司额斛州郡籴本五年中赢数,立为定额,岁取必足,有负加罚,亦中兴核实之一端也。上喜,益知其才可用。除权户部侍郎、兼详定一司敕令。公践更中外剧职,具知天下利源盈虚,均节才用之要,画五策以献:一曰处冗食之兵。谓分勇、怯、癃、疲,假闲田力农使之耕籴,以省馈运。二曰损有余之禄。谓裁节中外俸廪凡缗钱百,绢粟二十,率减半以宽经费。三曰收隐漏之赋。谓浮屠氏不田弃职业,衣食吾民,而赋不及也。宜命输粟公上,岁入五斗以纾民力也。四曰补销毁之实。谓熔钱为器用,宜加禁绝。且令官受售铜器,付监融销,以滋货财。五曰修平准之法。谓宜举行先朝之制,内建平准,外置平货场,制物价低昂以佐邦计。又言监司苟简不职,文书期会稽缓。如移用钱粮,比较盐课,皆踰年不报。上供钱物,逃阅蠲放,更数年不校实,宜加黜责其尤者。于是吏之惰偷者知惧。是岁禄令书成,转朝请郎。一日诏至都堂,召台省官问以防秋便宜。公条具数事,有可庆、可戒、不可忽者:大约以为长江上游要害之地,西夷陵中,公安东夏口,昔用兵必争之地,使敌得之,则上绝川陕,下震江淮。今我命将驻兵襄汉,则上连梁益,首尾相应,下兵陈许,势若建瓴。淮南者,江南之蔽,虏弃去不有,殆天相我也。今命韩世忠军陈楚,则下邳之津塞;张浚军盱眙则宿、回之路断;刘光世军合肥,则申、光、濠、寿不可犯矣。况陛下抚之得之其情,处之得其地,卒成和睦,贾勇乐战,凡此皆可庆者。击虏以歼灭为期,小利不足以贪,此赵充国破西贼之策也。今正当以恢复大业为计,一城一邑,不系成败,不足顾恤。前日淮阳之役,乃平日边境常事,直小利耳。两敌相俘,第赏立大功。诸将狃于小胜,有轻敌心,凡此皆可戒者。右者置国势常居重以驭轻。今驻跸之地,环卫寡弱,近者神武诸军,悉屯淮甸,咸戍江浒,况上所自将而遽出捍,使敌有以窥我,议者有欲海道攻袭伪境。夫导陆以袭人称有败于殽之鉴,况海道险阻,凡此皆不可忽者。愿守其所可庆,思其所可戒,而预防其所不可忽,庶乎中兴之业不难致也。常平法自使者罢,不致事,遂致旷败,他日因面对奏言:"常平以平籴为本,本良法也。中间不幸乃与青苗并行,时论病之,因罢去其长而领于他司。近置主管官而属之以一司之事。夫他司兼领,则以不专自处,视此为余事,故失陷钱殆不可胜计,主管官虽专,然犹吏属,专达则名不顺,事权轻则事难举,不若复置使者,便时施行。"廷议适及此,于是罢主管官,归常平于茶盐,以提举官兼领二事。刘豫遣其子麟入寇,车驾幸平江,督诸将进讨。诏公先行按视营垒,经理储峙,翠华丞至,用度丰给。七年自吴门扈至建康。公秉性通敏,遇事敢为,而宰相赵鼎尤知公,由是不乐者滋怒。故事,权侍郎期年称职为直,公独以二年,而言者犹为速。会当路有与公之知己修怨者,意公佐之,因缘挑斥,除徽猷阁待制,提举江州太平观,又降集英殿修撰,相继落职。公自兵,居越之余姚,至是乃归,卜筑治圃,与宾客游观,闲则读书静坐,甚自乐也。以相公专国,绝不与通,而声迹静闷,无纤瑕可窥,故虽不召用,而告言干罗织之祸不能滥及。居十八年,而始得奉祠,廪禄略绝,世赏不行,公处之怡然,未尝见于颜色。官累迁左朝请大夫。二十五年执政言于上,起公知明州,敷政简严,阖境安之。明年召赴行在。上慰问甚宠,且知公长于心计,退即有旨,除户部侍郎兼详定一司敕令。既谢,为上言:"财赋在天下者,版漕司之。监司、郡守分职,率属上供钱物以时督责,使终岁无负为举职。今则不然,监司未尝按吏,州县因循,弛慢其下,视之无如何也;调运起发,不以时至,仍有虚报发者,出违程限,重负有至十年,积累百余万缗。其余二三年、数十万者,不可胜计。文书日下,恬不究心,国用所资,焉得不匮?玩习既久,未易遽革,乞降诏旨,严戒监司守贰,岁终许以奏劾。"又言:"军需各月春钱者,郡县倍尅,民不聊生,今势未得尽除,愿减其半,以活民命。"又作登闻院于阙门,大其规模,以示受言申枉之意,敕令所奏书。转左朝奉大夫。公起闲,再登法从,思有以报上者,故知无不言,而议论往往与朝堂不合。除权工部尚书,言者乘之,以敷文阁待制提举江州太平兴国观。就第才数月,以不起闻,实绍兴二十七年八月二十四日,享年七十有二。诏赠正议大夫。公为人慈祥恺悌,所与交游皆善士,亲疏笃于恩义,一有契遇必厚报之。同年进士中尝有流落不遇者,公极力借助。后公归田里,其人不偿前助,复以身事为请。公哀矜成就,使恩泽及其三子,初无意望报也,其为长者如此。治家整整有礼法,燕居之间,气和而貌肃,子妇未尝见其惰容。初配黄氏,建安浦城人,中奉大夫好信之女,先公卒,赠令人;继室宋氏,元宪公之曾孙女,封令人。子男六人:远,左承务郎,先逝;次某,知余姚州事;次逵,次连,未冠卒。二女长适左承务郎范栋,次未行。孙中正、中立、中行、中顺,皆以遗泽命官。孙女二人。逯、达奉公丧,以其年十一月甲子葬公余姚县穴湖之中峰。呜呼！士身清矣,病不遇时,病不得君,今公蒙主上之知,报能未尽施而见疾于柄臣,见车乐于法士,再以毁废,而至于没世也,于世俗情岂不悲哉。然而一时议论,方略犹足以自表见于天下,不可诬也,兹可以不泯于后世矣。初公自明州还朝,上方惩权臣蔽贤之咎,命从臣荐当世知名士,惟公所称举者皆善类,而亦置忎籍中。忎与公别十八年,而足迹书闻不及门,既见,常愧谢其恩意,公以手挥之曰:"何待我浅耶。"公之既葬也,逮、达以其家传求为公铭,忎义不得辞。

结　　论

自中国成为一个农业国,就形成安土重迁的观念。如何控制地方社会势力,始终是国家立国的一个关键。东汉国弱,地方豪强与国家分庭抗礼,延至黄巾之乱,群雄割据,逐步形成士族主导的贵族政治。门阀士族依靠本身财势、地位,成为一方领袖,以九品中正制度,把持地方士人仕进之途,家族子弟多为本地郡县官员,以此不断积累家族势力。地方社会秩序的主导者是这些豪门大族。大族之间以姻亲、荐举相互攀引,形成强大的地方社会势力。迁徙,对豪门大族而言,不但意味着丧失长久以来经营形成的财产、地位,更意味着在迁居地受到当地土著豪门的排斥。这是南渡侨姓大族聚居于国都建康的社会根源。

随着隋唐帝国的建立,国家开始以科举选拔士人,逐步将官员选拔权力收归中央。门阀士族所依凭的仕进之路逐步被科举所取代。在地方社会上的经营已经无法获得直接的入仕机会,特别是国家逐步将利权集中,地方社会赖以与国家抗衡的社会基础亦不复存在。地方社会精英逐步向中央集中,形成中央化的官僚士大夫,他们更注重向中心地区集中,以获取更多政治资源,建立更有价值的人际网络,家族在地方的经营已经退居次席。

五代离乱,门阀士族终于消失。国家权力更为集中,科举选士亦更为重要。社会精英脱离地方社会,使地方社会秩序主要由国家权力及其代表——官僚主导。相对灵活的户籍制度,以及与之相关的科举、官僚管理制度,造成宋代官僚家族普遍的迁徙。结果是已经相当弱化的地方社会,更加缺少必要的政治、文化积累。面对迁居而来的官僚家族,地方社会接纳多于排斥。

以迁徙官僚家族为视角,能够看出,宋代地方社会缺乏如同魏晋或唐初足以对抗国家的地方社会力量。这是唐宋社会变革的结果。宋亡元兴,科举被废,士人旧有的仕进之途被阻断,仅可为吏,或为学官。大部分士大夫丧失进入政治核心的可能,被局限于所居之地,甚至交游范围亦大为缩小,①逐渐转向地方社会。延至明代,随着国家对社会控制的强化,以严格户籍登记、科举与学校结合、致仕回乡等制度限制官僚迁徙活动,却使官僚逐步在地方积累声望,形成日渐成熟的地方社会势力,或可为历史发展的一个悖论。

---

① 申万里:《从社会交往看元代江南儒士的社会网络》,文载《武汉大学学报》2003 年第 4 期。

参 考 文 献

一、古籍

(东汉)班固《汉书》,中华书局 1962 年点校本。

(南朝宋)范晔《后汉书》,中华书局 1965 年点校本。

(后晋)刘昫等《旧唐书》,中华书局 1975 年点校本。

(宋)欧阳修等《新唐书》,中华书局 1975 年点校本。

(宋)薛居正《旧五代史》,中华书局 1976 年点校本。

(元)脱脱等《宋史》,中华书局 1985 年点校本。

(宋)李焘《续资治通鉴长编》,中华书局 2004 年点校本。

(清)黄以周辑注,顾吉辰点校《续资治通鉴长编》,中华书局 2004 年点校本。

(宋)不著撰人《京口耆旧传》,影印文渊阁四库全书本。

(宋)王溥《唐会要》,中华书局 1998 年点校本。

(清)徐松《宋会要辑稿》,中华书局 1987 年影印本。

(宋)不著撰人《吏部条法》,台北文海出版社 1996 年。

(宋)不著撰人,戴建国点校《庆元条法事类》,中国珍稀法律典籍续编,黑龙江人民出版社 2002 年。

(元)马端临《文献通考》,中华书局 1999 年影印本。

(元)不著撰人《宋史全文》,影印文渊阁四库全书本。

（宋）刘时举《续宋编年资治通鉴》，影印文渊阁四库全书本。

（宋）李心传《建炎以来系年要录》，中华书局 1988 年影印本。

（宋）李心传《建炎以来朝野杂记》，中华书局 1997 年点校本。

（宋）徐梦莘《三朝北盟会编》，上海古籍出版社 1987 年影印许涵度刻本。

（宋）陈骙、佚名撰，张富祥点校《南宋馆阁录　续录》卷七，中华书局 1998 年点校本。

（宋）不著撰人《绍兴十八年同年小录》，影印文渊阁四库全书本。

（宋）章如愚《群书考索》，影印文渊阁四库全书本。

（明）彭大翼《山堂肆考》，影印文渊阁四库全书本。

（宋）陈振孙《直斋书录解题》，上海古籍出版社 1987 年点校本。

（清）永瑢等《四库全书总目》，中华书局 1965 年。

（清）黄虞稷《千顷堂书目》，上海古籍出版社 2001 年点校本。

（宋）吕祖谦辑《宋文鉴》，中华书局 1992 年影印本。

（明）佚名《历代名贤确论》，影印文渊阁四库全书本。

（宋）朱熹《伊洛渊源录》，丛书集成初编本。

（清）黄宗羲、黄百家、全祖望等《宋元学案》，中华书局 1986 年点校本。

（宋）黎靖德《朱子语类》，中华书局 1986 年点校本。

（宋）袁采《袁氏世范》，天津古籍出版社 1995 年点校本。

（宋）王禹偁《小畜集》，四部丛刊本。

（宋）范仲淹《范文正公集》，四部丛刊本。

（宋）包拯撰，杨国宜校注《包拯集校注》，黄山书社 1999 年点校本。

（宋）尹洙《河南集》，四部丛刊本。

（宋）刘涣等撰，刘元高编《三刘家集》，影印文渊阁四库全书本。

（宋）文彦博《潞公文集》，丛书集成续编本。

（宋）欧阳修撰，李逸安点校《欧阳修全集》，中华书局 2001 年点校本。

（宋）祖无择《龙学文集》，影印文渊阁四库全书本。

（宋）张詠《张乖崖集》，中华书局 2000 年点校本。

（宋）陈襄《古灵集》,影印文渊阁四库全书本。

（宋）韩维《南阳集》,影印文渊阁四库全书本。

（宋）司马光《温国文正司马公文集》,四部丛刊本。

（宋）金君卿《金氏文集》,丛书集成续编本。

（宋）刘敞《公是集》,影印文渊阁四库全书本。

（宋）魏野《东观集》,中华书局1987年影印《古逸丛书三编》本。

（宋）张载《张载集》,中华书局1978年点校本。

（宋）王安石《王文公文集》,上海人民出版社1974年点校本。

（宋）刘攽《彭城集》,影印文渊阁四库全书本。

（宋）范纯仁《范忠宣集》,影印文渊阁四库全书本。

（宋）吕陶《净德集》,影印文渊阁四库全书本。

（宋）林逋《林逋集》,浙江古籍出版社1986年点校本。

（宋）沈辽等撰《沈氏三先生文集》,四部丛刊本。

（宋）沈括《长兴集》,四部丛刊本。

（宋）王令《广陵集》,影印文渊阁四库全书本。

（宋）程颢、程颐《二程集》,中华书局1981年点校本。

（宋）韦骧《钱塘韦先生文集》,武林掌故丛书本。

（宋）陆佃《陶山集》,影印文渊阁四库全书本。

（宋）苏轼《苏轼文集》,中华书局1986年点校本。

（宋）李之仪《姑溪居士集》,影印文渊阁四库全书本。

（宋）苏辙《苏辙集》,中华书局1990年点校本。

（宋）苏辙《栾城后集》,中华书局2004年点校本。

（宋）苏颂《苏魏公集》附《魏公谭训》,中华书局2004年标点本。

（宋）范祖禹《范太史集》,影印文渊阁四库全书本。

（宋）黄裳《演山集》,影印文渊阁四库全书本。

（宋）黄庭坚《山谷集》,四部丛刊本。

（宋）曾肇《曲阜集》,影印文渊阁四库全书本。

（宋）吕南公《灌园集》,影印文渊阁四库全书本。

（宋）秦观《淮海集》,四部丛刊本。

（宋）邹浩《道乡集》,文渊阁四库全书本。

（宋）贺铸《庆湖遗老诗集》,丛书集成续编本。

（宋）张耒《张耒集》,中华书局1990年点校本。

（宋）陈师道撰,（宋）任渊注《后山诗注补笺》,中华书局1995年点校本。

（宋）晁补之《鸡肋集》,影印文渊阁四库全书本。

（宋）杨时《龟山集》,影印文渊阁四库全书本。

（宋）黄庶《伐檀集》,影印文渊阁四库全书本。

（宋）晁说之《嵩山文集》,四部丛刊本。

（宋）李新《跨鳌集》,影印文渊阁四库全书本。

（宋）宋庠《元宪集》,影印文渊阁四库全书本。

（宋）唐庚《眉山唐先生文集》,影印文渊阁四库全书本。

（宋）廖刚《高峰集》,影印文渊阁四库全书本。

（宋）葛胜仲《丹阳集》,影印文渊阁四库全书本。

（宋）释德洪（觉范）《石门文字禅》,四部丛刊本。

（宋）翟汝文《忠惠集》,影印文渊阁四库全书本。

（宋）刘一止《苕溪集》,影印文渊阁四库全书本。

（宋）李光《庄简集》,影印文渊阁四库全书本。

（宋）程俱《北山小集》,金华丛书本。

（宋）孙觌《鸿庆居士集》,影印文渊阁四库全书本。

（宋）程公许《沧洲尘缶编》,影印文渊阁四库全书本。

（宋）陈与义《简斋集》,影印文渊阁四库全书本。

（宋）郭印《云溪集》,影印文渊阁四库全书本。

（宋）邓肃《栟榈集》,影印文渊阁四库全书本。

（宋）欧阳澈《欧阳修撰集》,影印文渊阁四库全书本。

（宋）王庭珪《卢溪集》,影印文渊阁四库全书本。

（宋）朱翌《灊山集》,影印文渊阁四库全书本。

（宋）曹勋《松隐集》，影印文渊阁四库全书本。

（宋）张守《毗陵集》，影印文渊阁四库全书本。

（宋）胡铨《胡澹庵先生文集》，影印文渊阁四库全书本。

（宋）吕陶《净德集》，影印文渊阁四库全书本。

（宋）吴芾《湖山集》，影印文渊阁四库全书本。

（宋）史浩《鄮峰真隐漫录》，影印文渊阁四库全书本。

（宋）赵鼎《忠正德文集》，影印文渊阁四库全书本。

（宋）王十朋《王十朋全集》，上海古籍出版社 1998 年点校本。

（宋）洪适《盘洲文集》，影印文渊阁四库全书本。

（宋）韩元吉《南涧甲乙稿》，影印文渊阁四库全书本。

（宋）周麟之《海陵集》，影印文渊阁四库全书本。

（宋）李流谦《澹斋集》，影印文渊阁四库全书本。

（宋）陆游《渭南文集》，中华书局 1976 年点校本。

（宋）吴儆《竹洲集》，影印文渊阁四库全书本。

（宋）周必大《文忠集》，影印文渊阁四库全书本。

（宋）范成大《范石湖集》，影印文渊阁四库全书本。

（宋）杨万里《诚斋集》，四部丛刊本。

（宋）朱熹《晦庵先生朱文公文集》，安徽人民出版社 2001 年标点本。

（宋）崔敦礼《宫教集》，影印文渊阁四库全书本。

（宋）张孝祥《于湖居士文集》，四部丛刊本。

（宋）陈造《江湖长翁集》，影印文渊阁四库全书本。

（宋）薛季宣《薛季宣集》，上海社科院出版社 2003 年点校本。

（宋）王炎《双溪类稿》，影印文渊阁四库全书本。

（宋）吕祖谦《东莱集》，金华丛书本。

（宋）陈傅良《陈傅良先生文集》，浙江大学出版社 1999 年点校本。

（宋）楼钥《攻媿集》，四部丛刊本。

（宋）袁说友《东塘集》，影印文渊阁四库全书本。

（宋）陆九渊《陆九渊集》，中华书局 1980 年点校本。

（宋）李纲《梁溪全集》,影印文渊阁四库全书本。

（宋）林师蒇《天台集》,影印文渊阁四库全书本。

（宋）杨简《慈湖遗书》,影印文渊阁四库全书本。

（宋）蔡戡《定斋集》,影印文渊阁四库全书本。

（宋）彭龟年《止堂集》,影印文渊阁四库全书本。

（宋）陈亮《陈亮集》,中华书局 1987 年点校本。

（宋）袁燮《絜斋集》,影印文渊阁四库全书本。

（宋）刘子翚《屏山集》,影印文渊阁四库全书本。

（宋）刘爚《云庄集》,影印文渊阁四库全书本。

（宋）叶適《叶適集》,中华书局 1961 年点校本。

（宋）黄榦《勉斋集》,影印文渊阁四库全书本。

（宋）李弥逊《筠溪集》,影印文渊阁四库全书本。

（宋）廖行之《省斋集》,影印文渊阁四库全书本。

（宋）孙应时《烛湖集》,影印文渊阁四库全书本。

（宋）刘宰《漫塘文集》,影印文渊阁四库全书本。

（宋）卫泾《后乐集》,影印文渊阁四库全书本。

（宋）魏了翁《鹤山先生大全集》,四部丛刊本。

（宋）真德秀《西山真文忠公文集》,四部丛刊本。

（宋）袁甫《蒙斋集》,影印文渊阁四库全书本。

（宋）徐鹿卿《清正存稿》,影印文渊阁四库全书本。

（宋）吴泳《鹤林集》,影印文渊阁四库全书本。

（宋）陈耆卿《筼窗集》,影印文渊阁四库全书本。

（宋）林表民编《赤城集》,影印文渊阁四库全书本。

（宋）刘克庄《后村先生大全集》,四部丛刊本。

（宋）王柏《鲁斋集》,金华丛书本。

（宋）方岳《秋崖集》,影印文渊阁四库全书本。

（宋）高斯得《耻堂存稿》,影印文渊阁四库全书本。

（宋）林希逸《竹溪鬳斋十一稿续集》,影印文渊阁四库全书本。

(宋)欧阳守道《巽斋文集》,影印文渊阁四库全书本。

(宋)黄震《黄氏日抄》,清耕余楼刻本。

(宋)卫宗武《秋声集》,影印文渊阁四库全书本。

(宋)陈著《本堂集》,影印文渊阁四库全书本。

(宋)姚勉《雪坡舍人集》,豫章丛书本。

(宋)方逢辰《蛟峰文集》,影印文渊阁四库全书本。

(宋)黄仲元《四如集》,影印文渊阁四库全书本。

(宋)陈起编《江湖小集》,影印文渊阁四库全书本。

(元)柳贯《待制集》,影印文渊阁四库全书本。

(元)袁桷《清容居士集》,影印文渊阁四库全书本。

(元)戴表元《剡源文集》,影印文渊阁四库全书本。

(明)俞汝楫《礼部志稿》,影印文渊阁四库全书本。

(明)程敏政《篁墩文集》,影印文渊阁四库全书本。

(明)章懋《枫山集》,影印文渊阁四库全书本。

(宋)杜大珪编《名臣碑传琬琰集》,台北文海出版社1996年。

(宋)欧阳修《归田录》,中华书局1997年点校本。

(宋)田况《儒林公议》,中华书局1985年点校本。

(宋)王得臣《麈史》,上海古籍出版社1986年点校本。

(宋)王铚《默记》,中华书局1997年点校本。

(宋)司马光《涑水记闻》,中华书局1997年点校本。

(宋)彭乘《续墨客挥犀》,河北教育出版社1995年历代笔记小说影印本。

(宋)王辟之《渑水燕谈录》,中华书局1997年点校本。

(宋)沈括《梦溪笔谈》,上海古籍出版社1987年点校本。

(宋)邵伯温《邵氏闻见录》,中华书局1997年点校本。

(宋)葛立方《韵语阳秋》,影印文渊阁四库全书本。

(宋)方勺《泊宅编》,中华书局1987年点校本。

(宋)叶梦得《石林燕语》,中华书局1997年点校本。

（宋）赵善璙《自警篇》，丛书集成初编本。

（宋）赵升《朝野类要》，丛书集成初编本。

（宋）洪迈《夷坚志》，中华书局 1981 年点校本。

（宋）周煇《清波杂志》，中华书局 1994 年校注本。

（宋）庄绰《鸡肋编》，中华书局 1997 年点校本。

（宋）费衮《梁溪漫志》，上海古籍出版社 1985 年点校本。

（宋）王应麟《困学纪闻》，四部丛刊本。

（宋）周密《齐东野语》，中华书局 1997 年点校本。

（宋）周密《癸辛杂识》，中华书局 1997 年点校本。

（宋）吕祖俭《东莱吕太史年谱》，吴洪泽《宋人年谱集目宋编宋人年谱选刊》，巴蜀书社 1995 年。

（明）章定《名贤氏族言行类稿》，影印文渊阁四库全书本。

（明）朱国桢《涌幢小品》，文化艺术出版社 1998 年点校本。

（清）顾炎武撰，（清）黄汝成集释《日知录集释》，上海古籍出版社 1985 年影印本。

（清）赵翼《陔余丛考》，中华书局 1963 年标点本。

（宋）志磐《佛祖统记》，《大正藏》第 49 册。

（清）严观《江宁金石记》，石刻史料新编，新文丰出版公司 1982 年。

（清）王昶《金石萃编》，石刻史料新编，新文丰出版公司 1982 年。

（清）阮元《两浙金石志》，石刻史料新编，新文丰出版公司 1982 年。

（清）黄瑞《台州金石录》，石刻史料新编，新文丰出版公司 1982 年。

（清）杜春生《越中金石记》，石刻史料新编，新文丰出版公司 1982 年。

（清）陆心源《吴兴金石记》，石刻史料新编，新文丰出版公司 1982 年。

（清）罗振玉《两浙冢墓遗文》，石刻史料新编，新文丰出版公司 1982 年。

二、方志

（宋）王存《元丰九域志》，中华书局 1984 年。

（宋）祝穆《方舆胜览》，中华书局 2003 年点校本。

（宋）张淏《宝庆会稽续志》，中华书局 1990 年宋元方志丛刊本。

（宋）周郑瑶、方仁荣《景定严州续志》，中华书局 1990 年宋元方志丛刊本。

（宋）朱长文《吴郡图经续记》，中华书局 1990 年宋元方志丛刊本。

（宋）龚明之《中吴纪闻》，上海古籍出版社 2001 年影印历代笔记小说大观本。

（宋）范成大《吴郡志》，中华书局 1990 年宋元方志丛刊本。

（宋）梁克家《淳熙三山志》，中华书局 1990 年宋元方志丛刊本。

（宋）卢宪《嘉定镇江志》，中华书局 1990 年宋元方志丛刊本。

（宋）凌万顷、边实《淳祐玉峰志》，中华书局 1990 年宋元方志丛刊本。

（宋）方万里、罗濬《宝庆四明志》，中华书局 1990 年宋元方志丛刊本。

（宋）张淏《宝庆会稽续志》，中华书局 1990 年宋元方志丛刊本。

（宋）周应合《景定建康志》，中华书局 1990 年宋元方志丛刊本。

（宋）潜说友《咸淳临安志》，中华书局 1990 年宋元方志丛刊本。

（宋）罗愿《新安志》，中华书局 1990 年宋元方志丛刊本。

（元）袁桷《延祐四明志》，中华书局 1990 年宋元方志丛刊本。

（元）张铉《至正金陵新志》，中华书局 1990 年宋元方志丛刊本。

（元）俞希鲁《至顺镇江志》，中华书局 1990 年宋元方志丛刊本。

（明）董斯张《吴兴备志》，影印文渊阁四库全书本。

（明）夏玉麟《嘉靖建宁府志》，天一阁藏明代方志选刊本，上海古籍书店影印 1982 年。

（明）邵时敏《嘉靖天长县志》，天一阁藏明代方志选刊本，上海古籍书店影印 1982 年。

（明）赵锦《嘉靖江阴县志》，天一阁藏明代方志选刊本，上海古籍书店影印 1982 年。

（明）朱怀幹《嘉靖惟扬志》，天一阁藏明代方志选刊本，上海古籍书店影印 1982 年。

（明）张德夫《隆庆长洲县志》，天一阁藏明代方志选刊本，上海古籍书店影印 1982 年。

（明）周家驹《嘉庆武义县志》，天一阁藏明代方志选刊本，上海古籍书店影印 1982 年。

（明）张恺《正德常州府志续集》，天一阁藏明代方志选刊本，上海古籍书店影印 1982 年。

（明）黄承昊《崇祯嘉兴县志》，日本藏中国罕见地方志丛刊，书目文献出版社 1991 年。

（明）王鏊《正德姑苏志》，天一阁藏明代方志选刊本，上海古籍书店影印 1982 年。

（明）刘应钶《万历嘉兴府志》，天一阁藏明代方志选刊本，上海古籍书店影印 1982 年。

（明）何世学《万历丹徒县志》，天一阁藏明代方志选刊本，上海古籍书店影印 1982 年。

（清）胡启甲《康熙新修东阳县志》，中国地方志集成，上海书店出版社 1993 年。

（清）杨廷望《康熙衢州府志》，中国地方志集成，上海书店出版社 1993 年。

（清）徐嵩《乾隆绍兴府志》，中国地方志集成，上海书店出版社 1993 年。

（清）顾祖禹《读史方舆纪要》，中华书局 1955 年。

（清）陈庆龄《同治临川县志》，中国地方志集成，上海书店出版社 1993 年。

（清）潘绍诒《光绪处州府志》，中国地方志集成，上海书店出版社 1993 年。

（清）何乃容《光绪缙云县志》，中国地方志集成，上海书店出版社 1993 年。

（清）孙琬《道光武进阳湖合志》，中国地方志集成，上海书店出版社

1993 年。

喻长霖《民国台州府志》,中国地方志集成,上海书店出版社 1993 年。

曹允源《民国吴县志》,中国地方志集成,上海书店出版社 1993 年。

陈思修、缪荃孙《民国江阴县续志》,中国地方志集成,上海书店出版社 1993 年。

三、今人论著

陈寅恪《唐代政治史述论稿》,三联书店 2001 年。

全汉昇《中国经济史研究》,新亚研究所 1976 年。

瞿同祖《中国法律与中国社会》,中华书局 2003 年。

冯尔康主编《中国社会结构的演变》,河南人民出版社 1994 年。

宁可《中国经济通史·隋唐五代卷》,经济日报出版社 2000 年 8 月。

郑学檬《中国古代经济重心南移和唐宋江南经济研究》,岳麓书社 2003 年。

苏基朗《唐宋时代闽南泉州史地论稿》,台北商务印书馆 1991 年。

甘怀真《唐代家庙制度研究》,台北商务印书馆 1992 年。

杜正胜《古代社会与国家》,台北允晨出版公司 1992 年。

杜正胜《编户齐民》,联经出版事业公司 1992 年。

周一良《周一良集》,辽宁教育出版社 1998 年。

陈鹏《中国婚姻史稿》,中华书局 1990 年。

刘子健《两宋史研究汇编》,台北联经出版事业股份有限公司 2002 年。

刘子健《中国转向内在——两宋之际的文化转向》,江苏人民出版社 2002 年。

黄敏枝《宋代佛教社会史论集》,台北学生书局 1989 年。

冻国栋《唐代人口问题研究》,武汉大学出版社 1993 年。

田余庆《东晋门阀政治》,北京大学出版社 2005 年。

杨远《西汉至北宋中国经济文化之向南发展》,台北商务印书馆 1993 年。

毛汉光《中国中古社会史论》，上海书店出版社 2002 年。

毛汉光《中国中古政治史论》，上海书店出版社 2002 年。

陈爽《世家大族与北朝政治》，中国社会科学出版社 1998 年。

徐扬杰《宋明家族制度史论》，中华书局 1995 年。

徐扬杰《中国家庭制度史》，人民出版社 1992 年。

何冠环《宋初朋党与太平兴国三年进士》，中华书局 1994 年。

贾志扬《宋代科举》，东大图书公司 1995 年。

周天游《地域社会与传统中国》，西北大学出版社 1995 年。

贾志扬著，赵冬梅译《天潢贵胄——宋代宗室史》，江苏人民出版社 2005 年。

包伟民主编《浙江区域史研究》，杭州出版社 2004 年。

包伟民主编《宋代制度史研究百年（1900—2000）》，商务印书馆 2004 年。

吴松弟《北方移民与南宋社会变迁》，大陆地区博士论文丛刊，文津出版社 1993 年。

吴松弟《中国移民史》，福建人民出版社 1997 年。

吴松弟《中国人口史》第三卷《宋辽金元时期》，复旦大学出版社 2000 年。

程民生《宋代地域文化》，河南大学出版社 1997 年。

陈植锷《宋代文化史述论》，中国社会科学出版社 1993 年。

苗书梅《宋代官员选任和管理制度》，河南大学出版社 1996 年。

游彪《宋代荫补制度研究》，中国社会科学出版社 2001 年。

林拓《文化的地理过程分析——福建文化的地域性考察》，上海书店出版社 2004 年。

吴宗国《中国官僚政治制度研究》，北京大学出版社 2004 年。

王曾瑜《宋朝的阶级结构》，河北教育出版社 1996 年。

郭松义《伦理与生活——清代的婚姻关系》，商务印书馆 2004 年。

黄宽重《宋史丛论》，台北新文丰出版公司 1993 年。

黄宽重《宋代的家族与社会》，东大图书公司 2006 年。

黄宽重《南宋地方武力——地方军与民间自卫武力的探讨》,东大图书有限公司 2002 年。

张博泉、程妮娜《中国地方史论》,吉林大学出版社 1994 年。

王日根《乡土之链:明清会馆与乡土变迁》,天津人民出版社 1996 年。

沈松勤《北宋文人与党争》,人民出版社 1998 年。

陈振《宋史》,上海人民出版社 2003 年。

何忠礼《宋史·选举志补正》,浙江古籍出版社 1992 年。

何忠礼、徐吉军《南宋史稿·政治军事文化编》,杭州大学出版社 1999 年。

何忠礼《中国古代史史料学》,上海古籍出版社 2004 年。

梁庚尧《宋代社会经济史论集》,台北允晨文化公司 1997 年。

梁庚尧《南宋的农村经济》,联经出版事业公司 1984 年。

梁其姿《施善与教化:明清的慈善组织》,河北教育出版社 2001 年。

陶晋生《北宋士族:家族、婚姻、生活》,台北"中研院"史语所 2001 年。

韩森著,包伟民译《变迁之神——南宋时期的民间信仰》,浙江人民出版社 1999 年。

邓小南《宋代文官选任制度诸层面》,河北教育出版社 1993 年。

王善军《宋代宗族和宗族制度研究》,河北大学出版社 2000 年。

陈宝良《中国的社与会》,浙江人民出版社 1996 年。

牟发松主编《社会与国家关系视野下的汉唐历史变迁》,华东师范大学出版社 2006 年。

陈宝良《明代儒学生员与地方社会》,中国社会科学出版社 2005 年。

杨念群《中层理论——东西方思想会通下的中国史研究》,江西教育出版社 2001 年。

陈雯怡《由官学到书院——从制度理念的互动看宋代教育的演变》,联经出版社 2004 年。

杜正贞《村社传统与明清士绅——山西泽州乡土社会的制度变迁》,上海辞书出版社 2007 年。

黄进兴《优入圣域：权力、信仰与正当性》，陕西师范大学出版社 1998 年。

黄进兴《圣徒与圣贤》，北京大学出版社 2005 年。

萧启庆《元代的族群文化与科举》，联经出版事业公司 2008 年。

佐竹靖彦《唐宋變革の地域研究》，同朋舍 1990 年。

佐竹靖彦《佐竹靖彦史学论集》，中华书局 2005 年。

谷川道雄著，马彪译《中国中世社会与共同体》，中华书局 2004 年。

谷川道雄著，李济沧译《隋唐帝国形成史论》，上海古籍出版社 2004 年。

西嶋定生著，武尚清译《中国古代帝国的形成与结构》，中华书局 2004 年。

斯波义信著，何忠礼、方健译《宋代江南经济史研究》，江苏人民出版社 2002 年。

竺沙雅章《宋代の社會と宗教》，同朋舍 1982 年。

四、论文

周藤吉之《宋代的官僚制和大土地占有》，《日本学者研究中国史论著选译》第五卷，中华书局 1993 年。

孙国栋《唐宋之际社会门第之消融——唐宋之际社会转变之一》，《新亚学报》1959 年第 1 期。

徐扬杰《宋明以来的封建家族制度述论》，《中国社会科学》1980 年第 4 期。

陈乐素《宋代的客户与士大夫》，《杭州大学学报》1979 年第 1、2 期。

关履权《宋代科举考试制度的变化及阶级》，《中国史研究》1984 年第 4 期。

包伟民《精英们"地方化"了吗？——试论韩明士〈政治家与绅士〉与"地方史"研究方法》，《唐研究》第 11 卷，北京大学出版社 2005 年。

包伟民《宋代陈希亮家族及其迁徙考》，《大陆杂志》1995 年第 2 期。

包伟民《宋代明州楼氏家庭研究》，《大陆杂志》1997 年第 5 期。

包伟民《唐宋家族制度嬗变原因试析》,《暨南史学》第一辑,暨南大学出版社 2002 年。

刁培俊《宋代乡村精英与社会控制》,《社会科学辑刊》2004 年第 2 期。

郭恩秀《八〇年代以来宋代宗族史中文论著研究回顾》,《新史学》十六卷一期,2005 年 3 月。

韩昇《南北朝隋唐士族向城市的迁徙与社会变迁》,《历史研究》2003 年第 4 期。

韩昇《科举制与唐代社会阶层的变迁》,《厦门大学学报》1999 年第 4 期。

何忠礼《二十世纪的中国科举制度史研究》,《历史研究》2000 年第 6 期。

何忠礼《科举制度与宋代文化》,《历史研究》1990 年第 5 期。

何忠礼《科举制起源辨析——兼论进士科首创于唐》,《历史研究》1983 年第 2 期。

李弘祺《宋代的举人》,《国际宋史研讨会论文集》,中国文化大学 1988 年。

柳立言《何谓"唐宋变革"》,《中华文史论丛》2006 年第 1 期。

柳立言《从赵鼎〈家训笔录〉看南宋浙东的一个士大夫家族》,《宋史研究集》第 24 辑。

柳立言《宋代的社会流动与法律文化:中产之家的法律》,《唐研究》第 11 卷,北京大学出版社。

罗祎楠《模式及其变迁——史学史视野中的唐宋变革问题》,《中国文化研究》2003 年夏之卷。

邱仲麟《敬老适所以贱老——明代乡饮酒礼的变迁及其与地方社会的互动》,中研院史语所集刊第 76 本第 1 分,2005 年。

王宇《论南宋后期科场中的朱子学和永嘉学》,《哲学研究》2005 年第 2 期。

于志嘉《日本明清史学界对"士大夫与民众"问题之研究》,《新史学》第四卷第四期,1993 年。

张国刚《唐代家庭形态的复合型特征》,《历史研究》2005 年第 4 期。

吴铮强《中国古代市民史研究述评》,《云南社会科学》2003 年第 1 期。

陈弱水《从〈唐晅〉看唐代士族生活与心态的几个方面》,载《新史学》第 10 卷第 2 期。

祝尚书《宋代科举发解制度考论》,《文史》2004 年第 1 期。

方诚峰《统会之地——县学与宋末元初嘉定地方社会的秩序》,《新史学》第 16 卷第 3 期,2005 年。

竺沙雅章《北宋士大夫の徙居と買田》,《史林》第 54 卷第 2 期,1973 年。

竺沙雅章《宋代官僚の寄居について》,《东洋史研究》第 41 卷第 1 号,1982 年。

上田信《地域的履历——浙江省奉化忠义乡》,《社会经济史学》第 49 卷第 2 期,1983 年。

中村圭尔《关于南朝贵族地缘性的考察》,《南京晓庄学院学报》2005 年第 4 期。

水越知《宋代社會と祠廟信仰の展開》,《东洋史研究》第 69 卷第 4 号,2002 年。

近藤一成《王安石撰墓志を讀む—地域、人脉、黨争》,《中国史学》1997 年。

近藤一成《科举社会的形成》,《厦门大学学报》2005 年第 6 期。

近藤一成《从南宋四川类省试看区域问题》,《史观》第 151 卷。

五、工具书

昌彼得、王德毅《宋人传记资料索引》,中华书局 1988 年。

李国玲《宋人传记资料索引补编》,四川大学出版社 1994 年。

龚延明《宋代官制辞典》,中华书局 1999 年。

王德毅《宋会要辑稿人名索引》,新文丰出版公司 1978 年。

荣丽华《1949—1989 四十年出土墓志目录》,中华书局 1993 年。

图书在版编目（CIP）数据

宋代迁徙官僚家族研究 / 魏峰著 . —上海：上海
古籍出版社，2023.5

（南宋及南宋都城临安研究系列丛书·博士文库）

ISBN 978 - 7 - 5732 - 0681 - 7

Ⅰ.①宋…　Ⅱ.①魏…　Ⅲ.①家族—人口迁移—
研究—中国—宋代　Ⅳ.①C922.2 ②K244.07

中国国家版本馆 CIP 数据核字（2023）第 057457 号

南宋及南宋都城临安研究系列丛书·博士文库
宋代迁徙官僚家族研究
魏峰　著

责任编辑	陈丽娟	
出版发行	上海古籍出版社	
	地址：上海市闵行区号景路 159 弄 1—5 号 A 座 5F　邮编：201101	
	（1）网址：www.guji.com.cn	
	（2）E-mail：guji1@ guji.com.cn	
	（3）易文网网址：www.ewen.co	
印　　刷	上海颛辉印刷厂有限公司	
开　　本	787×1092 毫米　1/16	
印　　张	16.25	
字　　数	223 千	
版 印 次	2023 年 5 月第 1 版　2023 年 5 月第 1 次印刷	
书　　号	ISBN　978 - 7 - 5732 - 0681 - 7/K·3365	
定　　价	82.00 元